白手起家的第一桶金

成功者赚得第一桶金的经历
值得每个奋斗在致富路上的人借鉴

中国纺织出版社

内 容 提 要

白手起家的故事比比皆是，这些如今的大人物曾经的小人物如何从出身卑微到成为亿万富翁，这其中的奥秘值得每个人探究，他们挖掘第一桶金、引爆财富点的故事，更值得我们深思和研究。

全书分为三个部分，引领你反思自身的现状，摆脱穷忙的状态，找到与富人的差距，积累从0到1实现财富质变的资本。本书以数百位成功创业者的故事为素材，分析他们突破自身限制、发现财富思路、跨出创业第一步、收获第一桶金的经历，向读者阐释如何充分挖掘自身潜能、开拓致富思维、提升创业勇气、利用身边机遇开启财富人生。

图书在版编目（CIP）数据

白手起家的第一桶金 / 郭春光编著. --北京：中国纺织出版社，2015. 9（2023.5重印）

ISBN 978-7-5180-1224-4

Ⅰ.①白… Ⅱ.①郭… Ⅲ.①商业经营—通俗读物 Ⅳ.①F715-49

中国版本图书馆CIP数据核字（2014）第267363号

策划编辑：郝珊珊　　特约编辑：小　晨　　责任印制：储志伟

中国纺织出版社出版发行

地址：北京市朝阳区百子湾东里A407号楼　邮政编码：100124

销售电话：010－67004422　传真：010－87155801

http：//www.c-textilep.com

E-mail：faxing@c-textilep.com

中国纺织出版社天猫旗舰店

官方微博http：//weibo.com/2119887771

永清县晔盛亚胶印有限公司印刷　各地新华书店经销

2015年9月第1版　2023年5月第2次印刷

开本：710×1000　1/16　印张：18

字数：228千字　定价：88.00元

前言

富人为什么富？这是所有渴望获得财富的人内心的一个疑问。可能有人会说，富人有个富爸爸、他们含着金钥匙出生；一般人起点低，没有资金，没有人脉。然而，我们可以发现的是，很多富人都是白手起家，有的甚至是一元钱创业。也许还有人说，富人是因为命运垂青、机缘巧合获得财富，一般人则是怀才不遇。

诚然，每个人都想成为富人，过上衣食无忧、无需为生活奔忙的日子。然而现实却比较残酷，似乎周围的人都已经走在致富的路上了，而自己却永远在为第一桶金而苦恼。究竟是我们自身的能力不够，还是真的缺少机遇，为什么别人能做到，我们却做不到？对于普通人而言，那些白手起家的传奇故事，似乎总是神秘而又令人羡慕的，我们多么希望自己能够成为故事中的主角。

其实，没有任何一种成功是不需要付出的，世界上也没有一个天生的首富，每个人都要为自己的所得付出心血。第一桶金，是一生成功的开始，是窥一斑而知全豹的最精彩片段。那些成功者赚得第一桶金的详细经过，值得每个奋斗在致富路上的人来借鉴。这里，我们也要说的是，天上不会掉馅饼，机遇是自己创造的，也是留给有准备的人的。白手起家的企业家们，他们也无不是有着积极主动的致富心态，无论创业过程中遇到什么困难，他们从不熄灭内心的财富梦……

这其中的差别实际上就是穷人和富人之间的距离。因为富人有着致富能力和良好的致富心态，他们懂得如何将资本运作起来，敢于冒险、主动尝试、有着强有力的执行力，懂得“钱生钱”的道理，更看重人脉经营在致富过程中的重要性，而这也是很多白手起家的创业者们成功的原因。相反，很多人总是守着自己的一亩三分地，为生活琐事而奔波，将精力耗费在如何精打细算过日子上；他们看似忙碌，却很少有成效，他们做事拖延、胆小、缺乏勇气、吃不了苦、目光短浅等。而最终，他们只能庸庸碌碌过一辈子。

本书汇集大量成功者白手起家的故事，让这些生活与事业上均大获成功的人来告诉你怎样赚取自己人生的第一桶金。本书所讲，不只有各种关于成功的理念，还有一些富豪关于成功的心灵感悟或血泪经验；书中的每个案例都很经典，内容通俗、实用。如果你已经成功，阅读本书能够让你更加成功，能够更长久地成功；如果你还是一个穷人，那么在走向成功的征程中，本书能够指导你少走弯路，少摔跟头，能够指点你高效地积累自己的资本，让你豁然开朗，掌握成功的秘诀！

编著者

2015年7月

目录 CONTENTS

上篇 你在忙什么

中篇　你离富人有多远

下篇 白手创业的财富榜样

Bai Shou Qi Jia De Di Yi Tong Jin

上　篇

你在忙什么

第1章 盲目忙碌会让你迷失自我

我们发现，很多人似乎总是忙忙碌碌，他们为生活而奔波，为金钱而苦恼，常常感到身心俱疲，但他们依旧贫穷，为什么呢？因为他们毫无目标地忙碌，他们的忙碌是效率低下或者可以说是毫无效率的。要改变这一点，我们就要看清境遇，找到自己奋斗的方向，切不可在忙碌中失去自我。

年轻人的饥饿思维模式

对于富人来说，钱首先是资本，他们要考虑的是如何把它用出去，以获得最大限度的利润；很多人因为一向缺乏安全感，所以眼睛只盯在篮子里那唯一的一个鸡蛋上。

长期的物质匮乏，把这些人身上的激情和锐气都消磨没了，即使让他去抓一只兔子，他也不会去想红烧兔肉的美味，而是先考虑存不存在被咬一口的危险。其实，只要人活着，就会有风险。创业挣钱，有可能遭遇不正当的竞争，也有可能赔得血本无归，但是一辈子待在茅草房里，大自然的风霜雨雪也不会放过你。高楼名车、华服美食都可以不要，生老病死却不能不防。在现代都市里，常有些打工者表示，如今自己就是一个上了发条的机器，只能一个劲儿地运转，一停下来，就有闹饥荒的危机，以至于自己不敢结婚、不敢买房，甚至不敢生病。比起那种关键时刻拿不出钱来的痛楚，创业的风险几乎可以忽略不计。

面对创业的风险与固守现状的安稳，道理虽是这个道理，实际做起来却有些困难。因为有些人一旦穷得久了，就会生出一种懒洋洋的惯性来，并且会从中寻找出一些小快乐来安抚自己。虽然人家吃肉我喝粥，但是如果哪天能在粥里加上一勺糖，就会觉得比面南称王还快活。在我们的民间传说里，人间财富不免都要带些神话主义的色彩。晋朝的石崇，是因为偶然救了一条老龙，所以他的金珠宝贝成船地从水底往外运；明朝的沈万三，家里则有个聚宝盆，取之不尽用之不竭。有了这些话题垫底儿，就可以坐等神仙光顾：既然机遇是可遇而不可求的，在家睡大觉也就没什么过错了。很多人因为现状而禁锢了自己的思维，只要日子还能马马虎虎过得去，就觉得哪里也没有自家的热炕头暖和。

除了这种惰性之外，你能做多好，还取决于你的认识达到了什么高度，把自己的位置定在了什么层次。“光脚的不怕穿鞋的”，这是老祖宗留给我们的一句痛快淋漓的口号。既已是这样，就不必再担心额外的损失。

这样一来就完了。别人歧视还不要紧，关键是自己别泄气。如果因为现状而放纵，三饱一倒，横穿马路，随地吐痰，很快就会混到“渣滓”的队伍里去了。

也许，跟“人穷志短”的人讲规则与效率，就像跟那些利己主义者讲环保一样，他们以为即便天上降甘霖，也没有几点能落到自己身边；即便下冰雹，也不一定砸到自己头上。只有眼前的实惠，才是看得见摸得着的。但是这种短视行为，不但做砸了自己的信誉——因为有偷嘴的嫌疑，大家就不会再带你玩分蛋糕的游戏，而且，不光彩的行为会使人产生阴暗心理，这是自觉自愿的退缩，把自己归类于社会的底层。一个没有尊严感的人，再想起步也是有心无力了。

现在不富有并不要紧，关键是别让现状把你定了型。力争上游的人，随时都有拍拍灰尘登高的机会；而因现状带来的消沉和惰性，却会使“穷困潦倒”四个字与一个人纠缠到底。

忙碌使人失去进取的方向

让我们来看看一个普通工人的工作状态：他们过的是一种50／50／50／50的生活，即每周工作50小时，每年工作50个星期，工作50年，当退休时，生活质量只有今天的50%。普通人的一生，就这样被消耗掉了。

激情和梦想往往只是年轻人的事，一个人在刚刚走向社会的时候，还可能会有自己的人生规划：要挣多少钱，要学习什么样的经验，然后再去实现什么样的目标。但是时间久了，按部就班的工作和越来越重的负担慢慢压抑了很多人的心志，他们所得到的最直接的工作经验就是手脚灵活、动作娴熟，成了大机器上无数合格的小螺丝中的一个。

布鲁斯是一个出生在洛杉矶的美国男孩，气质很不错，也算是不甘平庸、有雄心壮志的那种人。他想开家属于自己的饭店，便计划先从服务生做起，用一年的时间“学艺”，然后再换其他相关工作。他用一年的时间基本掌握了担任饭店老板应具备的知识与能力。他工作任劳任怨，并注意虚心学习，一年下来深得老板赏识。等他向老板提出换工作时，老板热情挽留。这时他犹豫了，便给自己找理由：再干一年吧，肯定还有很多东西要学的。做服务生第二年后，他察言观色的能力果然又提高了许多。但遗憾的是，他原来的气质却没有了，做服务生时习惯的谦卑已经定型，融入他的每个动作中了。更严重的是，布鲁斯的想法已经变了，觉得当服务生也不错，老板又要升他做前台领班，就这样，他由一个雄心勃勃的人变成了一个合格的饭店服务生。

自己当饭店老板，要考虑的是经营管理、人员配备、顾客的消费趋势等一系列问题；而当一个合格的服务生，只要手脚麻利、为人机灵就可以了。简单的事情干得越顺手，你就越缺乏深层次的思考能力。

很多人的眼光往往是盯在一件事的直接收益上，精力被无休止的具体工作耗光，事情永远还是那件事情，而与之相关的个人潜力、经济收益和处事方法，则不在考虑之列。如果是一项事业，你就会设计它的未来，把每一天的每一步都当作一个连续的过程。

孔子曾提出过“学而不思则罔”的概念，这句可以用在治学上，也可以用在做事上。每天不经大脑而忙忙碌碌，换来的只能是浑浑噩噩，一无所得。

有一天深夜，著名的现代原子物理学的奠基者卢瑟福教授走进自己的实验室，看见一个研究生仍勤奋地在实验台前工作。

卢瑟福关心地问道：“这么晚了，你在做什么？”

研究生答：“我在工作。”

“那你白天做什么了？”

“我也在工作。”

“那么，你整天都在工作吗？”

“是的，老师。”研究生有点暗喜，似乎期待着卢瑟福的赞许。

卢瑟福稍稍想了一下，然后说：“你很勤奋，整天都在工作，这自然是很难得的。可我想提醒你的是，你有没有时间来思考呢？”

世界著名的成功学大师拿破仑·希尔曾著有《思考致富》一书。为什么是“思考”致富，而不是“努力工作”致富？希尔强调，最努力工作的人最终绝不会富有。如果你想变富，你需要“思考”，独立思考而不是盲从他人。

没有思考，就不会有符合客观事实的总结，就像一辆不知道站台在哪里的火车一样，完全失去了行驶的意义。

人的精力是有限的，一辈子能做好一件事就不容易。只埋头拉车，不抬头看路的人，就好像猴子掰玉米，不能说它的动作不快，水平不高，但它不知如何正确地处理这些玉米，贪大舍小，最后也许会一无所有。这就是一只穷猴子。

很多人的生活层次只停留在为吃饭而吃、为搭公车而搭、为工作而工作、为了回家而回家上面。他们从一个地方逛到另一个地方，事情做完一件又一件，好像做了很多事，但却很少有时间为自己设定的目标而做些什么。

请你认真观察一下地上的蚂蚁，它们是地球上极为勤劳的动物，精神可嘉，方法却有待商榷。很多时候，它们都是在围着一条蚂蚱的大腿团团转，或者各自为政，东拉西扯。同样，很多人总是享受不到成功的快乐，不是因为没做，而恰恰是由于他们做过了头。

年轻人的浮躁式跳槽

很多人有成功和致富的良好愿望，而缺乏经济后盾的支持，于是就有些急，从而缺少了富人“慢工出细活”的从容。放了三两枪没打着兔子，很容易就产生换地方的念头。在现代社会，跳槽现象司空见惯而且也无可厚非，只是在行动之前，我们必须要掂量好自己的分量，看清楚周遭的环境和未来的发展趋势。

年轻人爱跳槽，其中的一部分人是高估了自己的水平。《伊索寓言》中有只山羊偶然站在屋顶上，便忘记了自己的高度是怎么一回事儿，以为自己已经具备了向狼挑战的资格。其实，某个人在某个单位干得顺，并不等于他就有了重打锣鼓另开张的能力。

约翰逊是纽约某大报的记者。他大学毕业后，当了两年兵，然后就顺利地到一家不错的报社当财经记者，而且任何他要采访的对象，似乎都可以手到擒来。附带一提，由于约翰逊长得很帅，又是大报的记者，所以受到许多美女的青睐。

就在一切都很顺利的时候，约翰逊有一次与公司主管发生冲突，心里觉得很委屈。这时候，突然有一家小型报社想高薪聘请他，而且愿意让他主跑外地新闻。

约翰逊心想："我在新闻媒体圈才工作了一年，就已经小有名气了。现在有人出高薪挖我，又让我跑自己喜欢的新闻，我为什么要留在这里受闷气呢？"于是约翰逊跳槽了。

约翰逊到这家小报社上班采访的第一天，怪事便发生了。原本可以立即顺利邀约采访的明星和大老板，都推说有事，要另外安排时间；而原本安排给自己出书的出版社，也突然说出版计划受到经济不景气的影响要暂停；甚至那个经常和他约会的美女，看到他新公司的招牌后，脸孔也换成了一副欠她钱的样子。

刹那间，全世界都好像在跟约翰逊作对，变得不认识他这个人了。当然，约翰逊由于绩效不如预期，也时常遭受新老板的冷眼。

约翰逊应该郁闷，因为他不知道以前别人对他表现出的尊重与喜爱，是因为他背后代表的大媒体招牌拥有的舆论力量，而不是因为他本身的专业才能与人际关系的积累。每一次跳槽，对一个人的实力都是一种检验，所以我们应该把工作的重心放在经验的积累与能力的培养上。如果仅仅因为偶然的冲突或一时的挫折就走人，表面上看来很潇洒，实际上却是感情用事的不理智的行为。换一个地方就可以大展拳脚的念头，只是自己的主观想法而不一定就能通过实践的检验。

如果是因为更高的工资、更好的待遇而跳槽，更是对个人资源的一种过度开发。在别人植树的时候，你已经摘了些果子，但且慢，别高兴得太早，到了真正的收获季节，你的树上可能已经空了。

大学毕业后的五六年，小李几乎是每年换一个工作。当时，小李的工作目标就是向“钱”看。他先是在办公室当文秘，后来又搞销售。没干多久，就被朋友拉去搞营销策划，收入自然一次比一次高些，但离脱贫致富还有很大距离。刚开始时，小李还曾经为自己的适应能力而深感得意——从一个行当混到另一个行当，照样可以得心应手。

每次只要换一份新的工作，只要能赚到比原先那份工作更多的钱，小李都会欣然前往。这样折腾来折腾去，虽然也赚到了一些小钱，生活得到了些许改善，可是每每静下心来，却会发现其实一事无成。

回过头来看昔日并肩战斗、咬紧牙关坚持下来的同事，不少人都在他们的领域里打下了坚实的基础，小有名气了。他们昨天所做的一切，都成了铺垫明天成功的基石，成功或迟或早，肯定会来。而小李，所做的只不过是改善了伙食标准而已。

在一些高级人才交流会上，不少招聘单位对多次跳槽的应聘者持不欢迎的态度，并明确指出，这些人频繁跳槽是不诚信的表现。某公司负责招聘的一位工作人员告诉记者：“许多应聘者从学校毕业两三年，却已是换了三四个工作单位的‘老游击’了。对于这种人公司是不欢迎的，因为他们太不稳定了，而且缺乏诚信。”另一家软件公司的副总经理也明确表示：“对于我们搞软件的而言，开发一个软件项目至少要8个月，频繁跳槽者得到的仅是皮毛，难以形成丰富的工作积累，对于这样的人我们是不太欢迎的。”

有人会说 “好员工不跳槽”，但那是管理者看问题的角度；“树挪死，人挪活”，哪里好发展就往哪里走。对，这是一个求新、求变的年代，人往高处走是一项合情合理的基本权利。但毕竟我们不能为跳槽而跳槽，除非有足够的理由来支持你。如果你已经把一个行业弄明白了，觉得这个行业没什么前景，自己做得再好，也不会有什么发展前途，除了钱也没什么大的收获，这个时候你可以走，而且走得有理。或者是单位的空间有限，老板也无力把这艘破船带向正途，狗苟蝇营地混日子，还真不如另寻明主。至于环境压抑、工作乏味、收入不理想等，都不是换个山头就可以完全改善的。

根据职业规划专家的建议，如果想在一家公司出人头地，就必须以勤奋及不辞辛劳的态度埋头苦干至少两年。如果你能忍受一时的不如意，也许便能学到一生受用的专业技术，同时也可以熟悉那一行的运营方式。跳槽并不是单纯改变工作，而是一次自我的提升与突破。如果背着空空的成就的行囊跳槽，跳的次数越多，你的身价也就越贬值。

年轻人有时间而无效率

一年有365天，一天有24个小时，并不会因为任何人就而差了一分一秒。富人努力工作，你同样也没闲着，但是创造的价值却不一样，产生的效果也不一样，说到底还是个效率的问题。

阿拉伯商人佩·文斯随旅行团到中国旅游。他看见一大清早街上有很多人急急忙忙地挤车赶着去上班，便疑惑地问导游小姐：“这些人怎么那么慌张，他们一天上班几个小时？”

“至少8个小时，加上路上所用时间得10个小时。”导游答道。

“他们一天真有那么多事要做吗？要花那么长时间？”文斯感到有点莫名其妙。

“大家都是这样，”导游小姐说，“你们经商的不也是非常忙碌吗？”

“并不是你想象的那样，”文斯先生慢条斯理地说，“真正有办法的人，也可以说是聪明人，他们的生活都过得既清闲又富裕。因为他们肯动脑筋，做1小时的工作所得的报酬超过一般人做10小时所得的报酬。你想想，一个人如果整天忙于某一件事，累了就睡，睡醒了又开始紧张地工作，他如何能够有比较大的突破呢？”

在现实生活中，衡量一个人成就的标尺不在于他工作了多长时间，而在于由他所创造的价值。工作没计划、缺乏条理的人，大量的体力和精力都是白白浪费掉的。而勤劳本来是不应该和贫穷联系在一起的，究其原因，主要是他们的工作安排得乱七八糟，毫无秩序。他们早出晚归，安排他们做什么他们就做什么，从来没有时间整理自己的东西和自己的思想。长此以往，即便有了时间和自由的时候，他们也会在惯性的作用下继续过着一塌糊涂的日子。

富人的时间很充裕，他们有时候也关了手机去度假，但是在工作时，每一分钟都条理分明，安排得恰到好处。他们做任何事情都不会太匆忙，因为忙乱中容易出差错。对于一些不明白的问题，一定会问个清楚，弄个明白。同时，他们知道如何安排工作，制定一个精确的工作进度表，因此他们的办事效率非常高。

艾维·李是现代公关之父，他认为应该计划好每天的工作，这样才能带来效益。

伯利恒钢铁公司总经理西韦伯，为自己和公司效率极低而十分忧虑，就找艾维·李提出了一个不寻常的要求：卖给他一套思维，要李告诉他如何能在短时间里完成更多的工作。

李说："好！我10分钟就教你一套至少可以提高效率50%的方法。"

"把你明天必须要做的最重要的工作记下来，按重要程度编上号码。早上一上班，马上从第一项工作做起，一直做到完成为止。再检查一下你的安排次序，然后开始做第二项。如果有一项工作要做一整天，也没关系，只要它是最重要的工作，就坚持做下去。如果你不建立某种制度，恐怕连哪项工作最为重要你也难以决断。请你把这种方法作为每个工作日的习惯做法。你自己这样做了之后，让你公司的人也照样做。你愿意试用多长时间都行，然后送支票给我，你认为这个办法值多少钱就给我多少。"艾维·李给了西韦伯一张纸说。

西韦伯认为这个办法很有用，不久就填了张25000美元的支票给艾维·李。后来，西韦伯坚持使用这套方法，在5年时间里，伯利恒钢铁公司成为了最大的没有外援的钢铁生产企业，他本人也成了世界有名的钢铁巨头。

后来，西韦伯的一位朋友问他为什么给这样一个简单的点子支付这么高的报酬，西韦伯提醒他的朋友注意：后来的事实证明，我不是给多了，而是给少了，它至少价值百万。这是我学过的各种所谓高深复杂的办法中最得益的一种，我和整个班子学会了拣最重要的事情先做，我认为这是我的公司多年来最有价值的一笔投资！

我们已经知道，高效率的先决条件一是要有计划、有秩序，二是要分清轻重缓急。这一理念在生活中是极有实用意义的。比如你是一个营销人员，新品上市初期，寻找经销商是一件非常重要的工作。但面对一个陌生的城市和市场，你会怎么办呢？你是下车后急于四处走街串巷，还是通过调查后，制订拜访计划及合理路线？

每个城市都有几百个经销商，不可能每个客户都去拜访。经验丰富的营销人员会挑选客户中20%有意向、有网络及实力的经销商进行重点拜访，用80%的时间沟通20%的重点客户。同时，为了不放弃那些潜在经销商，对于经营相关产品的小经销商，只需要简单地散发新产品招商资料就可以了。

年轻人要改变自己高投入、低产出的现状，首先应该给自己选择一个正确的人生规划，然后再每天拿出5分钟的时间规划自己的这一天。有条不紊的行事作风，是向富人靠拢的重要一步。

在困境中也要努力经营自己

对于年轻人，最可怕的还不是一无所有。你可以没有资金，没有技术，没有广泛的社会关系的支持，但只要你还没有放弃改变命运的努力，未来就还在自己手里。但是如果在你内心深处已认可了自己的定位，存有“破罐子破摔”的心态，那么即使再强大仁慈的力量也帮不了你。

上帝想改变一个乞丐的命运，就化做一个有钱人来点化他。

他问乞丐：“我如果给你1000元，你如何用？”

乞丐说：“那太好了，我就可以买个手机了。”

上帝不解，问他为什么，他回答说：“我可以用它和这个城市的各个地区的人联系，哪里人多，我就去哪里乞讨啊！”

上帝很失望，又问：“假如我给你10万元呢？”

乞丐说：“那我可以买部车了，这样以后就可以开车出去乞讨了，很快的！”

上帝感到很悲哀，再问道：“假如我给你100万元呢？”

乞丐听了眼睛都放光了，说：“那太好了，我可以把这个城市最豪华的地段买下来。”

上帝听了很高兴，这时乞丐又说：“到那时我把我领地的里乞丐全撵走，不让他们抢我的饭碗。”

上帝听完，长叹一声，黯然离去。

当一个人把自己放在乞丐的位置上，他们的思维方式从来就是人穷志短，再好的机会，也不知如何利用。

有一天，戴尔·卡耐基在一个出售丝巾的柜台前，和受雇于这家商店的一个年轻人聊天。年轻人告诉卡耐基，他在这家商店服务已经4年了，但由于这家商店的“短视”，他的服务并未受到店方的赏识，为此他心灰意冷，打算离开。

在他们谈话时，有位顾客走到他面前，要求看看帽子，但这位年轻店员对这名顾客的请求置之不理，一直继续和卡耐基谈话。虽然这名顾客已经显出不耐烦的神情，但他还是不理。最后，他把话说完了，才转身向那名顾客说：“这儿不是帽子专柜。”那名顾客又问，帽子专柜在什么地方，这位年轻人回答说：“你去问那边的管理员好了，他会告诉你怎么找到帽子专柜。”

这就是典型的一般人的处世方式，他们先认定了自己的工作没有光明没有前途，然后就抱着应付的心态生活，混过一天算一天。其实4年多来，这位店员一直处于一个“很好的机会”当中，但他却不知道。他本来可以和他所服务过的每个人包括卡耐基成为好朋友，而这些人可以使他成为这家店里最有价值的人。因为这些人都会成为他的老顾客，而不断回来同他交易。但是，他拒绝或忽视了这些转机，失去了从小事成就大事的机会。

在每个人的生命中，总会有重大机会的降临，但你能否将机会抓住，全看你有无相当的能力储备。有多少人，因为对于事业没有充分的准备，而至一败涂地。他们以为自己的能力足以应付目前的事务也就够了。不想再把基地掘得更深些，基础打得更牢些。他们不用远大的眼光去观察事物。

富人们懂得常规的不可能，意味着更多的机会、更大的可能。生活的基本原则都是包含在我们大多数人永远不会注意的最普通的日常生活经验中。同样，真正的致富经验也经常藏匿在看来并不重要的生活琐事中。

因为生计，李嘉诚14岁便辍学回家，在港岛的春茗茶楼当堂倌。

平日里，李嘉诚除了购买旧课本进行自学，掌握一些文化知识外，也不忘在生活中时刻汲取有用的东西。茶楼是一个浓缩的小社会，三教九流无所不有。听茶客们谈古论今，散布各种消息，李嘉诚从中了解了社会和世界上的许多事情。

然而，李嘉诚并没有在这纷纭变幻的世界里迷失自己，他在要求自己努力做好每一件事的同时，又给自己额外增加了两门必修课：

第一，时刻揣摩茶客的籍贯、年龄、职业、财富、性格等，然后找机会验证。

第二，揣摩顾客的消费心理，既真诚待人又投其所好，让顾客在高兴之余掏腰包。

对每一个常到茶楼里来的顾客，李嘉诚都做到了心中有数，对他们的消费需要和消费习惯更是了如指掌。比如谁爱吃咸，谁爱吃甜，谁爱吃鱼，谁爱吃虾，谁爱喝什么茶，什么时刻该给哪位顾客上什么，提供什么样的服务，李嘉诚都一清二楚。

李嘉诚做堂倌，不仅让顾客满意，同时也为茶楼盈利不少，老板自然也乐在其中。李嘉诚成了茶楼里加薪最快的堂倌，取得了相当可观的收入，从而使家庭生活得到了很大的改善，然而这还不是最重要的。在茶楼里工作，非常能锻炼人解读社会的能力。首先每天工作15个小时以上锻炼了李嘉诚的意志和毅力，长时间的跑堂又奠定了李嘉诚日后当推销员的脚力基础。茶楼是一个生意信息场所，从茶客们的口中，李嘉诚学到了许多做生意的诀窍，又自觉养成了观察人心理和见机行事的习惯，为他日后的成功打下了坚实的基础。

李嘉诚因生计需要在茶楼当了个小伙计，但是他从来没有把自己追求的高度就定在这一层，茶楼只是他认识社会、结交三教九流的窗口，这些统统都是实力的积累。李嘉诚只有小学学历，但他的学识却非常高，其原因就全在于他平日的认真学习、观察和思考，然后一点点地沉淀而成。李氏的成功模式是从茶楼伙计到推销员，然后建立起自己的实业，再投身地产、金融行业最终成为举世瞩目的大富豪。因为基础牢固，所以每一步都走得无比扎实。

不要以为只有坐在写字楼里的大班椅上时，才算对自己的生命拥有了设计和规划的权利。即使做再卑微的工作，你都可以从中找到锻炼自己能力的机会。越是在困境中的人，越应当努力完成这种自我经营，否则，上坡路不好走，往下滑却容易得很。

年轻人的目标与规划

对于致富，不同的人有不同的看法，激情、野心、性格、胆识、机遇，在一个人的奋斗过程中都起着重要作用。但是对“一定要有远大的目标”这一点，大家是很容易达成共识的：目标就是努力的方向，是向前奔跑的动力。

美国潜能成功学大师安东尼·罗宾说；“如果你是个业务员，赚1万美元容易，还是10万美元容易？告诉你，是10万美元！为什么呢？如果你的目标是赚1万美元，那么你的打算不过是能糊口便成了，如果这就是你的目标与你工作的原因，请问你工作时会兴奋有劲吗？你会热情洋溢吗？”

一个具有崇高生活目的和思想目标的人，毫无疑问会比一个根本没有目标的人更有作为。有句苏格兰谚语说：“扯住金制长袍的人，或许可以得到一只金袖子。”那些志存高远的人，所取得的成就必定远远离开起点；即使你的目标没有完全实现，你为之付出的努力本身也会让你受益终生。

从前，有两兄弟，老大想到北极去，而老二只想走到北爱尔兰。有一天，他俩从牛津城出发，结果两人都没有到达目的地，但老大到达了北爱尔兰，而老二仅仅走到了英格兰北端。

志存高远，这是毋庸置疑的，但是在现实中，仅仅有一个清晰的目标还远远不够。目标是算是战略，至于如何朝着既定的方向迈进就是战术问题了，比如你的愿望是登上前面那座山，就应该考虑好什么时间要到达什么地方，一块山石，一棵大树，就是你下一站的指引。

50多年前，有一个十多岁的穷小子，他自小生长在贫民窟里，身体非常瘦弱，却立志长大后要做美国总统。如何实现这样的抱负呢？年纪轻轻的他，经过几天几夜的思索，拟订了这样一系列的连锁计划：

做美国总统首先要做美国州长，要竞选州长必须得到雄厚的财力支持，要获得财团的支持就一定得融入财团，要融入财团就需要娶一位豪门千金，要娶一位豪门千金就必须成为名人，成为名人的快速方法就是做电影明星，做电影明星前得练好身体，练出阳刚之气。

按照这样的思路，他开始步步为营。一天，当他看到著名的体操运动主席库尔后，他相信练健美是强身健体的好办法，因而有了练健美的兴趣。他开始刻苦而持之以恒地练习健美，他渴望成为世界上最结实的男人。3年后，凭着发达的肌肉和健壮的体格，他开始成为健美先生。

在以后的几年中，他成了欧洲乃至世界健美先生。22岁时，他进入了美国好莱坞。在好莱坞，他花了10年时间，利用自己在体育方面的成就，一心塑造坚强不屈、百折不挠的硬汉形象。终于，他在演艺界声名鹊起。当他的电影事业如日中天时，女友的家庭在他们相恋九年后，终于接纳了他这位“黑脸庄稼人”。他的女友就是赫赫有名的肯尼迪总统的侄女。

婚姻生活过了十几个春秋，他与太太生育了4个孩子，建立了一个“五好”家庭。2003年，年逾57岁的他，告老退出了影坛，转而从政，并成功地竞选成为美国加州州长。

他就是阿诺德·施瓦辛格。他的经历告诉我们，目标要远大，经营自己的过程却要稳扎稳打，在一个台阶上站稳了，然后再瞄准下一步。

如果一个人面对外面的繁华世界立下了要做当代李嘉诚的大志，他就可以先从下面一连串的逆向思维开始：要建立财富王国必须要有自己的事业，要有自己的事业应该先有好项目，要找到突破点就要强化自己的素质，同时有意识地扩大自己的接触层面，获得有益的资讯，强化自己应从现在开始，从资金、信用、关系等方面注重自我积累。

心中有了这一系列规划的人，表面看来和以往没什么不同，但是因为眼光看得远了，再做起事来就有了责任心和主动性，会完全脱离那种得过且过的生活状态，一个人的才能才会得到最大限度的发挥。

当然，在我们前进的过程中，困难会依然存在。年轻人创业，开始必然会有很大的付出，你经常会失败，经常会失望，经常会处于痛苦和沮丧之中。但是这却是一个自我改变的过程，在这个过程中，你的能力得到了充分的验证，你还会遇到很多新的事、新的人，让你整个人生和你所处的圈子发生变化。这是一个蜕变的过程，虽然艰辛，但是收获会使我们的付出变得更有意义。从现在开始，为自己确立一个目标，然后再一小块一小块地逐步拓展你的根据地。

第2章 世界上到处都是有才华的普通人

普通人和富人永远有着不同的工作和生活模式，普通人为琐碎的生活奋斗，富人关注的是更好的事业追求；普通人精打细算过日子，富人对钱更看得开……其实，普通人不只是没钱，而是缺乏一种挣大钱的能力和长远的资本运作的眼光。只要普通人学会运用富人的思维模式去经营人生，普通人也能最终获得财富。

精于算计——年轻人的小算盘

很多人过日子，向来是精打细算的。精打细算的收益，一般马上就能显现出来，或者是少花了一块钱，或者是多买了半斤菜，我们心中暗自欢喜，从来不会考虑因此丢失了什么。

美国心理专家威廉通过多年的研究，以铁的事实证明，凡是对金钱利益太能算计的人，实际上都是很不幸的人，甚至是多病和短命的。这群人中有90%以上都患有心理疾病。这些人感觉痛苦的时间和深度也比不善于算计的人多了许多倍。换句话说，他们虽然会算计，但却没有好日子过。

威廉根据多年的实践，列出了500道测试题，测试某人是否是一个“太能算计者”。这些题很有意思，比如：你是否同意把一分钱再分成几份花？你是否认为银行应当和你分利才算公平？你是否梦想别人的钱变成你的？你出门在外是否常想搭个不花钱的顺路车？你是否经常后悔你买来的东西根本不值？你是否常常觉得你在生活中总是处在上当受骗的位置？你是否因为给别人花了钱而变得闷闷不乐？你买东西的时候，是否为了节省一块钱而付出了极大的代价，甚至连你自己都认为，你跑的冤枉路太多了……

只要你如实地回答这些问题，就能得出你是否是一个“太能算计者”。

太能算计的人，首先失去了生活的乐趣。一个常处在焦虑状态中的人，不但谈不上快乐，甚至是痛苦的。而且只从财富得失的角度说，热衷于计较蝇头小利的人，也不具备大富翁的潜质。他们心胸常被堵塞，每天只能生活在具体的事物中不能自拔，习惯看眼前而不顾长远。

某家报纸曾经刊登过这样一个故事：一个老板靠养殖业起家后，开始进行一项工业投资。对其中一种关键的机械设备，他可以有两个选择：一是从德国进口，他们的设备质量优异、运行稳定，在国际上口碑很好，但价格比国内的同类产品贵了1倍；一是选择本地一家企业的产品，他们的产品质量也完全符合国家标准，虽然有些同行反映有时出点小毛病，但他们的售后服务不错，负责修理的技术人员随叫随到。老板反复掂量之后认为，本地的设备虽然质量不过硬，但好在可以随时检修，而且省下来的资金是实实在在的，总比把这笔钱送给外国人强。

设备买来之后，用了一段时间也没有什么大的问题，但是不久它就原形毕露，各种小毛病开始显现出来：今天这个螺丝松了，明天那个零件坏了，总得不断修理，这样常常影响整个生产任务的顺利进行。老板也想重新买一台进口的新机器，但是考虑到进口机器非常贵，再说这台机器也还能用，所以就这么一天又一天地耗着。但是那个本地产的机器还是不争气，总是出毛病，而且损坏的周期越来越短。到年底一算细账，就因为这台机器的各种小毛病，产量较计划进度有明显的减少，这些损失加上维修费用等，足可以换一台进口机器了。

这个案例中的老板，如果只从拥有金钱的数量上衡量可以把他归为富人的行列，可惜他的目光短浅，算小不算大。他只看到了账面上金钱的得失，忽视了时间、效率和长远发展的问题，而它们恰恰就是赚钱的潜在因素。

一个经济学家在城里一条商业街开了家店铺。刚来时，他发现这条街坑坑洼洼，到处是残砖乱石，他觉得很奇怪。邻街的商家告诉他，这些石头有用，街上的生意不好做，石头可以使经过的路人或车辆慢下来，人们走进店铺的概率就会增加，这样才能有商机。

经济学家对这种赚钱逻辑颇不以为然，他不听周围人的劝阻，坚决搬走路上的石头，并找人将路面修平。从此以后，这条街人车畅流，呈现出一派繁华景象，商机非但没有减少，反而倍增。原来的商家们疑惑不解地问他："路畅无阻，人们驻足停留的机会应该少了，何以商机反倒增多了呢？"

经济学家解释道："路不好走，人们会心生抱怨，以后不愿走此路，多选择绕道而行。经过的行人少了，商机怎么能多？搬走石头修平路面，绕道的人自然便回来了。"

经济学家的思维方式也是一种算计，但是支持他的理论基础却是大流通带来的大繁荣，因而可以带来长久的效益。而原来那伙小商人们"堵截"的方法，看似有理，其实比外面的世界慢了好多拍，当行人都绕道的时候，只能怪自己算计了自己。

你的小算盘打得再精，省下的也不过是个买米打醋的钱，而你却会在这种无休止的算计之中，头脑灰暗，身心疲惫，最终把你的人缘、健康、进取心和创造力全部搭进去了。

没有资本——穷就是最大的资本

在大多数人的印象里，只有和财富接近的人，才容易构筑起自己的事业王国。诚然，大富豪后代们的起点总比普通人高，即使他们同样从公司的底层干起，那也是为以后的运筹帷幄打基础而不是谋生。这是先天条件，年轻人必须心平气和地接受这种差异。但同时我们应该认识到，穷本身也是一种资本，我们所缺乏的，正是对这种资本的正面经营。

在浩瀚的海洋里生活着很多鱼，所有的鱼都有鱼鳔，但是唯独鲨鱼没有鱼鳔。没有鱼鳔的鲨鱼照理来说是不可能活下去的，因为它行动极为不便，很容易沉入水底，在海洋里只要一停下来就有可能丧生。所以，为了生存，鲨鱼只能不停地运动。没有人能想象鲨鱼为了生存付出了多大的努力！从它们出生开始，面对的就是永不停歇的运动，直至死亡。其他的鱼类都为自己拥有鱼鳔而感到无比庆幸。然而，很多年以后，鲨鱼却因此拥有了强健的体魄，成了同类中最凶猛的鱼。正是这样艰险的生活成就了鲨鱼在海洋里的霸主地位。

只有最基本的生存竞争，才是一个人变得强大的源头。一项来自西方的调查发现，中产阶级出身、在公立学校就读的孩子很难变成亿万富翁，因为他们缺少动力，他们通常会在文化上受到限制，无法在传统范畴外获得成功。

造成这种结果的内在原因不难理解：富人的子弟们起点高，更重要的是，他们成长的环境本身就是由资金、信息、经营等词汇构成的，对一个人思维方式的成型绝对有潜移默化之功，这就是“老子英雄儿好汉”的社会基础。而普通人最初的动力就来自“不得已”，你不动就没面包，路子很可能就这样被趟出来了。中产阶级的安逸生活和传统思想，限制了他们的进取精神，向上难以形成突破，向下又放不下架子，所以他们大多数成了靠学问和技术吃饭的工薪族。人生下来都是一样的，而有些人即使起初的基础不错，但最终也成了普通人。有人总结成为普通人的因素是：一是家庭条件不错，衣食无忧；二是过早地成就美满姻缘，成为丈夫和父亲；三是三十岁前没遇到过自己拼了命也要撑起来的大事。

许多成功人士都表示，贫穷是父母亲所留下来的最大的财产，因为贫穷，发愤图强才成了唯一的出路。两千多年前，孟子就有过“天将降大任于斯人者，必先苦其心志，劳其筋骨，饿其体肤”的人生定论。困窘的环境，本身就是一种素质训练，能从中站起来的人，必成大器。

潮州商人翁锦通是19世纪末到20世纪中期中国商人的代表之一，以香港为经营的根据地。虽然同是潮商，与同乡李嘉诚、谢国民等比较起来，他属于大器晚成型。

翁锦通的祖上曾辉煌一时，明朝出了个翁迈达，官至兵部尚书。但祖荫太远，500年后翁锦通出世时，翁家早已不再是什么官宦世家、书香门第。家道既然早已没落，难免家贫子贱。穷人的孩子早当家，翁锦通六七岁就参加繁重的农业生产，每天凌晨两点钟就要起来用水灌田，起得迟了就被父亲一顿痛骂。不需要干农活时，他便去当童工。他曾在表亲开的酿酒厂干活，盛夏酷暑天里要用铁锹不停地把谷糠燃料送进火炉里。人还没有锹高，就得干这种成年人的活，当然很辛苦。干活期间他大病一场，几乎送命。后来他又进赌场当打杂的小厮。他的童年多灾多难，只有劳动，没有欢乐。但这样的童年也给翁锦通带来了终生受用不尽的好处，就是吃苦耐劳的品质，以及一种“活着，就得去赚钱”的信念。没有这种信念，翁锦通也不可能在劳碌半生后，于晚年成为一代富豪。

翁锦通以自身的经历，重新验证了古人“困境和磨难使人成长，平静安逸使人意志颓丧”的道理。普通人没有丰盛的晚餐，没有华贵的服饰和丰富多彩的生活。他们的一切可用两个字来形容，那就是“简单”。正是这种简单的、不断重复的生活造就了他们吃苦的性格。在他们看来，只有享不了的富，没有受不了的罪。拼搏的姿态再加上务实的精神，为将来的成功奠定了最坚实的基础。

人的潜力是无限的，我们的大脑被开发利用的部分不足千分之一。当一个人身负重压，不奋发就不足以站直身子的时候，他的潜能往往可以更充分地被激发出来。

台湾灯饰大王林国光，当初从他大哥手里接过家族的贤林灯饰公司时，公司已经负债累累，大哥也累成肺癌，不久于人世。公司本来可以申请破产，但大哥不愿逃避债务，在身背骂名中离开世界，只好把远在美国闯天下的林国光招回来支撑危局。可以说林国光经营这个公司就是为了家族的荣誉，为了还债的。

37岁的林国光接手贤林公司后，把自己的房子以及可以变卖的家产都变卖了，先还了一部分债务。林国光把所有的债权人找到一起开会，告诉他们只有两个选择：要么起诉，让他大哥带病坐牢，钱还是还不起；要么给他6个月时间，从第七个月开始，每人每个月还一点，直到还清。债主们权衡再三，都选择了第二个方案。

此后的日子里，林国光每天早上八点上班，一直做到晚上两三点，他和妻子两人吃的菜还不如一个小工。有一次他在阳台上，望着脚下的万家灯火，真想跳下去，一了百了。但是自己一跳倒是解放了，债务还得由妻子承担，他最终还是咬牙挺了过来。

就这样赚钱还债，一个月一个月地还，到41岁那年，他终于还清了所有债务。接下来几年，他一路拼杀，最终成了灯饰大王，资产上亿。

“穷”在古汉语里的字义是“极也”，也就是到了尽头的意思。林国光所做的，就是绝路逢生，走通了生门和死门。压力和动力，也完全可以以正反两方面的眼光去认识。当然，我们最终不是要说贫穷有多好，只是想传递这样一个概念：贫穷是上帝发到人手里的牌，点数虽不太理想，但依然可以通过合理的排列组合，打出精彩的牌局来。

很是清闲——你的时间不值钱

“时间就是金钱”的口号喊了很多年了，现在它给我们的冲击力，已不如乍一提出时那么强烈，在很多人的印象中这也就是一句话而已，不值得过分关注。真正把时间和金钱对等起来的，还是那些精明的犹太商人。一个犹太富商曾作过这样的计算：他每天的工资为8000美元，那么每分钟约合17美元，如果他被别人浪费了5分钟的时间，就相当于自己的85美元被盗窃了。

富人的时间可以和效益直接挂钩，相比之下，我们的生活就缺少这种节奏和变化，我们的日子明天和今天差不多，后天又和明天差不多，从来没有什么重大问题等着我们去处理，也没有什么十万火急的合约等着我们去签。这样一来时光就漫长得很，我们缺的是银子，多的是日子。不知你注意到没有，在经济发达地区，人们的步伐普遍要比经济相对落后地区的人快。在纽约、香港等地的闹市区，人们永远来去匆匆，而在一些小城镇，大家却往往举止懒散，一副来日方长的样子。

在时间问题上，我们比富人的节奏慢还只是其一，后果更严重的是我们对时间重要性认识的不足。拿生活最常见的彩票问题来说，调查发现，玩彩票与一个人的净资产水平之间有明显的反比例关系。对这件事，我们的见解是拿钱买个希望，反正一周不过几元钱，也不会伤筋动骨。富人所见，就不仅仅是钱的问题了，他们更重视的是时间的投入。买彩票应该把排队的时间、交通的时间都算进去，假如花10

分钟买一张彩票，一周只买一次，一年也要花去500多分钟了，折合9个小时。这实际上就等于每年花500分钟的时间去干一项听起来要赢一罐黄金，但实际可能性接近于零的活动。富人的作风是务实的，既然对自己赚钱的实力毫无疑问，他们肯定不愿意每周去耗费一定的心力和时间，而仅仅是换来一种憧憬。他们完全可以拿这9小时去做一些更有益的事，比如，工作、学习新技术、与家人和朋友聚会。

这种观念反映在实际生活中，往往是富人为赶时间不吝惜金钱，普通人为了省一点小钱而荒废了大把的光阴。让我们来看下面两个例子：

其一：有一辆开往温州去的中巴车，车速比较慢，同车有10个急着要到温州把货卖掉的生意人，本来互不认识，但当即有人牵头，每人40元，一共集资了400元，让司机违章超车，以备罚款，于是，中巴车一路狂奔而去。

其二：在一个城市边缘的居民区里，每天早上人们都排起近50米的长队，等候1个小时购买一份2. 80元的早点。而50步之外，就有一个餐馆，如果去那里，马上就能坐下来吃饭，只因为价格贵了2元，场面就冷清得多。

从交通规则上来说，那几个温州商人当然是不应该被效仿的，但他们做生意的时间意识，可以给我们一个很好的启示：时间有限，而它所能创造的价值却是无限的。如果他们能把眼光放得长远一些，无疑就会为自己的成功又增加了一份筹码。

而另一方面，大多数人又陷入了一个“时间廉价”的怪圈里，因为他们的时间不值钱，所以他们喝酒、打牌、侃大山、晒太阳，无端消磨了大把的光阴；因为他们的时间没有创造出相应的价值，所以他们的时间又一次次跌价。

很会节省——金钱不是省出来的

简单地说，积累财富的途径有两个，一是开源，二是节流。如果再往下作一番比较，我们会发现无论在什么样的社会条件下，创造都比俭省更容易获得成功。

新中国成立初期，人民的新政权建立，有田地有产业的人都成了革命的对象。对那些欺男霸女、强抢乡亲田亩的恶霸，广大人民群众当然是人人喊打；而对那些靠勤俭积累起家的人，就有些老贫农站出来说话了："你们以为当个地主容易啊？哪个不是三辈子五辈子攒起来的！"

今天我们不讨论阶级立场问题，只分析一下那些小地主们的致富过程。他们的武器不过是两种，一个是"勤"，另一个就是"省"，积累财富的过程艰辛而又漫长。而在同时代，被称为冒险家乐园的上海滩，已造就了无数白手起家的民族资本家。开创自已的事业，以钱生钱是世界的新潮流和大趋势，靠俭省致富则是农业社会滞后的套路。虽然良田沃土和高楼大厦也可以靠节俭堆积出来，但一般来说，你这一辈子是享受不到那成功的辉煌了。

衡量一个人成就的标尺在于他创造了什么，大格局绝不是省出来的。

在今天，一个黄土高坡上的农民，他土地上的全部收入再加上果树或者家畜，也不过三五千元；一个月收入1500元的工薪族，即使不吃不喝，一年下来也存不了两万元的人民币。节省是一种美德，却绝不是致富的利器。

报纸杂志上有的是大富翁节俭的故事，比如洛克菲勒出差只住标准间，比尔·盖茨喝咖啡只去路边的小店。但是只要稍微用点心，你就会发现这样顶级富豪们的俭省只是讨厌"物非所值"，不肯为虚假的奢华付费而已。美国英克托米公司的布鲁尔，尽管拥有4.5亿美元的身家，却仍然对坐飞机的头等舱感到不舒服，他认为大一点的座位和一些免费的饮料不值得额外花费1000美元。

大富豪的务实精神，和那种算计到骨子里的节俭走的完全是两条路线。日本松下电器的老板松下幸之助的个人午餐是普通盒饭，但他一定不会同意他的经理们在便宜的小饭馆里与客户洽谈生意。总之，该省的和不值得花的，省一分是一分；而值得花的，一定要大方出手，将为你赢回更多的钱。

在百货公司的前面，卡恩目不暇接地浏览着形形色色的商品。他身旁有一个穿戴得很体面的绅士，站在那里悠闲地抽着雪茄。卡恩毕恭毕敬地对绅士说："您的雪茄很香，好像不便宜吧？"

"2美元一支。"对方回答。

"好家伙……您一天抽多少呀？"卡恩问。

"10支。"

"天哪！您抽多久了？"

"40年前就抽上了。"

"那么，您仔细算算，要是不抽烟的话，那些钱就足够买这幢百货公司了。"卡恩惊讶地说道。

"您这么懂得节省和计算，您抽烟吗？"

"我才不抽呢。"卡恩回答说。

"那么，您买下这幢百货公司了吗？"

"没有啊！"

"哦，真遗憾。告诉您，这幢百货公司是我开的。"

对勤俭持家、由小发大这个道理，卡恩比谁都明白，并身体力行。他从来没有抽过烟，更不用说是2美元一支的雪茄。但是他雪茄没抽上，百货公司也没攒下，则不得不对绅士表示敬意。卡恩的智慧是死智慧，绅士的智慧才是活智慧：钱是靠钱生出来的，不是靠自己勒紧裤腰带攒下来的！

世界上最富有的犹太商人没有靠攒小钱积累资本的传统。他们把注意力集中在“钱生钱”而不是“人省钱”上面，这可以从他们集中于金融行业和投资回收较快的行业看出来。靠勒紧裤腰带攒小钱的人，他们是不可能有犹太商人身上那种特有的冒险气质的。

我们民间有句俗语为：吃不穷，穿不穷，算计不到才受穷。这句话之所以可以代代流传，本身就说明靠智慧开源致富的理念是经得住岁月考验的。如果一个人长期在贫穷的泥沼里打转转，首先是他能力与观念的问题，然后才是生活方式的问题。只靠长期的节省，顶多只能为你提供第一笔创业基金，要成大器，还是要找个好项目把这笔钱用出去。

没有事业——把工作提升为事业

在人生的竞技场上，你的态度将决定你所能达到的高度。如果能力和水准都差不多的两个人同做一种工作，因为态度的差异，最终成就的分野也会越来越明晰。工作是我们谋生的手段，对于富人，却是事业的起点。

年轻人做事，一般都缺乏一种主人翁的责任感，他们会把所有的心思放在如何在公司长久地待下去，如何让上司看着顺眼，使着顺手，就是他们的最终追求；然后再能引起他们密切关注的，就是职位、工资、奖金、养老保障和各种福利待遇了，自己的小要求得到满足的时候，意气风发，看路旁的乞丐都无比可爱；一旦受点儿挫折，就怨天尤人，觉得全世界都亏负了自己。除了在瞄准了一个好职位或者有了些危机感的时候，普通人很少自发地努力工作，更不会主动关心自己的职责范围以外的事情。

富人把自己所有的才华和智慧全部用于公司的发展壮大之上。这样的人绝对不是为了挣钱而打工，而是通过打工而挣钱的。他会把公司当成一个平台，通过这个平台了解这个行业如何运作，怎样才能更好地运作。他会认真了解运作这个行业的每一个环节，每一道程序。世上无难事，只怕有心人。富人首先是个有心人，用心人。他不仅仅把钱看作财富，更把赚钱的办法看作财富。

石油大王洛克菲勒在给儿子约翰的信中说：

"我们劳苦的最高报酬，不在于我们所获得的，而在于我们会因此成为什么。那些头脑活跃的人拼命劳作绝不是只为了赚钱，使他们工作热情得以持续下去的东西要比只知敛财的欲望更为高尚——他们是在从事一项迷人的事业。

老实说，我是一个野心家，从小我就想成为巨富。对我来说，我受雇的休伊特—塔特尔公司是一个锻炼我的能力、让我一试身手的好地方。它代理各种商品销售，拥有一座铁矿，还经营着两项让它赖以生存的技术，那就是给美国经济带来革命性变化的铁路与电报。它把我带进了妙趣横生、广阔绚烂的商业世界，让我学会了尊重数字与事实，让我看到了运输业的威力，更培养了我作为商人应具备的能力与素养。所有的这些都在我以后的经商中发挥了极大效能。我可以说，没有在休伊特·塔特尔公司的历练，在事业上我或许要走很多弯路。"

经历也是一种资源，从大公司出来创业的人拥有一种"年龄资产"，他们有着在职业生涯中累积起来的环境优势，有受人尊敬的专业声誉、经济上的自由度以及行业中的"知情人"地位。基于这一点，许多人把一些著名的跨国公司称为培养老板和职业经理人的学校，一流的公司造就了一流的人才。而更进一步说，成功必须要养成随时随地学习的习惯，先进的经验固然要吸收，而从他人的失败模式中总结出得失来，更是一种真功夫。北京新东方学校的创办人俞洪敏，采取的就是“曲线救国”的策略。

在新东方创办之前，俞洪敏也在为别人打工。在边上冷眼旁观的过程中，俞洪敏发现，大量的培训学校在对学生的态度、管理和理念上都有严重缺陷。于是就想，如果我来办学校的话，会如何对待学生？这不仅仅是一个师资的问题，还有一个怎样吸引学生、让学生满意的问题。

观察、积累到一定时候，1993年俞洪敏开始进行实际操作，验证自己有没有把一个学校办起来的能力。一直奋斗到1995年底，学校获得了巨大成功，使得在大学生和想出国的人这个圈子里，新东方的大名无人不晓。

当然，并不是每个人都要走打工——学习——创业这条路，但是有主动精神、有工作热情的人，从来都是老板最欣赏的员工，而薪金正是这种努力的副产品。无论你的所求是什么，第一步都应该是先拿成绩说话。年轻人的事业不可能凭空从天上掉下来，从现在开始你就应该调整心态，拿出足够的热忱来。

工作太忙——工作不应该是你的负担

现代社会竞争激烈，为了保住自己的饭碗或者使碗里的内容更丰富一些，我们不得不拼命工作以期望获得肯定。这本是一种积极的态度，但应该引起警惕的是：那种埋头苦干式的奔忙是否已埋藏了你的创造力，影响了你的身体健康。

日本人被看成是勤奋的民族。日本政府调查，有将近2／3的日本上班族一年休假不到10天。日本人由于被工作过度洗脑，国民健康状况已严重亮起红灯。男性死亡率有10%的原因是“工作过度”。为此，日本政府不得不出面宣导，教育国民如何休闲。然而，日本政府最感头痛的还不止这点。日本总理府曾经做过另一份调查，询问日本民众闲暇时最爱做的是什么？结果，85%的人表示，他们只想睡觉。柴林斯基慨叹：“工作不只使日本人疲倦，而且是把他们榨干了！”

“工作过度”和对自己的工作有兴趣和热情完全是两回事。一般下层劳动者的真实状态是找一份自己能找到的工作，不管那是不是自己想做的，然后迫于生计、社会压力或对家人的责任一直做下去，日日为生活疲于奔命，丝毫没有成功的快乐。

大多数人在星期一清晨，就不得不爬起床来去上班，他们在工作时不住地盯着闹钟，一直到星期五的下午——也就是在忍受了漫长而又痛苦的5天之后，他们终于可以抛开工作的束缚，期待到属于自己的2天休息日。实际上，真正生活的日子只有2天，但这2天又是怎样的呢？星期六，虽然不用工作，但家务需要你做，孩子需要你陪，还需要同配偶一起，去算计一下家里的事情，或上街去买一些必需的日用品。而星期日呢，大多数人的星期日，已经因为忧郁而暗淡的星期一早晨，而笼罩在一片沮丧之中。

一个人如果不喜欢自己的工作，他就不会投入必要的时间和精力去取得成功。没有哪一个成功者认为自己的工作是非常烦人的。对于大多数千万富翁来说，这是一场激动人心并富有挑战性的游戏。

儿童家具专卖公司创始人格蒂文·格罗斯曼说：“我本该一周在这里待上6天，但我连休息时间也不定期，很有意思。回家是工作，工作就是乐趣。”亨利·福特迷恋汽车，比尔·盖茨钟爱计算机软件。在千万富翁的眼中，每天都有不同的风险，那是乐趣，也是刺激。

著名的金融家摩根的观念，就是决不让赚钱变成一种沉重的负担，而是让它成为一种新鲜刺激的游戏。他认为只有以这样游戏的心态去赚取金钱，才是最佳的赚钱心态。

摩根赚钱甚至达到痴迷的程度。他一直有一个习惯，每当黄昏的时候，他就到小报摊上买一份载有股市收盘的当地晚报回家阅读。当他的朋友都在忙着怎样娱乐的时候，他则说："有些人热衷于研究棒球或者足球的时候，我却喜欢研究怎么赚钱。"

他从来不乱花钱去做自己不喜欢的事情。他总是琢磨怎么赚钱的办法。有的人开玩笑说："摩根你已经是百万富翁了，感觉滋味如何？"摩根的回答让人玩味："凡是我想要的东西而又可以用钱买到的时候，我都能买到。至于其他人所梦想的东西，比如名车、名画、豪宅我都不为所动，因为我不想得到。"

他并不是一个为金钱而生活的人，他甚至不需要金钱来装饰他的生活。他喜欢的仅仅是游戏的感觉，那种一次次投入资金，又一次次地通过自己的智慧把钱赚回来的感觉，充满了风险和艰辛，但是也颇为刺激。

富人们懂得，要想成就事业，最重要的也是最基本的就是——必须百分之百热爱自己的工作。一个人只有懂得这一点，他才会拥有一份健康、愉快、积极向上的心态。

其实这里所说的重点并不是要你辞去目前的工作，另找较有趣的工作，而是希望你想办法使目前的工作变得有趣。只要你在目前的工作上表现优异，其他成功的机会就会伴随而来。

然而许多人面临的问题可能是："怎么可能让目前悲惨的工作变得有趣？"当然，并不是天下所有工作都能变成有趣的工作，但是总有办法让它们有所改善。

提升工作乐趣的第一件事，也最重要的一件事，就是改变或调整自己的态度。对于自己的工作和同事，你是抱着正面的还是负面的态度？你常向别人抱怨自己的工作吗？你抱怨你的上司、工作、同事、部属、客户或供应商吗？你一早醒来想到工作就心烦，黄昏时“迫不及待要离开这个鬼地方”吗？对工作和同事越是抱着负面的心态，就越没有成功的希望。成功路上阻碍的大小，与一个人对工作的负面感觉成正比。当一个人的负面感受越强烈，遭受的阻碍就越大。只有自己要为自己的心态负责，也只有自己能使自己的心态变得较为积极。

很多人认为，我们的态度和感觉，是由他人对待我们的方式及工作的好坏而定。其实并不然，我们自己才是心态的主宰，要抱有正面或负面的心态，完全在自己。富人们知道逆境不是他们的敌人，而是他们的朋友，也是生命中最强大的一股外力。如一个人以积极的态度面对逆境，他就能激发潜力。

让工作变得更有趣的第二步，是与共事的人建立愉快的关系。共事的人包括公司里的人，如上司、同事、下属等，也包括公司外与你有往来的人，如客户、厂商、供应商、承包商等。改善人际关系并非一蹴而就，需要时间和精力。

工作占有人生最大而且最重要的一部分。假如你对工作厌倦，整个人生将缺少乐趣；假使你为环境所迫，而只能做些乏味的工作，你也应该努力设法从这乏味的工作中找出一些兴趣和意义来。努力工作，所需的是勤劳与坚忍；努力工作而又能快乐地工作，则是一种智慧。

缺少价值——创意创造价值

创意要有科学性，但是创意不是科学，它的起源常常是有心人的灵机一动，不需要经过严谨的学术训练和精密的理论论证。对于创意，任何一个人都可以与之亲密接触，有一首歌叫《星星是穷人的钻石》，创意，就是人们闪亮的希望。

创意可以只是在原来基础上的一点点改进，别轻视这一点点，只要运用巧妙，完全可以点石成金。

1973年，年仅15岁的格林伍德收到别人送给他的圣诞节礼物——一双冰鞋，他非常高兴，因为他一直渴望有滑冰的机会。

拿到这件礼物后，格林伍德马上就跑出屋子，到离家很近的结了冰的小河上去溜冰。可能是他初次出来，他感觉到天气太冷了，一溜冰，耳朵被风吹得像刀子割了似的。他戴上了“两片瓦”式的皮帽子，把头和腮帮捂得严严实实的，一玩起来又热得满头是汗。

格林伍德想，应该做一件能专门捂得住两边耳朵的东西。他终于琢磨出一个大概的样子，回家请妈妈照他的意思做。他妈妈摆弄了好半天，缝出了一双棉的耳罩。格林伍德戴上它去溜冰，果然挺管用。一些朋友见到了，也向格林伍德要。格林伍德和妈妈商量，去把祖母也叫来，一起做耳罩。经过几次修改，耳罩做得更适合，也更好看了。小格林伍德把它取名为“绿林好汉式耳套”，并且向美国专利局申请了专利，“绿林好汉式耳套”的专利号是188292。

一双耳套能值多少钱？申请专利又有什么用？

答案是：小格林伍德后来成了世界耳套生产厂家的总首领，因为这项专利，他成为了百万富翁。

格林伍德的成功有两个关键之处，一是别人戴帽子或不戴帽子已形成了习惯，不再去想怎样保护耳朵，而他却专门做了个耳套。二是做了耳套后，他为之命名并且申请了专利。换句话说，他懂得从小处着眼，向大处推广。

创意也可以不仅仅是一个具体的产品，而只是一种脑筋急转弯似的思路。

有个地球人都知道而且演绎了无数版本的小故事，说是一种名牌牙膏的销售进入了一个瓶颈地带，于是总裁高额悬赏，希望大家献计献策。最后是一个小工人出了个好主意：把牙膏的开口扩大一毫米。

如果广大消费者每天依然按习惯了的长度挤牙膏，加在一起，就是一个了不起的量。小工人因此得奖，当之无愧。

人大脑的能量是无限的，只是我们没有好好地开发利用而已。我国古代没有“创意”这个词，其实创意无处不在。最著名的创意是“田忌赛马”，在己方的实力稍逊一筹的条件下，用自己上等的马匹与对手中等的比，中等的马匹与对手下等的比，取得两场的优势之后，再用自己下等的马匹去应付对手的上等马，最终以总成绩2：1获胜。

这就是创意，面对似乎无处下手的难题，求变则通。

浙江温州的汪先生以超市起家，如今已拥有十多家连锁店。事业一大，手下人等难免鱼龙混杂，各地的经理们占山为王，有很大一块利润都流进了他们私人的腰包。

这自然是要严加整顿的，但是如果这十几家超市一起查，人手就成问题。而且不光是查账，还要查架子上的货，这些事情不是外行做得了的。

眼看事情就要搁浅了，汪先生手下的一位助理给他出了一个好主意：

倘若一家一家查，当然就要从靠不住的那几家先下手，为的是叫他措手不及。但这一来，查出毛病来自不必说，如果是干干净净的，人家心里就会不舒服，以后就不容易使用得力了。不如干脆来个大换位，十几个经理通通调动，调动要办移交，接手的有责任，自然不敢马虎，这一来账目、架货的虚实，就都盘查清楚了。

有一字千金的文章，也有四两拨千斤的思路，先想得到，才能做得好。

日本汽车“推销大王”椎名保久，发现在生意场合，人们常用火柴替对方点烟，然后把火柴留给对方。于是，他向火柴厂特制出了一种大火柴，在盒上印上自己的名字、公司的电话号码和地图，然后赠给自己的客户。一盒火柴有20根，每点一次烟，电话号码和地图就会出现一次，而一般吸烟者通常都是在兴奋或困惑时才点或抽烟，习惯凝视火柴来思考。这种“无意识的注意”会给人们留下特别深刻的印象。

他觉得，一盒小小的火柴虽不起眼，但发挥的作用却很大。假定一个地方放20盒火柴，那么自己的名字、公司的电话号码和地图也就等于重复出现了400多次。

正是利用这个小小火柴，椎名使汽车的销售额大幅度上涨，获得了成功。事实上，许多从他那儿购买汽车的顾客是看到火柴盒上的电话号码，打电话询问后，才决定购买的。

有人说了，上面这一条没什么参考性，——如今人们点烟已经不用火柴了。

连归纳类比都不会，还谈什么创意？

创意本身无法标价，它实施后所创造的价值却是切切实实的。我们如果用好自己的创意，常常会达到事半功倍的效果。即使不具备落实的条件，你也可以把它当成自己的资本与富人共同坐在谈判桌上。通常，我们可以出售给富人的东西很少，但创意肯定是其中极为重要的一项。创意做得好了，一样可以产生大师级的人物。

大大咧咧——在细节上不要太粗糙

有人的地方就有差别，如果有两个境况差不多的人，思想认识相同，也都具备一定的行动能力，但可能他们在社会上的成就却有很大的距离。为什么？这时候很可能是落后的人在细节上出了岔子。

华人首富李嘉诚，在被问及成功的秘诀和处事的方法时，依然坚持。说“成功不靠大的战略决策，成功靠做好细节工作的韧劲。”其实，人与人之间智力和体力上的差异并不是想象中那么大，当人们站在同一起跑线上的时候，比的就是细节上的功夫。

如果你先有了轻慢之心、疏忽之意，往往就会在不经意的眼神动作中表现出来，而一个人的修养、素质，最容易在这些细节中体现。

世界华人成功学第一人陈安之老师在演讲时曾举过这样一个例子：

一个业务代表与客户预约晚上10：00通电话，业务代表与妻子8：00就上床睡觉了，9：45闹钟响了。

业务代表起床，脱掉睡衣睡裤，穿上西装，梳妆打扮一番，精神抖擞，10：00准时与客户通了电话。

他打5分钟电话，接着又脱掉西装，穿上睡衣睡裤，上床睡觉。这时妻子开始发问了，“老公，你刚才在干什么呀？”

“给客户打电话。”

“你打电话只有5分钟，却准备了15分钟，何况又可以在床上打。你是不是疯了？”

“老婆，你不知道啊！背对客户也要100％尊重客户，我穿着睡衣给客户打电话，虽然客户看不见我，可是我看得见我自己！这是不尊重客户的。”

在别人看不到的地方，也丝毫不敢松懈，时时拿这个准绳要求自己，细节也就变成了习惯。那么再和人面对面交谈时，一个人的严谨和细心就可以自然流露。律己要严，有时候，行为上的一点点小疵，却有可能坏了你的人事。

一名在德国留学的中国学生，毕业时成绩优异，但他在德国四处求职，却被很多家大公司拒绝，后来他只好选了一家小公司去应聘，没想到仍然被拒。而各个公司都不愿聘用他的原因是：他有三次乘坐公共汽车逃票被捉的记录！在德国抽查逃票一般被查到的概率是万分之三，这位高材生居然被抓住三次逃票，在严谨的德国人看来，这是永远不可饶恕的。

事无大小，主要是看你所表现出来的精神和品格，从细节上被否了的人不要喊冤。一个老板不会把一个重要的经理位置，交给一位将空白的打印纸用来擦桌子的员工，因为他浪费而且没有责任心；一个力争上游的创业者也不会选择一个乱丢垃圾的人，作为自己的合作伙伴，因为他不讲规则没有自律精神。

细节，是你对自己形象的打造。有很多各个领域里的顶尖人物，当他站在高处的时候，依然拥有体察入微的细致，形成了强烈的人格感染力。

有一次，松下幸之助在一家餐厅招待客人，一行六个人都点了牛排。等六个人都吃完主餐，松下让助理去请烹调牛排的主厨过来，他特别强调：“不要找经理，找主厨。”

助理注意到，松下的牛排只吃了一半，心想一会儿的场面可能会很尴尬。

主厨来时很紧张，因为他知道请自己的客人来头很大。

“是不是有什么问题？”主厨紧张地问。

“烹调牛排，对你已不成问题，”松下说，“但是我只能吃一半。原因不在于厨艺，牛排真的很好吃，但我已80岁了，胃口大不如前。”

主厨与其他的五位用餐者困惑得面面相觑，大家过了好一会才明白是怎么一回事。“我想当面和你谈，是因为我担心，你看到吃了一半的牛排就倒掉，心里会难过。”

这就是松下的典型风格，不以自我为中心，这对手下员工和生意伙伴自然有一种独特的凝聚力。

我们如果有信心有机遇并且敢作敢当，随时都有杀出重围向财富迈进的机会。但如果我们富了，就完全脱胎换骨并从此能得到富有阶层的尊重和认可了吗？非也。即使一个人财富的分量已经足够，依然会在风格素养上差一点火候。

一个人的形象，并不是一个简单的穿衣和外表长相的概念，而是一个综合全面素质，外表与内在结合的、一个在流动中的印象。它包括你的穿着、言行、举止、修养、生活方式、知识层次、家庭出身、你住在哪里、开什么车、和什么人交朋友等。它们在清楚地为你下着定义：你是谁、你的社会位置、你如何生活、你是否有发展前途。

一位经验丰富的五星级酒店的总经理曾对朋友说，他们区分高品位的富人和暴发户的方法通常是，一看搭配，二看言谈，三看吃饭。现在社会上出现了越来越多的富有者，不能再简单地以名牌服饰来判断客人。判断的方法提高了一个档次，首先要看客人的整体妆容和服饰是否有格调和品位；其次，客人对服务生的态度能体现出一个富人的素质，素质高的富人往往礼貌而低调。最后一点看人吃饭，越安静的越是有素养的，越喧哗的越是暴发户。

现代社会中，由于时间紧张，人与人的交往通常不可能太深，细节可能是我们的第一张名片。优雅的举止和文明得体的谈吐，往往是你征服别人的第一步。如果你的表现差在素质上，那是认识不到位；差在个人形象上，那是最不应该的疏忽。

第3章 相比富人，你到底缺什么

有人为，普通人到底为什么不够富裕？这是因为普通人身上缺少了一些东西。那到底缺什么？其实，普通人缺的正是他们在思想上的瓶颈，他们没勇气、不变通、被动、方法单一、做事优柔寡断等。也就是说，改变命运就要从改变思想开始，想要致富，就必须要破除这些思维瓶颈。

缺勇气——不要自己吓唬自己

有种说法叫做“撑死胆大的，饿死胆小的”，话虽有些偏颇，却也传递了这样一个信息：敢于往外飞的鸟儿有虫吃，观望者最大的风险，就是永远没有成功的希望。

我们的问题一向比路子多，比如让他改变一下目前的生活状态和别人去做点小生意，他首先会有一连串的担心：赔了怎么办？被地头蛇抢了怎么办？托运途中车坏了怎么办？与合伙人闹翻了怎么办？甚至钱多了不安全怎么办？顺着这种思路想下去，那么干什么都不如站着不动安全，虽然穷一点，苦一点，总算不必承受那些额外的风险和负担。

讳疾忌医只会使疾患越来越严重。对于怕树叶砸了脑袋的人，我们不妨发扬一下打破砂锅问到底的精神，看看那些臆想中的灾难是不是能真的把人给吞了。

美国加州有位大学刚毕业的年轻人，在2003年冬季征兵中被依法选中，即将到最艰苦也最危险的海军陆战队服役。

年轻人自从获悉自己被海军陆战队选中的消息后，便显得忧心忡忡。在加州大学任教的祖父见到孙子一副魂不守舍的样子，便开导他说："孩子啊，这没什么好担心的。到了海军陆战队，你将有两个机会，一个是留在内勤部门，一个是分到外勤部门。如果你分到了内勤部门，就完全用不着去担惊受怕了。"

"那要是我被分配到了外勤部门呢？"年轻人问爷爷。

"那同样会有两个机会，一个是留在美国本土，另一个是分配到国外的军事基地。如果你被分配到美国本土，那又有什么好担心的？"

"那么，要是被分到国外的基地呢？"

"那也有两个机会，一个是被分配到和平而友善的国家，另一个是分配到海湾地区。如果把你分配到和平友善的国家，那也是值得庆幸的事啊！"

"爷爷，那要是我不幸被分到海湾地区呢？"

"你同样会有两种机会，一个是留在总部，另一个被派到前线作战。如果你被分配到总部，那又有什么需要担心的呢？"

"那我若不幸被派往前线作战呢？"

"那同样还有两个机会，一个是安全归来，一个是不幸负伤。如果你能够安全归来，那担心岂不是多余的？"

"那要是不幸负伤了呢？"

"也有两个机会，一个是只负了点轻伤，没有任何生命危险。另一个是身受重伤，危及生命安全。如果只是负了点轻伤，那又何必过分担心呢？"

"那要是不幸身负重伤呢？"

"你同样拥有两个机会，一个是依然能够保全性命，另一个是完全救治无效。

如果尚能保全性命，还担心什么呢？”

“那要完全救治无效怎么办？”年轻人最后问。

“那你人都死了，还有什么可担心的呢？”祖父说完哈哈大笑起来。

有时候，我们怕的不是既定的事实，而是那些落不到实地的推测。面对那些未知的抉择，我们患得患失，常常会因为无法预料而感到恐惧，会不自觉地、先入为主地用消极悲观的心态去面对未来的一切。在这种情况下，我们应该努力学习这样的自我调整：

周先生离开在北京一家公司很好的职位，到通州经营自己的小生意时，他进行了一连串的自问：“我希望开始我自己的生意，那样可能发生的最坏的事情是什么呢？我可能失败，可能倾家荡产。如果我倾家荡产，可能发生的最坏的事情是什么呢？我将必须去做任何我能得到的工作。那样可能发生的最坏的事情是什么呢？我又会厌恶这种工作，因为我不喜欢受雇于人。于是，我会再找一条路子去经营我自己的生意。然后呢？也许第二次或第三次，我将会获得成功，因为我逐渐学会了如何避免失败。”

底线就是这么深，以积极的态度看问题，事先的忧心的确有点儿多余。成功者的标准作风，是拿得起放得下，看准了就行动。当年王永庆将日本的PVC塑料生产技术引进台湾地区的时候，曾面临严峻的挑战，台塑首期产的PVC产量是一年100吨，而当时台湾的年需求量只有20吨，出现了严重的供过于求的销售问题。王永庆经过深入的分析调查，认为产品销不出去的根本原因并不是生产得太多，而是由于价格太贵。为了降价销售，只能扩大生产，增加产量，实行薄利多销，只有这样才能扭转当时的不利局面，而不是像人们说的那样减少生产。因此他又得出一个惊人论断，明知生产过剩，却决定大幅度增加产量。事实证明了王永庆的想法和做法都是无误的，王永庆终于以他超人的胆略和魄力战胜了这只令人害怕的“拦路虎”。

我们可以肯定，支持王永庆做出这种决断的思想基础，是对市场的深刻了解和对自己判断力的充分信心。如果当时王永庆首先想到的是产品积压、资金周转困难、公司倒闭乃至自身信用破产和牢狱之灾，那么他的选择肯定就是另一样了。退缩的结果，是“台塑”的成长要推后很多年或者世上根本就没有台湾的“经营大王”王永庆其人。

是的，任何一项新的行动都是有风险的，付出了，你有可能赚得盆满钵溢也可能颗粒无收。但可以肯定的是，如果前怕狼后怕虎，你将永远无法挣很多的钱。认真比较一下，还是马上行动的前景光明一些。

缺变通——抛开自己的成见

成见是我们自己给自己下的套儿，试都没试一下，就主观地认定此路不通。比如让你去砍柴，你会怎么做？是朝一处坚持不断地用力砍，还是围着树砍？在遇到有树节时，是竭力避开树节，还是从有节的地方开始下手？根据人们习惯的思维，你是不是可以毫不犹豫地断定，没有节的树干比较容易被砍断，而有节的地方则不容易砍断。其实不然，有节的地方虽然坚硬一些，却更容易折断；没有节的地方正好相反，而且总是卡你的斧头。

其实，在很多时候，在面对诸如树节这样的难题时，安于现状的人们经常会自觉不自觉地采取回避的习惯做法，而且还自以为做得非常正确，却不知只需打破常规，努力一试，就能够找到令我们欣喜的收获。

日本的东芝电器公司1952年前后曾一度积压了大量的电扇销不出去。7万多名职工为了打开销路，煞费心思地想了不少办法，却依然进展甚微。

有一天，一个小职员向公司领导人提出了改变电扇颜色的建议。当时全世界的电扇都是黑色的，东芝公司生产的电扇也不例外。这个小职员建议把黑色改为浅颜色。这一建议引起了公司领导人的重视。经过研究，公司采纳了这个建议。第二年夏天，东芝公司推出了一批浅蓝色电扇，大受顾客青睐，市场上还掀起了一阵狂购热潮，几个月之内就卖出了几十万台。从此以后，在日本，以及在全世界，电扇就不再是一副统一的黑面孔了。

只是改变了一下颜色这种小事情，就开发出了一种面貌一新、大大畅销的新产品，这一改变颜色的设想，其经济效益和社会效益何等巨大！为什么日本以及其他国家的成千上万的电器公司，在以往长达几十年的时间里，竟都没人想到、没人提出来呢？看来，这主要是因为，自有电扇以来，它的颜色就是黑色的。虽然谁也没有做过这样的规定，而它在漫长的时间里已逐渐形成为一种惯例、一种传统，似乎电扇就只能是黑色的，不是黑色的就不成其为电扇。这样的惯例，这样的传统反映在人们的头脑中，便成为了一种源远流长、根深蒂固的思维定势，严重地阻碍和束缚了人们在电扇设计和制造上的创新思考。

在寻找财富的过程中，有很多切实可行的道路往往被挡在成见的背后，没有细心的观察和思考，就突破不了这样的误区。

前几年，有一个人以2000美元闯荡非洲国家津巴布韦，他发现大多数中国人都对非洲国家有误解，非洲的某些国家和地区比如津巴布韦的城市地带，远非人们所想象的那么落后，在商业上大有可为。于是他根据自己的发现，将中国商品贩运至津巴布韦，将津巴布韦的石雕等艺术品贩运回国内，做双向贸易。之后他又移居津巴布韦，数年间即成为了津巴布韦最成功的富商之一，连津巴布韦总统专机上的食品都由他供给。

在年轻人中，缺乏变通者不少见，他们在遇到问题时，习惯于以主观的惯性思维来解决。而富人们却善于打破僵化的思维模式，不断创意求新，在平淡之中，总结出致富的硬道理来。

台湾著名企业家施振荣的少年时代充满坎坷。为了谋生，母亲卖鸭蛋、文具，织毛衣，甚至一度摆起槟榔摊。施振荣成功后，不止一次提到他童年时卖鸭蛋的经历。

他曾经帮着妈妈在店里同时卖鸭蛋和文具。鸭蛋3元1斤，只能赚3角，差不多是10%的利润，而且鸭蛋容易变质，没有及时卖出就会坏掉，造成经济上的损失。

文具的利润高，做10元的生意至少可以赚4元，利润超过40%，而且文具摆着不会坏。看起来卖文具比卖鸭蛋好。但其实，施振荣讲述经验说，卖鸭蛋远比卖文具赚得多！

鸭蛋利润薄，但最多两天就周转一次；文具利润高，但有时半年一年都卖不掉，不但积压成本，利润更早就被利息腐蚀一空。鸭蛋利薄，但是多销，所以利润远远大于周转慢的文具。

施振荣后来将卖鸭蛋的经验运用到宏碁，建立了“薄利多销模式”，即产品售价定得比同行低，虽然利润低，但客户量增加，资金周转快，库存少，经营成本大为降低，实际获利在同行业中高。

施振荣母亲卖鸭蛋的门道，背后就是商业的一个普遍定理：资产收益率等于利润率乘以周转率。很多人把注意力集中在利润率上，而忽视了周转率。

事情一说破就简单了，但是为什么有人先注意到了这个道理而将其大面积地推广，有人却永远也找不到自己下网的地方呢？所以普通人应该逐条检查自己对任何事物的一贯看法，看看在哪里犯了南辕北辙的错误。

缺信念——要相信信念的力量

我们和富人的距离，不在于社会地位和教育程度，甚至也不在于头脑够不够聪明，有没有过人的才能。我们差在没有一个坚定的目标，总在原地转圈子，对前途感到茫然，或者，当追求某一目标时，却突然感到自己“不可能”实现。

事实上，在绝大多数情况下，我们对目标望而却步，并非目标真的“不可能”实现，而是自认为无法实现。自认为一切都“不可能”，久而久之，“不可能”成了心理上的一道不可跨越的阴影。

很多事情，“信则有，不信则无”，你一定要相信你所想要相信的事。如此一来，在你的潜意识中就能够得到真正的印象，而你的潜意识也会因印象的程度而适当地发生反应，这种反应最终会影响你的行为，并导致行为结果的变化。

当年红军队伍中，人们都用“神炮”来形容一个迫击炮手，他就是赵章成。抗日战争时期，赵章成曾经一个人同时操纵三门炮进行不间断的射击，直到三门炮的炮管都打红了。战斗结束后，据俘虏供称，当受到炮击时，敌军指挥官根据炮火的准确性和密度判断，八路军有一个迫击炮排在进行齐射！

为什么他们的技术这么神奇？很普通的武器到了他们手里，为什么就变得威力无穷？

中国工农红军中指挥官和士兵在接受命令时，都会在行一个标准军礼的同时，坚定地说："保证完成任务！"

"保证完成任务！"这是红军在接受任务与命令时最普遍的回答，表明他们坚决执行命令的态度。红军之所以能在装备落后、环境恶劣的情况下生存下来并取得胜利，靠的就是这种"保证完成任务"的态度和信念。当我们处于劣势的时候，相信自己的实力是唯一的选择，只要坚信自己能做到，就没有什么是"不可能"的。

"吉利"集团的创始人李书福曾说："20岁出头我开始创业，那时谁也不认识我，最能支持我的也就是我的哥哥、弟弟了。我在海南给家里打电话，告诉哥哥我要生产摩托车，经过认真考虑他决定支持我。尽管从没做过这一行，但我们成功了，短短一年左右，我们就生产出了全中国第一辆踏板式摩托车。后来我决定投身汽车业，其他人都当成一个玩笑。我自己就领着两个人到浙江临海去准备生产汽车了。那时候临海是一片荒地，没有电，没有路，没有桥，只有蚊子。我们建了避雷所，造了桥，修了路，光填平800亩地就动用了五六百辆汽车。这时依然没有人相信我们能生产汽车，我就暗自告诉自己，造出一辆车来给他们看看，我的汽车生产史也就慢慢开始了……"

如果没有李书福披荆斩棘，一定要在无人处走出一条路来的信念，就没有今天"吉利"的辉煌。对于意志无比坚定的人来说，外界的嘲讽和阻碍都不能使他们动摇，一定要成功的信念始终贯穿于他们的行动之中。

在国外，最为流行的神话之一就是："我们可以得到我们心中所期盼的一切。如果你相信自己能行，你也可以成为百万富翁，开办一家公司或成为首相。"对你起激发作用并决定你个人价值的就是你的内在力量，如果拥有主动性、创造力、技能、信仰，你就可以克服令人难以置信的巨大障碍。但是，如果你不能正确认识自我，你取得成功的机会就会减少。在你感到不适应或注意力不集中的时候，你的判断就会动摇。你可能会分不清积极的风险与消极的风险，可能会缺少解决问题的决断力。即使你在技术上胜任某一角色，但如果你感到自己无能力、无责任心，你也达不到最佳状态。

别人夺不走的真正财富，就深藏在一个人的内心。我们必须在物质生活变得富裕之前，让思想先富起来，而信念，是成功人生的第一法则。

缺主动——主动出击机会更多

有一种鸟叫鹭鸶，俗称“老等”，它最典型的捕食方法就是一动不动地站在浅水里，碰巧有小鱼虾游过时，再猛然低头啄食。它的这种生存方式在人类世界经常被嘲笑，但是不知人们是否反省过：一直以来，自己是不是也在坐等机遇?

有一项调查证明：在全国的各大城市里，活跃在工商界的都是些外地人，而土生土长的本地人，大多数还住在旧城区的老房子里。所有的战略都不断告诉大家：“要不断地进攻。”因为只有进攻，才会有成功的机会，如果你躲在家里不出门的话，你的机会一定会减少。当代最伟大的篮球巨星迈克尔·乔丹说过一句话：“我不相信被动会有收获，凡事一定要主动出击。”因为有85%以上的人都是被动的，如果一个人能采取主动，他就能掌握整个局面。

一天，偏僻的小山村突然开进了一辆汽车，这可是件新鲜事，全村人都围了过来。从车上走下几个人，其中一个穿黑皮夹克的中年男子问大家：“你们想不想演电影？谁想演请站出来！”一连问了好几遍，村民们都不敢吱声，好多人只顾和身边的人窃窃私语。

这时，一个十六七岁的女孩子站了出来：“我想演。”她长得并不漂亮，单眼皮儿，脸蛋红扑扑的，透出一股山里孩子特有的倔强和淳朴，“你会唱歌吗？”中年男子问。“会！”女孩子大方地回答。“那你现在就唱一个！”“行！”女孩开口就唱，一边唱还一边扭：“我们的祖国是花园，花园里花朵真鲜艳……”村人大笑。因为她的歌唱得实在不怎么好听，不但跑了调，而且唱到一半时还忘了词。没想到，中年男子却用手一指：“好，就是你了！”

这个勇敢地向前迈了一步的女孩子叫魏敏芝。她幸运地被大导演张艺谋选中，在电影《一个都不能少》中出任女主角，她的名字在电影上映后很快传遍了大江南北。

对于机遇，对于成功，人们总有各种各样的说法。然而，不能否认的是，有些时候，机遇在一些人面前确实是平等的。只是当机遇突然出现在面前时，有人却迟疑了、犹豫了，结果机遇与之擦肩而过；而有的人却能主动上前，大胆追求，于是便赢得了机遇的倾心。你可以说这是偶然，但你又怎能说这不是必然呢？

美国一位寿险业的销售冠军，在被问到如何销售保险的时候，他说在大学的时候，全校几乎所有的美女都跟他约会过。问的人很纳闷：“这跟保险有什么关系？”

他回答说：“很有关系，因为这些所谓的校园美女，大部分的男生都不敢追求她们，他们都是被动的，都怕被拒绝。”

但是他知道，这些美女都是很寂寞的，他不断地主动出击，因此每次都奏效。

正因为他跟学校所有的美女都约会过，所以当他从事保险业的时候，他想，这些成功的人士，大家一定都不敢去拜访，或者认为他们已经买了保单。

然而，他不断地主动出击，不断地拜访他们，在说服了那些董事长购买保单之后，董事长的朋友们也都是成功人士，这些成功人士又不断地介绍朋友给他，因此他成了保险业中的佼佼者。

我们不应该把所有的事情想得过于简单，但是世上也有许多貌似坚固的堡垒，其实并不像想象中的那样无懈可击。要改变自己，首先要做一个具有主动创新精神的人。当你认为有某一件事情应该去做的时候，就要主动去做。主动的人也许一开始是单枪匹马，但如果你的想法是积极可取的，不久，你就会得到许多人的支持。

我们每个人都曾有过这样的经历：我们有一个绝佳的构想，但从来没有付诸行动。为什么？因为我们担心、害怕。不是担心我们不能完成那工作，就是担心我们的周围的人会说三道四，这些担心和害怕使许多人失去了勇气，打了退堂鼓。许多能改变命运的良机，都消失在这种被动的等待中。

与其让自己在将来说“如果我当初怎么怎么样就好了”，不如现在就行动起来。有时候，痛心疾首的后悔给人信心的打击，比失败更甚。

缺方法——正确的方法是捷径

在通往成功的道路上，你已经付出了最大的努力，但是仍然得不到财富的青睐，为什么？这是摆在我们面前的首要问题。

W.爱德华兹·戴明博士是个美国统计学家，因将高质量做事方法带到日本而备受人们推崇。戴明博士根据多年的数据分析证明，在所有的失败中，有94%并不是由于人们不想把工作做好。事实上，大多数人想把工作做好。如果不是人的因素，那么究竟是什么原因呢？

是方法。方法——而不是人——是那94%失败的“罪魁祸首”。

曾有一位教授在一次小型讲习班上演示过这个观点。他在一张桌子上放了一块蓝绒珠宝衬垫。然后，他在中间放了一个珠宝商用的放大镜、一把特殊的镊子和50颗晶莹闪亮的钻石。

他解释说：“这些闪闪发光的石头并不都是钻石。在这一堆，有49块氧化锆（人工钻石）和一颗真钻石。如果你们有人能找出这颗真钻石，我就把它送给他。有谁想试一试吗？”

所有人都跃跃欲试。“只能试一次，而且你们每人只有60秒钟的时间。”

他们一个接一个地试图找到真钻石，但是只有这么短的时间，大家都失败了。这位教授同意告诉大家寻找真钻石的方法。在时钟的滴答声中，他开始将每一块石头翻过来，让平面向下，琢面向上。他用了55秒钟的时间把石头码放成这个姿态，接着，在还剩下的几秒钟时间里，他从上方往下看着石头，用自己的肉眼就找到了真钻石。一旦安排妥当，每次找出真钻石就变得异常简单。

为什么？因为所有的氧化锆都是一个“模样”，完美无瑕。只有钻石上面有个瑕疵——有一小块碳，叫做内含物——灯光的反射与其他石头略有不同。这个不同点很明显，肉眼就能分辨出来。现在，秘密公开了，所有人都想再试一试找出真钻石。

“不，”教授解释道，“你们有过机会了。由于你们不知道这种方法，因而你们一无所得。而我知道这种方法，所以我每次都能找到钻石。”

很大一部分人对自己的现状并不甘心，也不缺少信心和毅力，他们之所以还没富有，主要是没有找到通往目标的捷径，而把时间和体力，都用在了劳而无功的事情上。有一个剥骆驼的故事，以夸张的手法，点明了普通人真实的生活状态。

从前，有这样一个人，他很勤劳，但始终过着吃不饱、穿不暖的生活。

一天，这个人到一个地主家做工，地主看他活儿完成得很好，一高兴就送给他一只死掉的骆驼。回到家里，他开始给骆驼剥皮，可是骆驼皮很厚，他又没有做过这类的事情，一点也不熟练，所以没有多久，小刀就不快了。他跑上阁楼找到一个磨刀石，磨完刀子以后，继续剥皮，但是，刀子很快又不行了，他只好又跑上阁楼反复几次，他被累得气喘吁吁，于是他动脑筋想了一个办法。

他的办法是：把骆驼拉到阁楼上，就着磨刀石剥皮。但是通往阁楼的楼梯太小，他只好用绳索捆绑骆驼，再把骆驼从窗户吊上去，这下他磨刀就方便多了，不必再跑上跑下。

在众多的方法中，剥骆驼的人所使用的方法是最笨、效率最低的一种。这就像走路，明明有很多近路，可他偏偏不走，就是一心一意地绕圈子，累得半死不说，而且达不到目的。我们在刻苦的同时，必须选择最近的最佳的方法，这样才能事半功倍。通过走近路而节省时间去干其他的事，则将是更大的收益。

生活中，销售经理经常对受挫的推销员说：“再多跑几家客户！”父母常对拼命读书的孩子说：“再努力一些！”但是这些建议都有一个漏洞，就像有人曾经问一位高尔夫球高手：“我是不是要多做练习？”高尔夫球高手却回答道：“不，如果你不先把挥杆要领掌握好，再多的练习也没用。”

正确的方法比执着的态度更重要。我们应该调整思维，尽可能用简便的方式达成目标。无论如何，用钥匙开门都比把门砸开简单；我们的目标，就是尽快找到那把钥匙。

缺眼光——从消费中发现商机

新产品的产生，总是为了满足市场上不断增长的消费需求，而消费中棘手的问题，往往就是新产品形成的契机。普通人是最大的消费人群，富人投资的大多数产品，食品、药品、日用百货、交通工具等，最终要靠普通人使用来验证它的优劣。

我们不能只是永远的消耗者，他们应该以创造者的身份参与其中。

布尔是一位法国南部的在校大学生，学的是食品专业，钓鱼是他的业余爱好。暑假的一天，他从一位渔具批发商那里得知：在这个城市，江河纵横，垂钓爱好者众多，对鱼饵的需求量很大。但出售的多数人工鱼饵在水中容易散开，常使钓友劳而无功。“如果谁能搞出一种在水中不散的鱼饵，一定有得赚！”这句话提醒了布尔，他想，自己的专业就是食品，改革鱼饵不应是难事。

他利用大学里知识集中、有现成实验设备的优势，查阅了大量资料，反复试验。半个多月后，一种新型鱼饵终于试验成功：它利用鱼类喜欢向气泡集合的习惯，研究出一种能在水中不断放出气泡，香味持久不会散开的鱼饵，而且制作工艺简单，原材料可在化工商店购得。最惊喜的是，在实际比较中，新型鱼饵的捕获鱼量是普通鱼饵的3～7倍。

好产品还得广为推销才能有市场。于是，他联合朋友出资买原材料，他出技术并承担一部分销售任务。这种新型鱼饵推出后，由于效果良好，优势明显，产品很快在市场打响。

无论何时，机会都是属于有心人的。对于一些司空见惯的现象，人人都知道，可没人往深了去想，那么最早拿出方案的人，常常就是最终的赢家。中国是方便面的消费大国，可方便面的发明者却在日本。

一位叫安藤百福的日本人，在大阪市开了一家以加工销售食品为主的公司。安藤每天下班后都要乘电车回家。在电车站附近，安藤常见到许多人挤在饭馆前，等着吃热面条。有一天，安藤忽然灵机一动：既然面条的生意这样兴隆，我也可以搞面条呀！

因为吃热面条需要在饭馆面前等候，费时又不方便；而且吃挂面还缺少调料，味道并不理想。安藤的思路挖深了：如果能搞出一种只要开水一冲就可以吃的面条，而且配有调味品，那一定会受人们的欢迎。

于是，安藤买来了轧面机，开始试制设想中的新型食品。经过3年的奋斗，安藤终于获得了成功，方便面诞生了！

安藤百福的方便面给人们的生活带来了方便，受到了人们的热烈欢迎。一包包的“鸡肉方便面”　“海鲜方便面”被顾客从货架上取下，又冒着香喷喷的热气出现在广大用户的餐桌上。仅仅8个月，方便面便销售出1300万包。安藤百福一跃成为了拥有大量资产的富翁。

时代在发展，人们的生活也时时经历着日新月异的变化，商机本是无处不在的。当大多数人正面对某一种投资风潮犹疑不定的时候，富人会因为自己独特的眼光和执着的商业精神脱颖而出。投资和理财其实是一种意识，若将这种意识时时贯穿于行动当中，它就能成为生命的本能。是否拥有这种头脑，是富人与穷人最大的区别。

康拉德·希尔顿开始创业时，手头只有5000美元。和大家一样，他也来到了当时因发现石油而聚集了无数冒险家的得克萨斯州。

一天，希尔顿来到一家名为“莫布利”的旅馆想住上一晚，谁知旅馆门厅里的人群就像潮水似的争着往柜台前挤。当他好不容易挤到柜台前，服务员却把登记簿

“啪”地一合，高声喊道：“客满了！”

而后，一个铁青着脸的先生开始清理客厅，驱赶人群。他口气生硬地对希尔顿说：“请快点离开，8小时后再来碰运气，看有没有腾出的床位，因为我们这里是每天24小时做三轮生意的。”希尔顿正想发火，忽然灵机一动地问：“你是这家旅馆的主人吗？”对方却诉起苦来：“是的。我就是陷在这里不能自拔了。我赚不到什么钱，不如抽出资金到油田去赚更多的钱。”“你的意思是，”希尔顿压抑住内心的兴奋，故意满不在乎地问：“这家旅馆准备出售？”“只要有人出5万美元，今晚就可以拥有这儿的一切，包括我的床。”旅店老板卖店的决心已定。

希尔顿在仔细查阅了莫布利旅馆账簿的基础上，决定买下这家旅馆。经过一番讨价还价，卖主最后同意以4万美元出售。希尔顿立即四处筹措现金，终于在一星期的期限截止前几分钟将钱全部送到。希尔顿成了莫布利旅馆的主人。

当晚，莫布利旅馆全部客满，连希尔顿的床也让给客人住了。

随着莫布利旅馆的经营成功，雄心勃勃的希尔顿又与人合伙买下了华斯堡的梅尔巴旅馆、达拉斯的华尔道夫旅馆。希尔顿的旅馆业开始蒸蒸日上。

消费者的身份，经营者的眼光，可以使正准备创业的人看到别人看不到的机会。富人的成功，也往往是由一个小小的契机开始，然后再逐渐发扬光大的。问题的关键在于，有商业素质和执着精神的人，眼睛才会够明亮。

缺知识——知识决定财富的流向

知识是一种可以随身携带的资本，并且它的大门平等地对每一个人敞开。当你的出身、地位、资产都与人相形见绌的时候，知识就是你手里唯一的一张大牌。

犹太人在历史上不断遭人驱逐，被迫四处流浪，他们的财富可以被任意剥夺，但是他们依然可以凭借自己良好的教育、杰出的智慧、经商的经验，很快地再次变得富有。知识是他们保证自己能够不断崛起的根本，也是他们创造财富的理论根源。

最新的统计数字表明，近5年全球新诞生的百万富翁中，80％以上是从事以网络计算机为代表的高科技行业及以风险投资为代表的金融行业，并且大多是30~40岁之间的年轻人。这些年轻有为的成功者都来自我们普通的百姓中间，他们的昨天与我们芸芸众生一样平凡普通，没有显赫的门庭，没有结交权贵到处钻营，没有凭条子批地皮，没有鲸吞国有资产，没有贪污受贿巧取豪夺。他们出身平凡，艰苦求学，以知识为资本，创下了骄人的财富与业绩。

以前的富翁都是世代相传的结果，即使一些白手起家的致富者，也几乎耗去了一生的精力，才得以成为富豪。但现在因为有知识的力量，财富积聚的速度成倍地增加了，过去需要几十年甚至上百年的财富积聚，现在几年甚至两三年就完成了。这就是知识的魅力、知识的威力。

早在1990年，托夫勒就在其《权力的转移》一书中预言："知识"在21世纪必定毫无疑问地成为首位的权力象征。他认为："知识除了可以代替物质、运输和能源之外，还可以省时间；知识在理论上取之不尽，是最终的代替品，它已成为产业的最终资源；知识是21世纪经济增长的关键因素。"在生活中的几乎一切领域，我们都能感受到知识与信息的重要性。

在1920年，一辆汽车成本的85％以上是付给从事常规生产的工人和投资者；到了1990年，这两种人得到的份额不到60％，其余部分则分给了设计人员、工程师、战略家、金融专家、经理人员、律师、广告商和销售商等一大群善于识别新问题和解决问题的创新者。而今天，财富分配的规则很显然已经真正以知识为轴心，例如在半导体芯片的价格中，3%归原材料和能源的主人，5%归拥有设备和设施的人，6%归常规工人，85%以上则归从事专门设计、工程服务或拥有相关专利和版权的人。

很久以前，我们知道“知识就是力量”“知识就是金钱”，但真正有机会实现知识就是金钱的梦想，却在今天这个时代！一批科技富豪的诞生，犹如汹涌澎湃的浪潮，冲击着我们传统的经商观念、教育体制、分配制度等。过去，我们推崇“勤劳致富”的观念，因为勤劳确实是中华民族的传统美德。勤劳致富，是靠本身、靠实在、靠勤奋、靠诚实，因而值得宣扬和推崇。在经济日益知识化、技术化、全球化和网络化的今天，知识、创新已超过勤劳成为致富的首要条件。

一边是大量的工人下岗找不到工作，一边却是高级人才的薪资越来越高。显然，知识与才能已开始把握我们的命运，决定我们的财富。现代社会的人际竞争，很大程度上已归结为知识的竞争。有知识者有财富，将成为普遍的规律。

据《北京青年报》报道，联想集团实行股份制改革以来，随着其认股权证的分配实施，使一些员工一跃成为百万富翁。此外，在以往“联想”内部的效益水平及激励机制基础上，已经产生了一批百万富翁。两者相加，“联想”这架高科技财富机器“制造”出来的百万富翁数量已有数百人之多。这些百万富翁普遍比较年轻，平均年龄不超过30岁。

有关专家分析认为，如今企业已经渐渐成为中国社会财富的创造和承载主体，随着各种形式股份制的推行，有知识才能的年轻人将会成为富翁的主流。

也许有人认为那些年龄偏大又没有一技之长的人就只有给人家打工的份。其实不然。我们在这里所指的知识，并不都是在大学里专门学习的公式、定律、规则之类，而是包含着非常广泛的内容，按托夫勒的定义包括“信息、数据、图像、想象、态度、价值观，以及其他社会象征性产物。”实际上，对于致富起至关重要作用的专门知识，相当一部分是要在“社会大学”里才能学到的。没有读过大学的人，并不等同于没有知识。况且，在中国这样一个大国，市场巨大，对于那些在意识和经验上有准备的人，机会也一样存在。在知识经济时代的班车上，只要我们认真地掌握知识，关键是有效利用知识，就能走上致富之路。

缺朋友——我们不能只有穷朋友

如果说富人的朋友以事业上的伙伴居多，那么我们的朋友是由各种自然形成的社会关系带来的，比如同学、战友、打小一起和泥长大的玩伴，因为没有利害冲突，友谊就无比的牢固和长久。

这样的朋友彼此可以平视，交往起来既不伤人自尊，又不妨你自信，感觉的确很爽。闲来无事聚一聚，海阔天空地放松放松，也是人生的一大乐事。谁有了困难，大家伸手帮一把，最低限度，也可以说几句暖心的话解解烦忧。我们的穷朋友可以满足沟通的需要，也可以满足互助的需要，关于朋友的最基本的内容似乎尽在于此了。但是如果你想有所发展，这个小圈子就显得有点儿狭窄。

朋友是社会关系的重新组合。人一生下来便由父母带着进入一个社会关系圈，交朋友是在努力打破原有的关系圈而组织新的关系圈。

在一个主题为“创造财富”的论坛上，一位发言人说：“请大家拿出一页纸，在纸上写下和你相处时间最多的6个人，也可以说是与你关系最亲密的6个朋友，记下他们每个人的年收入，算出这6个人年收入总和的平均数，这个平均值便能反映出你个人年收入的多少。”

你的朋友的思维和言论对你的事业和工作的影响是不言而喻的，如果你周围的人只是为一次小小的加薪或超市的便宜货而欣喜，你自己的目光也难说能看多远了。

今天的我们或许已不愁温饱，可是依然还要掰着手指头算日子。发了薪，要还房贷或车贷，要交了水、电、煤气和电话费，减去日常生活必需品的开销，还有同学过生日、同事结婚、上司住院等意外支出等着你。

如此算来算去，日子还没过完，心态却已经老了，你的锋芒和锐气，会在不知不觉之中消磨殆尽。

而富人们即使在聊天，谈论的内容也离不开投资理财、经营管理，亲密接触他们的思维方式，对普通人将是一种质的飞跃。即使他们谈的只是艺术品或者健身、旅游，对那些还没有资格享受它们的人也将是一种激励。

日本首富系山英太郎能够赢得财富，就有一套“利益至上交友法”。在2001年秋天和2002年春天，他两度在全日本经营者举办的研习会上，开宗明义地表示：“别和穷人交往。”这听起来似乎有歧视穷人的嫌疑，其实重点不在于此。

如果只为了喝酒聊天，一般的朋友有时间又有兴趣，当然是不错的选择。但有一种人不只是没钱，也缺乏有益于人的资讯和与人携手奋斗的能力，这种交往，只能使人越活越琐碎。

一个人的朋友圈子里，不能没有几个重量级的人物。我国清末的一代官商胡雪岩的经历，就验证了朋友资源的重要性。

胡雪岩的祖上，累习安徽人传统，以经商持家。其父胡鹿泉，母金氏，做过沙船生意。因为生意失利，家道渐渐衰落。胡雪岩为长子，下有兄弟三人。没等他们长大成人，父亲胡鹿泉就撒手人寰，本来就不堪重负的家庭更是雪上加霜。这种情况下，当然没书可读，胡雪岩在十二三岁的时候就不得不进钱庄当学徒，靠自学粗通文墨。当学徒，活计并不累，只是做一些洒扫、倒夜壶之类的杂活。要学习的业务包括珠算、习字、记账、写信等，了解商品性能，熟记银两成色。照这个途径发展下去，最高成就也不外是学成师满，成为一个有模有样的伙计。当然，凭胡雪岩的天资，最后混成一个“大伙”“掌柜”什么的不成问题，但也是仅此而已了。

但胡雪岩是一个心怀大志的人，他从未放弃过走出这个小圈子的努力。与破落的世家子弟王有龄相逢，对他们双方都是一次难得的机缘。此后，随着王有龄在官场的节节上升，胡雪岩在商界的发展也是一帆风顺，完成了成为一个真正的大商人的原始积累。此后，他的眼界愈加开阔，涉及的层面也愈加广泛。在洋场，有英文漂亮、熟悉国外商情的古广春；在江湖上，有帮会的老大尤五与郁四。而与一代名臣左宗棠的结交，使他在官、商两道如鱼得水，终于成为赫赫有名的红顶商人。

与更优秀的人物结交，可以缩短我们走向成功的距离。

在穷朋友与富朋友的大话题内，最后一个需要引起我们注意的问题就是：对于起点更高的人物，你就是他的“穷朋友”，你从他身上得到的价值将大于他从你身上所得，这个矛盾又如何解决？

要想使富人的门槛不那么高，你可以选择在财富之外的范畴与之对话，比如你在政府机构的资源积累，比如你的专业知识和专门技能，有互补，才能形成持久的互动。除此之外，如果你能在富人们所关心的问题，如教育、管理、合理避税等方面有独特的见解，也可以形成对财富阶层的吸引力。

人际关系包括人缘关系、业务关系、办事渠道、信息来源等，它是一种十分微妙的东西，可以说无处不在，无时不在。比尔·盖茨说过一句话：高科技与高接触都同样重要。人要有所突破，所接触的朋友圈子是很重要的一环。

Bai Shou Qi Jia De
Di Yi Tong Jin

中　篇

你离富人有多远

第 4 章

普通人与富人的机会一样多

我们都知道，要致富，就要懂得抓住机遇。很多人认为，财富的机遇都是富人的专属，和自己无关。其实不然，看那些白手起家的富人们，我们就会发现，他们也是从一般人的队伍中走出来的。只要你留心观察，就能发现，人们的机会都一样多，关键在你是否懂得创造和抓住机遇。

致富的机会隐藏在变化里

有人说，世界就如同一个棋盘，而人就像一个“卒”，冲过“楚河汉界”之后方可横冲直撞，实现自己的人生价值。每个人都被一个无形的界限约束着、限制着，有的人不敢突破界限，只是规规矩矩在界内生活，工作，最终也只是碌碌无为、平庸一生。而有的人却敢于突破界限，摆脱那些繁文缛节的束缚，因而他们也欣赏到了界外不一样的风景，领略了界外不一样的精彩，活出了非同寻常的精彩人生。

其实，财富的获得何尝不是这个道理呢？富人之所以能致富，就是因为他们懂得变通，他们有自己的致富方法，他们有敏锐的捕捉机会的眼光。有人说成功可以复制，于是有些人开始模仿富人，富人做什么，他们就学着做什么，以为踩着富人的脚步走，就能致富。然而事实并不是如此，盲目跟风的结果往往是竹篮打水一场空。

我们可以说，一个成功的人生应该是懂得变通的人生，当你发现自己对自身定位不准确的时候，就应该及时调整步伐。

他是个农民，但他从小的理想就是当作家。为此，他一如既往地努力着，十年来，坚持每天写作500字。每写完一篇，他都改了又改，精心地加工润色，然后再充满希望地寄往各地的报纸杂志。但遗憾的是，尽管他很用功，可他从来没有一篇文章得以发表，甚至连一封退稿信都没有收到过。

29岁那年，他总算收到了第一封退稿信。那是一位他多年来一直坚持投稿的刊物的编辑寄来的，信里写道：“看得出你是一个很努力的青年，但我不得不遗憾地告诉你，你的知识面过于狭窄，生活经历也显得过于苍白。但我从你多年的来稿中发现，你的钢笔字越来越出色。”就是这封退稿信，点醒了他的困惑。他意识到，自己不应该对某些事过于执着。他毅然放弃写作，而练起了钢笔书法，果然长进很快。现在他已是有名的硬笔书法家，他的名字叫张文举。就这样，他让理想转了一个弯，继而柳暗花明，走向了成功。

诚然，我们要承认的是，一个人要想成功，就必须要做到努力、奋斗、坚持不懈，但毅力要起到作用，还必须是建立在一条正确道路的基础上；在错误的道路上坚持，只会让你逐渐偏离成功的人生轨道。我们一定要懂得变化和放弃，具备应变的能力，才可能抓住成功的机会。

很多时候，在我们看来难以解决的困境中，其实正蕴藏着机会。聪明的人总是能不断寻找成功的机遇，即使在困境中亦是如此，因为他们从不会因眼前的现状而停止思考。在顺境中多思考，我们能保持清醒的头脑、稳健前进的脚步；在逆境中多思考，我们会找到失败的症结，踏上通往成功的道路。

如果现在的你是一个普通人，如果你想致富，那么，就别一味地模仿富人，也别将富人的成功经验生搬硬套于自己身上。找一条与众不同的致富道路，巧妙地将之发挥出来，你就能获得财富。

东汉初年，辽东一带的猪都是黑毛猪，当地人也都习以为常。忽然有一天，一个商人家中的老母猪生了一窝毛色纯白的小猪，大家都争相来观看。附近一带的人都认为这一定是一种特异的品种，于是就有人给这个商人出主意说："如此干净纯白色的小猪，天下一定少见，你应该把它们送到洛阳，去献给皇帝，皇帝肯定会重重地赏你。"又有人走来给他出主意说："还不如把这群小白猪拉到燕京市场上去，肯定能卖个大价钱。物以稀为贵，错过了这个机会你后悔都来不及了。"辽东商人听了，果然动了心。经过一番盘算，觉得还是把猪运到燕京市场去卖个大价钱比较合算。于是他把白毛小猪装上车，向燕市进发了。

经过3个多月的艰苦跋涉，等走到燕京时他的小猪也基本上都长大了，他喜不自胜，这一回不知道要发多大一笔财呀！这一天，当他把白毛猪运到市场的时候，简直给吓呆了，原来燕京市场中到处卖的猪都是白色的，白毛猪在这里不足为奇不说，价钱还不如辽东的黑猪。辽东商人眼看着猪卖不出去，空欢喜一场，心中十分懊悔，心想还不如在当地卖了，也总比现在这样强啊！

胡思乱想了一阵以后，他灵机一动：既然辽东没有白毛猪，这里白毛猪的价格也不贵，我为什么不从燕京贩几十头白毛猪回辽东？那样才是真正的物以稀为贵，肯定能赚一笔。于是他就从燕京贩了几十头白毛猪回辽东，很快就卖出去了。接着他又贩黑毛猪来燕京，也大赚了一笔。

这已经是一个被人传诵的财富故事，但它带来的现实意义却一直是我们应该思考的。财富是与市场有着密不可分的关系的，如果你始终能掌握住市场变化的方向和脉搏，并制订出与之相适应的投资计划，你就能致富。

对于真正的强者来说，在变化面前，他们丝毫不畏惧；相反，他们能适应变化，并能把变化当作机会，让变化帮助自己成功。通用汽车公司总裁杰克·韦尔奇说，他一生追求的只有三个字：变！变！变！有原则有方向地变，在变化中获得发展。在这个变革的年代，最怕的就是你把自己局限于某个既定的框架里而不思改变。

其实，除了致富之外，人生何尝不是如此呢？人都是单独的个体，我们的人生之路应该也是与众不同的，如果一味地走别人走过的老路、毫无创新的话，那么，你也只能复制出别人的未来；而如果你寻找到属于自己的、正确的路，那么，你的未来就是美好的。

比别人“快一点儿”机会就近一点儿

当今社会，市场竞争异常激烈，市场风云瞬息万变，市场信息流的传播速度大大加快。可以说，谁能抢先一步获得信息、抢先一步做出决策应对市场变化，谁就能捷足先登，独占商机。因此，如果你渴望致富，就一定要明白，这是一个“快者为王”的时代，速度已成为我们的基本生存法则，成功容不得你“慢一步”。

不可否认的是，谁都想致富，这就是竞争激烈之原因。然而，与那些实力相当者角逐，我们必须要学会保持领先的地位，关键点就在于速度快，谁能在最短的时间内发挥出自己的优势，谁就能独占鳌头。

在科技发达的今天，要想比别人快半拍，方法众多：有些人采取的是技术领先，有些人胜在信息渠道众多。但无论如何，只要你在某一方面是他人无法企及的，你就掌握了取胜的武器。日本的索尼公司就是不断推出新产品，经常享受“垄断”所带来的厚利而成长起来的。

索尼公司从20世纪50年代中期开始成长。他们不断推出一些市场上不曾有过的产品，如电晶体收音机、电晶体个人专用电视机等，由于索尼公司对市场引导的先锋性，以致每推一种新产品，其他大公司都会静观其行，如果成功了，他们则马上推出相似产品上市。如此，索尼公司更必须具有先锋性的创意，才能保证有足够的发展动力。

某一天，索尼公司总裁盛田昭夫看到一个职员一手提着手提式录音机，一手拿着耳机，看起来不太开心。盛田昭夫问他有什么心事，他说：“喜欢听音乐，可提着听太不协调了。”一个创意很快来到盛田昭夫的脑子里——制一个能够随身听的录音机。在一次产品策划会议上，这个创意普遍不受欢迎，但盛田昭夫坚持尝试。不久，第一架带着小型耳机的实验品送来了，灵巧的尺度与高品质的音效使他很开心。1979年索尼推出了第一台随身听。

很快地，这种小型录音机供不应求，他们借助广告来刺激销售，而且试制了不同机型如防水、防尘机型，甚至有更多改良的机器型号。当然其效果是明显的，如著名指挥家卡拉扬、音乐名家史坦恩都找盛田昭夫订购。也许正因为如此，索尼公司才跻身于全世界最大耳机制造商之列，在日本也占有将近50%的市场。

有这样一个全新的市场，还担心别人的竞争吗？在他人已经涉足甚至做的如火如荼的行业里努力，远不如独自开辟一个市场更容易成功。比尔·盖茨曾经说过：“微软处处领先，我能成为世界首富，靠的就是不断地更新。我们要做第一个吃螃蟹的人，就要保证我们自己而不是别的什么人将我们的产品更新换代。对于一个企业来说如此，对个人来说也是如此。”

创意催生出财富。从前，几乎所有人都认为只有硬件才能赚钱，比尔·盖茨是第一个看到软件前景的商人，而且“以软制硬”，把其软件系统应用到所有的行业或公司。微软开发及电脑软件的普遍使用，改变了资讯科技世界，也改变了人类的工作和生活方式。人们把盖茨称为“对本世纪影响最大的商界领袖”，一点儿也不过分。

然而，现实生活中，为什么有些人无论怎么努力，却总是被被人踩在脚下？因为他们总是掉在队伍后面，也不奋起直追，这就注定了这类人无法成大事。

机遇并不总是垂青我们，机遇一旦错过，就不再来。然而，机遇对于每个人来说都是均等的，谁有敏锐的眼光，谁能超人一步，谁就能把握机遇、猎取到财富。总踩着别人的脚后跟是赚不到大钱的。

卡赫利法是沙特阿拉伯巴林著名商业家卡西比的后裔。当他继承其家族企业衣钵时，曾辉煌一时的家族企业已出现了市场萎缩、资金紧张等情况，一时间千疮百孔。卡赫利法被逼无奈，只好背水一战了。

卡赫利法天生具有一种“不安分”的商人性格，他明白，步家庭企业经营道路的后尘，一定行不通，只有独辟蹊径，才能将败局挽回。

这一年，阿拉伯半岛十分炎热，令人难以忍受。卡赫利法动了一番脑筋：假如开设一家冷冻食品店，一定会有利可图。他冒着失败的风险，投入一些资金，在美军石油公司的旁边开设了一家冷冻食品店，出售袋装食品和冷饮。这些商品很受饥渴难忍的顾客欢迎，商品经常供不应求。一些大商人也纷纷来进货，冷冻食品店从此发展了起来。

倘若这样经营下去，凭借卡赫利法的智谋，别人很难取胜。钱，他还是能够赚的。然而，卡赫利法不愿意与后来者在同一条起跑线上，他想刻苦创新，寻找新的起点。经过分析了解，他又盯住了尚未兴起的渔业。他将冷冻食品店卖掉，开设了一家渔业公司，从事渔业贸易。经过几年的努力，到1986年，卡赫利法已经成为海湾地区渔业的龙头，他拥有10多条渔船，年渔业产值500万美元。

其他一些商人，看到卡赫利法在发渔业财，十分羡慕，便接连不断地挤了进来，都想抢先。一时间，波斯湾千船齐发，万网并张，展开了一场激烈的市场争夺战。

卡赫利法明白，捕鱼船能够不断增多，但鱼却不增加。于是，他又将船队果断卖掉，从渔业退出，寻觅另一条创新的道路。没过多久，卡赫利法发现中东饮用水匮乏，遂开办了一家生产、经营矿泉水的公司，又一次大获全胜。

卡赫利法原本只是一个无人知晓的小商人，但却发展成为赫赫有名的大富翁。在阿拉伯，他可以说是一个商业传奇，他为什么总是能如此幸运、百战不殆呢？他成功的秘诀就在于：永不与别人抢夺市场，先人一步、开辟市场才是王道。

可能每个生意人都知道一个道理：先人一步，在财富上也能领先一步。那些成功的人之所以能成功，也是因为他们眼光独特，他们抓住一些市场契机，满足了人们的需求，比如第一家饭店，第一间咖啡屋，第一家桌球室，第一个炒股……用他们的话讲：开档就有钱，弯腰就见钱。

总之，任何一个创业者，都应该有与时俱进的学习心态和超前意识，要学会预测市场潜在需求，懂得捕捉发展的商机，避开他人已经暖热的市场，才能大大提高自己的竞争力。

错过时机是因为你没做好准备

中国人常说，“做人要谦逊退让”，但在竞争激烈的市场经济下，这种好性格似乎也有不利的一面，因为不主动常常会使得他们丧失机遇，一次次地与成功失之交臂。

相信生活中的人们都有个财富梦，但最终，我们大多数人都与梦想渐行渐远。为什么呢？因为我们都认为梦想终归是梦想，只把它当成了遥不可及、无法实现的目标。我们有很多理由，例如：我没有足够的资金开创自己的事业；我的学历不高；竞争太激烈，做这个太冒险了；我没有时间；我的家人不支持我……而没有足够的资金，没有学历，没有这个那个，其实都是缺乏意志力的人为自己找到的冠冕堂皇的借口。别忘了那句最常听说却最容易被忽略的话：事在人为。

美国但维尔地方百货业巨子约翰·甘布士认为机遇无处不在，有时也许只存在万分之一的可能，但是毕竟它存在着。只要有锲而不舍的毅力去争取，就一定能有所收获。

他的座右铭是："不放弃任何一个哪怕只有万分之一可能的机会。"甘布士这种充满进取心的性格，即使在日常生活中也表现得极为突出。

有一次，甘布士要乘火车到纽约去商谈一笔生意，由于事起匆忙，没有预先订票。于是甘布士夫人就打电话到车站询问是否还可以买到当日的车票。

由于当时正值圣诞前夕，去纽约度假的人很多，车票早早地就被抢购一空，所以车站的答复显然是没有车票了。但是车站最后强调了一点，说如果有急事一定要走的话，可以到车站来碰碰运气，看看是否有人临时退票，不过这个可能性很小，因为在过节，一般很少有人临时退票。

甘布士夫人沮丧地放下电话，向甘布士转述了车站的答复，她认为今天肯定不能走了，只有等下一次的火车。

谁知甘布士依然不慌不忙地收拾好行李，然后提着皮箱向门口走去。甘布士夫人连忙拦住他问："约翰，现在不是买不到票吗？你还去车站干什么？"

甘布士回答道："不是还有退票的可能吗？"

"可是这种可能性很小，只有万分之一啊！"

"我就是想去抓住这万分之一的机会，祝我好运吧。"说完，甘布士戴上帽子，顶着风雪朝车站走去。

甘布士到了车站，站在月台上，等了很久，仍是没有一个退票的人，但是他并没有着急，而是耐心地等待着，同时还利用这个时间仔细考虑即将谈判的那笔生意的各个细节。

大约离开车还有5分钟的时候，一个女人急匆匆地跑来，因为她家里有突发事件，所以她不得不将票退掉，而改坐第二班的车。

于是，甘布士掏钱买下了那张车票，及时地赶到了纽约。在纽约的酒店中，他打电话给他的妻子："亲爱的，现在我已经躺在纽约酒店舒适的床上。我抓住了你所认为的只有万分之一的机会。"

托·富勒曾说，"一个明智的人总是抓住机遇，把它变成美好的未来。"可能你也发现，很多企业界的成功人士，他们身上都有一个共同的规律：他们的成功都来自于一个特殊的机缘，但这机缘的出现，似乎又是注定的，因为他们总是用行动说话！

机遇无处不有，无处不在，关键是看你能否把握住它。偶然的机会只对那些勤奋工作的人才有意义。成功的秘密在于，当机遇来临的时候，你已经做好了把握住它的准备。时刻准备着，当机会来临时你就成功了。我们可以肯定地说，所谓"错过机会"，只不过是我们为自己找的借口而已。现在，你不妨问问自己：对于机遇，我是否具有强烈的愿望并且付出了应有的努力？

电影《笨的和更笨的》中有一个情节，劳埃德和他的朋友哈里，都竭尽全力地寻找真正的爱情。有一天，他们待在一条荒凉的道路边上，沮丧且束手无策。这时，一个身着比基尼的女孩驾驶的汽车停在他们身边。三个美得令人窒息女孩走下来，面带羞涩地问他们："嗨，你们知道哪里可以找到两个小伙子，和我们一起涂满防晒油旅行几个月，以证实我们防晒油的效果吗？"

一个笨人迅速地回答："当然知道！在沿着道路走3英里的小镇上就可以找到。"那些女孩见这俩傻瓜没领会她们的暗示，感到很是失望，转身呼啸着把车开走了。劳埃德看着消失在灰尘中的车，转向他的伙伴说："你知道，哈里，一些家伙总是有好运气。我真心希望并且祈祷有一天相同的好运会降临到我们头上。"

不得不承认的是，机遇面前，人们不同的态度产生了不同的结果，那些迟疑、犹豫的人最终只能与之擦肩而过；而勇敢的、主动的人却能积极努力，于是便赢得了机遇的倾心。你可以说这是偶然，但你又怎能说这不是必然呢？千万别轻视那小小的一步，就是它，可能会改变你的一生。

那年，他受聘于一家地产公司。培训结业的那天，公司老总也来了。

进行了一番热情洋溢的讲话后，老总转身从公文包里拿出一沓文件问："有谁愿意帮我整理一下这些资料？"

其实，他是很想试一试的，但看看四周大家都是沉默的，他不禁又有些犹豫，最终没敢站出来。

老总停了停，见无人敢应答，于是笑了笑，用手指向窗外那高楼林立的开发区道："二十年前这里曾是一片蛮荒，在管委会的一次会议上主任就曾这般问过：'在国家没有一分钱投入的情况下，有谁有勇气站出来开发那片荒地？'有一个年轻人犹豫了很久，最后终于勇敢地站了起来。经过一番努力，十年后的今天，这里变成了现在这般繁荣的景象。"

虽然老总始终没说那个年轻人是谁，但他潜意识里明白那年轻人就是老总自己。假如错过了这次机会，自己很可能将碌碌无为地度过一生。想到这儿他猛地站起来说："我愿意！"

老总什么也没说，只是笑着点了点头。在以后的日子里，他发现每次上司总是给自己比别人多很多的工作，其中不乏一些重要的公司机密。

不久，他得到了提升。转眼十年过去了，他已经有了自己的实业公司，并创下了惊人的业绩，他本人也成了商业界的一颗璀璨明星。

人们常说，是金子总会发光，其实不然。不是每一位有才华的人就一定会有所成就，当机遇不来的时候，怨天尤人也无济于事；当机遇来临的时候，犹豫不决、畏缩不前则是你自甘平庸的症结。

总之，在通往成功的道路上，处处都可能有被错过的良机，只有善于把握机会，哪怕是万分之一的机会，你的人生理想都有可能尽快实现。

有些机会是可以自己创造的

中国人常说，"生死由命，富贵在天"，这句话的意思是，一个人的命运如何，是注定的。而事实上，要成为什么样的人，拥有怎样的人生，是取决于我们怎样策划自己的人生，而不是把命运交给运气。

的确，世界上什么事都可以发生，就是不会发生不劳而获的事。那些随波逐流、墨守成规的人，最终与成功无缘。实际上，那些成功者，比如企业家、高官、个体经营者、厨师、建筑设计师，他们的成功都是来自于他们在自己岗位上的努力付出。他们成功也都有个相同点，就是都沿着自己命运的方向，努力地建筑自己。而不成功的人都有两个共同点，就是不知道自己能成为怎样的房屋，也没努力地为自己添砖加瓦。

罗忠福，原籍贵州遵义，家庭出身“资本家”，后任珠海福海集团董事长，珠海市总商会会长，珠海市政协副主席。

1968年底，17岁的罗忠福背着黑五类的成分，被分配到贵州最偏远的大山中去，走与工农相结合的道路。那地方。算是中国最贫穷的地方之一，挑一担水要走20里山路，有时一个月吃不上一口粮食，只有靠瓜菜充饥，他不怕苦，却不甘心自己年轻的生命永远埋没在那里，他发奋要出人头地。

1969年的一个夏天，在故乡贵州遵义山区的一处悬崖上，罗忠福用绳子吊在峭壁上涂写着“毛主席万岁”的大红标语。足下，是数百米深的峡谷。此时，恰好有一批从省城来的记者路过，这一壮举立即引起他们的强烈兴趣。不久，《知青罗忠福用生命抒写对毛主席的热爱》的大幅新闻照片出现在贵州省的各大报纸上。

这一切是罗忠福精心策划的。因为他的成分是资本家，要从农村推荐上学是不可能的。他事先得知记者要来采访的消息，而峭壁是记者必经之路。于是，他耗尽十几元积蓄，买了一桶红漆和一把刷子，让人吊在峭壁上，于是一夜之间他就成了名。

罗忠福最初做生意是在他回遵义探亲时，无意之中看到城里有人以9角钱一斤收购槐树籽，他立即联想到自己插队的大山到处是槐树，于是立即兴冲冲地回知青点，向村里人宣布，以3角钱一斤收购槐树籽，每收满一袋就利用探亲的机会进城卖掉。后来他发现插队地方的当地人不会使用化肥，就先从城里带一些用在自己的自留地。几个月后他种出的南瓜、水果、萝卜的丰收景象让当地农民羡慕得要死，他们都来找他要肥料，罗忠福乘机做起了化肥生意，既帮助了周围老乡，又大赚其钱。

这时的罗忠福，虽然还未正式进入商界，但他作为富人的潜力已经展现无遗。成功者之所以成功，就是因为他们有成功者的必备条件，其中就包括积极主动的个性特征。

我们常告诫自己和他人要把握和抓住机遇，其实，我们更应该为自己创造机遇；做机遇的旁观者，你不可能让机遇驻足。你只有积极努力、做足准备，才能张开双臂，在机遇来临时扑个满怀。

罗蒂克·安妮塔是英国著名的女企业家，她是美容小店连锁集团董事长，是家庭主妇创办公司的成功典范。

安妮塔出生于意大利，毕业于面向贫民子女的牛顿学院。与丈夫戈登结婚后，日子过得并不宽裕。

安妮塔决定自己创业。结婚前，她曾到南太平洋旅行，对土著居民使用的以绿色植物为原料的化妆品产生了浓厚的兴趣，采集了不少天然化妆品配方。她认为天然化妆品一定会比市场流行的化学化妆品更受消费者欢迎，当前的困难在于4000英镑的投入，唯一的办法只有向银行贷款。

安妮塔带着两个女儿来到小汉普顿的一家银行，向经理诉说她的困境，说她急需开一间小店养家糊口，希望银行出于人道主义考虑，向她提供资金支持。经理认为银行不是慈善机构，拒绝了安妮塔的贷款要求。

但是，坚强的安妮塔没有绝望，她在时刻不停地想办法。安妮塔研究了一番，一周后她穿上特制的西服，俨然一副商界女士的打扮再次来到银行。她还准备了一大摞文件，包括可行性报告和房产凭据等。文件中把她筹划的小店吹捧成世界上最好的投资项目，把自己美化成具有丰富经验的化妆品专业的商界奇才。这次她改变了策略，用商业银行的游戏规则——越有钱的人越容易借贷，来与银行周旋。

那位银行经理因为一周前根本就没把安妮塔放在眼里，所以没认真注意她。这次改头换面再来时，竟没认出她来。安妮塔的资历通过了银行的审察，很顺利地贷到了4000英镑，这笔钱成为了她非常重要的启动资金。

1976年3月27日，安妮塔的美容小店正式开张。由于此前《观察家报》报道了她开店的情况，结果该店一炮打响，顾客盈门，第一天的收入就达到130英镑。

此后安妮塔不断开设分店，走上了连锁经营的道路，她的小店变成了网络遍布全球的大企业，许多当初抱有像她一样愿望的家庭主妇，也都加盟她的连锁集团后成为了百万富婆。

其实，无论做什么事，都不可能一帆风顺。失败者选择了放弃，所以他失败了；胜者选择了坚持和面对，所以他在挫折中获得了成长。

我们生活中的某些人，总是抱怨自己怀才不遇、缺少一个机遇，要致富却不知何处下手，却忽视了一点，那就是没有人有义务搀扶你成长。要获得机遇的垂青，还需要你自己全身心投入，如果你态度漠然，她是不会关顾你的门庭的。

新时代的人们，如果你渴望成功、获得财富，渴望出人头地，渴望闯出自己的一片天地，那么，你就应该为自己的梦想付诸行动，精心策划每一步，因为每个人的命运都掌握在自己手里，要“走运”就必须要付出努力！

如果你有心寻找，机遇总会到来

我们发现，生活中，总有人感叹：其实我并不喜欢现在的生活，我更想……谈了一大堆的计划，一大堆的梦想，可是，最后他们并没有去实践。如果问到他们，他们还会摇摇头说：不行啊，无奈啊，没办法啊，因为晚了……真的来不及了？既然无力改变又何必总是埋怨？如果埋怨、不满，又为何不去努力改变？

曾经有人总结了这样一个有趣的现象：改革开放初期。有些人机缘巧合自己做起了生意，那个时候市场还一片空白，只要出手就能发家致富；稍后，有些也渴望发财的人说，现在晚了，要是头几年投资就好了。一个极为有趣的现象是：中国刚刚改革开放，有些人迫于无奈当了老板，并且是出手必赢。然而，就是在这样的情况下，还是有大批的成功者。再过几年，又有人感叹：现在是真的晚了。然而，成功者还是如雨后春笋般涌了出来。那些碌碌无为的人总是感叹晚了，而那些少数成功的人，他们很少感叹生意难做、项目难找、竞争太激烈，即使周围的人总是感叹太晚了的时候，他们总能找到市场契机，总能获得一笔笔财富。

对于任何一个渴望成功的人而言，你都要明白，无论你现在多大年纪，无论现在市场情况如何，只要你有心寻找机遇，那么，就没有什么来不及。只要你立即行动、大胆地去实践，而不只是把它当成一个遥不可及的梦想，你就能成功。

美国的施乐公司在复印机行业拥有500多项专利。假如一个企业要花钱买它的500多项专利，制造出来的复印机会比施乐贵几倍，根本没有市场。施乐用专利技术的办法来保护自己。

但是，施乐复印机有几个致命的缺点：

1. 施乐复印机一般是大型机，虽然速度性能都很好，但是价格高达几十万、上百万，大企业也只能买得起一台。

2. 大公司里的复印机只能放在一个地方，不同楼层的人哪怕复印一张纸也要跑到那里去，很不方便。

3. 如果老板要复印人员晋升、涨工资等保密的文件，不愿意交给专门的部门复印，也就是说保密性不好。

日本的佳能公司根据施乐存在的这几个问题，积极开发设计小型复印机，把价格降到十分之一、二十分之一；而且简单易用，不用专人使用；小巧方便，每间办公室都可以有一台，老板的办公室也可以有一台，可解决保密问题。

就这样，施乐因为细节的原因，被佳能打败了。

施乐这样实力雄厚的公司，却被佳能打败了，说明了什么？哪怕你的竞争对手再强大，你也能找到打败他的方法。同样，看似是饱和的市场，只要你留心，就能找到突破点。

的确，我们一定不能忽视的一点是，人是需求的来源者，哪里有人，哪里就有需求；不同的人也有不同的需求，即使是那些大公司，也未必能做到面面俱到。比如案例中的施乐公司和佳能公司，佳能后来居上，就是因为它看到了这一点，制造出了令人信服的灵巧的高质量的产品。

创业中的人们，也要学习佳能的这种灵活变通的精神，懂得以细微的小差别和改进来不断满足客户的需求。有时候，看似细小的优势却会为你赢取巨大的机会。

相对于那些已经功成名就的富人来说，一般人创业，可用资金少、入行晚，但这并不代表就没有成功的机会和实力。实力绝不等同于资金，而是天时地利人和的综合因素，只要你能将这些因素综合运用起来，你就能与对手抗衡。

然而，生活中，我们看到的多半是那些碌碌无为的人，他们都与自己的梦想渐行渐远，这是为什么呢？因为他们都认为梦想始终是梦想，它是遥不可及的，并且，他们还会给自己找很多的理由，比如：我学历不高、竞争太激烈、太冒险了、没有时间、家人不支持我……而没有足够的资金，没有学历，没有这个那个……其实这都是缺乏意志力的人为自己找到的冠冕堂皇的借口。别忘了那句最常听说却最容易忽略的话：事在人为。事实上，如果你下定决心行动的话，你就能做到。

石义原是江苏一家纺织厂的工人，1999年下岗时已经40多岁了。为了养家糊口，他想自己做点儿生意。这时周围的人都劝他说你一没资金，二没技术，再说年龄也不小了，哪有精力和年轻人拼，不如在哪个单位找个清洁或保卫的活儿，也算省心省力。但这并没打消石义创业的信心，反复考虑后，他还是决定试一试。谁知这一干竟然干出了名堂，他以4000元起家，在不到3年的时间获利50万。在谈到致富的诀窍时，石义深有感触地说："瞄准市场灵活投资，小本经营，也能获大利。"其实，他的做法很简单，市场上需要水果时，他便投资办水果摊。市场上需要元宵时，他便投资经营元宵。用他的话说："三年里跑遍大半个中国，投资经营了几百种群众需要的货物。"

这里，我们可以发现，小投资也有其好处，主要是灵活、资金周转快、流动性强，所谓船小好调头，就是这个意思。

相对来说，大投资不可能做到兼顾各个方面，而低投资能弥补这一不足，能和市场、人们的生活息息相关，能使市场更加丰富、完善。另外，在抵御风险这一问题上，它有更强的灵活性。只要你拥有敏锐的眼光和灵活的手脚，就完全可以加入其中，走自己的路，赚自己的钱。

诺贝尔经济学奖获得者萨缪尔森教授曾经说过："人们应当首先认定自己有能力实现梦想，其次才是用自己的双手去建造这座理想大厦。"如果你有心寻找机遇，就不要有资金太少、起步太晚的顾虑。要知道，再难做的市场，也有人赚钱；再好的时机，也有人失败了；再少的资金，也能致富；再多的财富，也会因为投资失误而破产。在创业的道路上，大有大的方针，小有小的路线；早有早的模式，晚有晚的做法。想得到就有可能做得到，你大可不必气馁。

新机会往往藏在新信息里面

我们都知道，当前社会已是信息社会，新学科、新知识层出不穷，创业也不再和从前一样更多需要人们单方面的努力。在脑力制胜的年代，我们要做到成功，就要关注信息；孤陋寡闻，学识浅薄，是不可能获得财富的。

我们发现，生活中的一些人对于自己的现状，他们总是不停地抱怨，抱怨自己没有获得机遇的光顾。殊不知，财富原本停留在了他身边，只是迟钝的他不知道抓住而已。每一个渴望获得财富的人都必须要有敏锐的触觉，要有洞察财富的能力，要有捕捉信息的愿望，要快速感受外界的变化，尤其要善于捕捉每一丝商机。

不得不承认，信息时代的到来、互联网的发达，人们获取信息的渠道和方式越来越多，我们创造财富的机会也就无形中增大了很多，因此，别再抱怨自己不是商业间谍、捕捉不到商机了。如果你能综合各方面的信息，找到这个点，财富就会在你身边积聚起来。

朱莉娅，28岁；克莱格，29岁。美国willowbee&Kent旅行公司创始人。公司是为旅游者提供全套服务的“旅游超市”，创立于1997年12月，1998年销售额是100万美元，1999年已达350万美元。

克莱格和朱莉娅是一对夫妇，在介绍他俩开办的这个“旅游超市”时，克莱格说：“当时，没有一家公司能提供这么广泛的服务，绝对是物超所值。”目前，该旅行公司能在一个房间里为游客提供全方位服务，包括订票、购买旅游指南和探险服，以及与旅游相关的其他事宜。

大学毕业后，克莱格夫妇花了3年时间研究旅游市场。他们频繁地参加旅游主题的会展以获取经验。“我们的目标是办一个独一无二的、有强烈视觉冲击力的旅游公司。”夫妻把自己的创意告诉了Retall设计公司，请他们为自己的公司做形象策划。这家著名的设计公司极少为一家小店做设计，但他们被克莱格夫妇的创意打动了，觉得这种公司定位新鲜而独特，一定能吸引许许多多的旅游爱好者，从而挣大钱，于是为他们设计了一间极富个性的店。

在克莱格夫妇的这家旅游超市里，顾客一进门就感受到了旅游的浪漫。他们可以浏览数以百计的旅游手册，并可在交互式的电视前完成到世界各地的虚拟旅行。门口处是一个两层楼高的多媒体中心，环形屏幕上的秀色美景令人怦然心动。顾客可以一边看着酒店和游艇的录像，一边向旅游顾问咨询，勾画自己的梦之旅。这样温馨的情调，很快在旅游者当中广为传说，这种旅行社立即在美国风靡起来，并向欧洲蔓延。

克莱格夫妇之所以能有如此的独创性，找到这一商机，就是因为他们发现了市场潜力，看到了旅游这一行业的未来前景，而这一切，与他们积极亲近生活是不无关系的。

对于那些渴望财富的人们，他们最大的苦恼就是找不到创业的方向，不知道从何处下手，而其实，生活中处处都有商机。那些白手起家的成功者，看似是因为他们运气好，而实际上这是因为他们眼光敏锐，找到并抓住了稍纵即逝的时机，从而顺利地找到了他们成功的康庄大道。然而，这种独特的眼光并不是人人都有的。我们在羡慕他们伸手快的同时，更应该努力培养自己，让自己也有一种执着的商业意识。那些迟钝的人，即使财富已经降临，他们也会视而不见。

当然，要致富，我们还要注重生活积累。当你的头脑里充满了新的东西时，大脑的工作速度会自然加快，对信息进行分析、思考、判断、推理之后，你就会找到最适合自己的行事方法，而创造力就是如此产生的。

被誉为中国红顶商人之一的陈东升，下海经商之前发现，在中国现阶段，最好的致富途径就是“模仿”，看外国有什么而中国没有，就可以做起来。很长一段时间，他总是在新闻联播最后一条看到类似的东西：某某在伦敦索斯比拍卖行买了一幅梵高的名画，然后电视画面上是一位50多岁的长者，站在拍卖台上，“啪”地敲一下槌子。他想，中国也有五千年的文化，有丰富的文化遗产，这个一定能做得起来。于是，他创办了中国第一家具有国际拍卖概念的拍卖公司——中国嘉德国际拍卖有限公司。第一次拍卖，销售额就达1400多万人民币。

很明显，陈东升的成功，是因为他接受了外来信息，并融会贯通成自己的东西。

在日新月异的当今社会，我们周围的人和事每天都在发生着变化，信息更新之快是我们无法想象的。一些人总是能保持敏锐的触觉，看到自己的位置，然后投身到财富的创造中去；而也有一些人，他们总是迟钝木讷，等到别人已经收钱庆祝时，他才意识到自己错过了机遇，只能空留嗟叹。当然，对于刚刚起步的人来说，我们不必眼光放得太高远，我们不必关注世界，可以先关注国内，关注身边的事，甚至可以关注你所在的一条街。在一个有限的范围内你又是第一人，因为世界无限大，而你生活的世界却不太大，或者说，你只需要在一定的范围内成功就可以了。

要知道，我们不是全才，不可能插手每个行业，但我们可以多观察四周的环境，机会来临时，究竟是不是成功，在心里盘算一下，大概可以略知一二了。

总之，任何人，要想获取成功，都要将信息的因素考虑进去。现代社会，创新的重要性已经被人们所了解，每一个创业者，要想获得财富，都要注重观察能力的培养，随时掌握并运用新的知识，我们才有可能成为时代的宠儿。

第5章 没有致富心态哪有致富状态

相信没有人不希望自己能获得财富，但能成为富人的人毕竟是少数。除了致富能力外，我们不得不说的是，财富更愿意光顾那些积极主动的人。看那些白手起家的企业家们，我们也可以发现，一个人只有有着强烈的致富梦和明确的目标，并以积极的致富心态努力向前奋斗的人，才有可能真正获得财富的垂青。

最不该敷衍的是自己的人生

我们先来假设一下，有两个年轻人，他们的能力不相上下，也都一无所有，一个年轻人总是积极向上、每天干劲十足、努力充实自己，每每遇到挫折，他依然鼓励自己不能消极；另外一个年轻人，他目标模糊、满足于现状、每天浑浑噩噩、得过且过。想象一下，五年后，他们会有什么不同?

的确，尽管只是五年的时间，他们的差距已经显现出来了。前者通过自己的奋斗，已经小有财富，做人办事顺风顺水，事业越做越大、春风得意；而后者，稍微遇到一些问题，便慨叹自己解决不了，每天活在抱怨中，常常为生计、金钱而苦恼。

这两种人，你想做哪种？当然是第一种！任何人，都希望拥有财富。曾经有人说："人们往往容易把原因归结于命运、运气，其实主要是因为愿望的大小、高度、深度、热度的差别而造成的。"可能你会觉得这未免太过绝对了，但事实上，这正体现了心态的重要性，废寝忘食地渴望、思考并不是那么简单的行为。要做富人，你就要有强烈的成功的愿望，并不知不觉地把它渗透到潜意识里去。

事实上，我们完全可以摆脱曾经消极的想法，成为一个积极向上的人，培养自己的热忱，找到自己的目标，我们就能为现在的自己做一个准确的定位。现在一家外企做人力资源主管的乔治的一次经历，或许可以给我们一些启示：

我刚应聘到这家公司供职时，曾接受过一次别开生面的强化训练。

那是在青岛的海滨度假村，我和同伴们沉浸在飘忽而又幽婉的轻音乐声里，指导老师发给每人一张16开的白纸和一支圆珠笔。这时，主训师已在一面书写板上画了一个大大的心形图案，并在图案里面写上了三个字：我无法……然后，要求每个成员在自己画好的心形图案里至少写出三句"我无法做到的……我无法实现的……我无法完成的……"，再反复大声地读给自己、读给周围的伙伴们听。

我很快写出三条：

我无法孝敬年迈的父母！

我无法实现梦寐以求的人生理想！

我无法兑现诸多美好的愿望！

接着，我就大声地读了起来，越读越无奈，越读越悲哀，越读越迷茫……在已变得有些苍凉的音乐里，我竟备感压抑和委屈，泪眼模糊起来。

就在这时，主训师却把写字板上的"我无法"改成了"我不要"，并要求每位成员把自己原来所有的"我无法"三个字划掉，全改成"我不要"，继续读。

于是，我又接着反复地读下去：

我不要孝敬年迈的父母！

我不要实现梦寐以求的人生理想！

我不要兑现诸多美好的愿望！

结果，越读越别扭，越读越不对劲儿，越读越感到自责和警醒……

在轰然响起的《命运交响曲》里，我终于觉悟到：我原来所谓的许多“我无法……”其实是自己“不要”啊！

而此时，主训师又把“我不要”改成了“我一定要”，同样要求每位成员把各自所有的“我不要”三个字划掉，全改成“我一定要”，继续读。

我一定要孝敬年迈的父母！

我一定要实现梦寐以求的人生理想！

我一定要兑现诸多美好的愿望！

于是，我越读越起劲儿，越读越振奋，越读越有一种顿悟后的紧迫感……在悠然响起的激荡人心的歌曲里，我豪情满怀，忽然有一种天高路远跃跃欲试的感觉和欲望。

人生境遇中，难免有令我们灰心的部分，偶尔的消沉是可以理解的，毕竟人都有情绪。但如果长久地沉浸在消极情绪中，那么，你的精神状态乃至你的人生前景就很有可能会因此而受到影响。

人生是一个不断积累的过程，要想获得财富，要想成为富人，你就必须摆脱自己“不能”“不想”的心态，而应该改为“我一定要”“我能”，不要忽视这些看似简单的暗示，他会对你的每天的生活状态起到一定的影响作用，甚至可以最终左右你的人生。

我们不难发现，那些做人做事怠慢的人，通常都有个不足，那就是不容易集中注意力。他们很容易被周遭的消极事物所影响，发生任何一件事，他们的解释都是痛苦的，而不去换一种方式思考。时间一长，他们对事情的认知程度就永远停留在最原始的水平上。

当然，所谓转化积极心态，并不是简单的一句话。在积极向上的大框架下，你完全可以往深层挖掘，将其具体化，变成自己明确可靠的人生地图。

凯斯特是一名普通的汽车修理工，生活虽然勉强过得去，但离自己的理想还差得很远，他希望能够换一份待遇更好的工作。有一次，他听说底特律一家汽车维修公司在招工，便决定前去试一试。他星期日下午到达底特律，面试的时间是在星期一。

吃过晚饭，他独自坐在旅馆的房间中，想了很多，把自己经历过的事情都在脑海中回忆了一遍。突然间，他感到一种莫名的烦恼：自己并不是一个智商低下的人，为什么至今依然一无所成，毫无出息呢?

他取出纸笔，写下了4位自己认识多年、薪水比自己高、工作比自己好的朋友的名字。其中两位曾是他的邻居，现在已经搬到高级住宅区去了，另外两位是他以前的老板。他扪心自问：与这4个人相比，除了工作以外，自己还有什么地方不如他们呢？是聪明才智吗？凭良心说，他们实在不比自己高明多少。经过很长时间的反思，他终于悟出了问题的症结——自己性格情绪的缺陷。在这一方面，他不得不承认比他们差了一大截。

虽然已是深夜3点钟了，但他的头脑却出奇的清醒，觉得自己第一次看清了自己，发现了自己过去很多时候不能控制自己情绪的缺陷，例如爱冲动、自卑，不能平等地与人交往等等。

整个晚上，他都坐在那儿自我检讨。他发现自从懂事以来，自己就是一个极不自信、妄自菲薄、不思进取、得过且过的人；他总是认为自己无法成功，也从不认为能够改变自己的性格缺陷。

于是，他痛下决心，自此而后，决不再有不如别人的想法，决不再自贬身价，一定要完善自己的情绪和性格，弥补自己在这方面的不足。

第二天早晨，他满怀自信地前去面试，顺利地被录用了。在他看来，之所以能得到那份工作，与前一晚的感悟以及重新树立起的这份自信不无关系。

在走马上任的两年内，凯斯特逐渐建立起了好名声，人人都认为他是一个乐观、机智、主动、热情的人。在后来的经济不景气中，每个人的情绪因素都受到了考验。而此时，凯斯特已是同行业中少数可以做到生意的人之一了。公司进行重组时，分给了凯斯特可观的股份，并且给他加了薪水。

美国自然科学家、作家杜利奥提出：“没有什么比失去热忱更使人觉得垂垂老矣。”心理学家曾指出：乐观能使人们处于放松、自信的状态，能使人们看到积极、阳光的一面，也能发现新的一面，而不是自暴自弃或怨天尤人。在成功者的必备素质中，热忱是非常重要的一面。

总之，一个人心态上是积极的还是消极的，决定了其生活是光明的还是灰暗的。无论何时，积极和热忱都是帮助人们走向成功的推进器。积极的心态，能够激发我们自身的所有聪明才智；而消极的心态，就像蛛网缠住昆虫的翅膀、脚足一样，会束缚住人们才华的光辉。

相信自己，成功必达

生活中，每个人都有梦想，每个人都梦想过自己能成为什么样的人，也许是科学家，也许是企业家，也许是医生或者律师等。然而，真正能成功的人却是少数，这是因为大多数人宁愿做梦而不愿实践。而其实，想成为自己想做的人并不难，只要你相信自己，然后朝着梦想奋进。

生活中的人们，如果你渴望获得财富，那么，请相信自己，你一定会成为富人。试想，一个人对自己的未来都没有强烈的自信心，又怎么能征服别人呢？

曾经有人问康拉得·希尔顿："你何时得知自己将会成功？"希尔顿的回答是："当我还潦倒困顿到必须睡在公园的长板凳上时，我已经知道自己以后将会成功"。马云也曾说过："今天很残酷，明天更残酷，后天很美好，但大多数人死在昨天的晚上，看不到后天的太阳，"是的，人就是这样，只要你有坚定的成功的愿望，就能勇敢地去克服、面对困难，战胜今天、明天残酷的现实，那后天的太阳一定为你升起，可如果你不这样做，那你只能"死"在明天的晚上，永远看不到后天为你升起的太阳！

我们不难发现，在我们生活的周围，有些人总是受人敬重，有些人就是被人看不起。当然，这里的原因有很多，其中包括金钱、社会地位等，但除此之外，我们应该看到的是，他们有强大的自信心。一个人，自己都不看重自己，还能指望获得他人的尊重吗？

如果你抱着积极的心态不断地努力，就可以取得你要寻找的财富；而如果你把自己交给所谓的命运，对自己失去信心，那么，好运是不会降临到你身边的。

1929年下半年的某一天，美国青年奥斯卡在中南部的俄克拉荷马州首府俄克拉荷马城的火车站上等候火车往东边去。他在气温高达43度的西部沙漠地区已经待了好几个月，正在为一个东方的公司勘探石油。奥斯卡毕业于麻省理工学院。据说他已把旧式探矿杖、电流计、磁力计、示波器、电子管和其他仪器结合成勘探石油的新式仪器。现在奥斯卡得知，他所在的公司因无力偿付债务而破产了。奥斯卡踏上了归途。他失业了，前景相当暗淡。消极的心态开始极大地影响了他。由于他必须在火车站等待几小时，他就决定在那儿架起他的探矿仪器用以消磨时间。仪器上的读数表明车站地下蕴藏有石油。但奥斯卡不相信这一切，他在盛怒中踢毁了那些仪器。“这里不可能有那么多石油！这里不可能有那么多石油！”他十分反感地反复叫着。

奥斯卡由于失业的挫折，深受消极心态的影响。其实他一直寻找的机会就躺在他的脚下，但他却不肯承认它，他对自己的创造力失去了信心。那天，奥斯卡在俄克拉荷马城火车站登上火车前，把他用以勘探石油的新式仪器毁弃了，他也因此丢掉了一个全美最富饶的石油矿藏地。

不久之后，人们就发现俄克拉荷马城地下埋有石油。甚至可以毫不夸张地说，这座城就浮在石油之上。

对自己充满信心，是成功的重要原则之一。检验你的信心如何，要看在你最需要的时候是否应用了它。奥斯卡由于心中没有蕴藏着自信，所以他就发现不了近在呎尺的矿藏。

在这个世界上，财富永远只属于少数人，多数人之所以无法致富，完全在于他们总是把自己当成一无是处的“0”，因为自己一向的贫穷和正在遭受的挫折，他们开始怀疑自己的能力，不相信自己能行。

信念是一种无坚不摧的力量。当你坚信自己能成功时，你必能成功；低估自己，你只能一事无成；而妄自菲薄，也只会缩小你的成就。信心能使人产生勇气。成功的契机，是建立自己的信心和勇气，以信心克服所有的障碍。

可能很多人都记得，上幼儿园时，老师曾问“你们将来长大了想做什么样的人？”的确，在任何人的心中都有一个梦想。但长大后，很多人才发现，原来自己早已将儿时的梦想搁浅。在成长过程里，由于缺乏了勇气，我们将梦想搁浅了。不过，一个人究竟想成为什么样的人，或者内心深处想做什么样的人，这种感觉是不会变的。在追逐梦想的过程中，我们应该勇敢向前，克服畏惧心理，努力成为自己想做的那个人。我们能否将怀疑的情绪转化为动力，乃是决定人生幸运与否的一个重要指标。

“疯狂英语”的创始人李阳，中学时学习状况很不理想，高三期间因对学习失去信心几欲退学，后来勉强考入兰州大学工程力学系。大学一二年级李阳多次补考英语。

为了彻底改变英语学习失败的窘境，李阳开始奋力一搏。

李阳制作了许多小纸条，写上一些英文句子，在零碎时间他就大声背诵这些句子。甚至在去食堂的路上，他也大声背诵，而不顾及其他人投来的诧异目光。

经过四个月的艰苦努力，李阳在大学英语四级考试中一举获得全校第二名的优异成绩。

李阳大学毕业之后，被分配到西安西北电子设备研究所当了一年半助理工程师。这一年半中，他坚持每天清晨在单位九楼楼顶大声喊英、法、德、日语，进一步实践和完善了“疯狂英语突破法”。

现在李阳创办了李阳·克立兹国际英语推广工作室，全身心投入了“在中国普及英文、向世界传播中文”的事业。迄今为止他已经在全国各地义务讲学1000多场次，听讲人数近千万人。

广大英语学习者称他为“英语播种机”。

人的心境是会改变的。当你获得成就，看到自己的实力后，就会获得信心，热情就会越来越高，过去就会被远远地抛在脑后。

也就是说，心境是可以被我们选择的。一个人可以选择成功的自信，也可以选择束缚自己的自卑，这一切全由人自己来决定。渴望致富、成功的人们，如果你想选择自信，就应先弄清自己身上的优点、长处，一条一条记在心里，不断地告诉自己："我身上拥有无限的能力和无限的可能性。"当你弄清了自己的强项，选择和发挥了自己最擅长的能力，也就是自己的优势潜能时，就自然产生了自信。

获取财富的关键是脚踏实地

我们知道，人们获得财富的方式有很多种，要么是继承父母财产，要么是白手起家、努力奋斗，最终获得一番成就。前者，我们称之为"富贵命"，但如果他不懂得经营，不懂得将财富发扬光大，那么，他的财富最终可能会流向别人的腰包。至于后者，人们发现，他们身上最值得人们学习的就是拼搏的精神和毅力。刚开始时，他们也是一般人，但却吃得起苦、经得起摔打，最终，他们成就了自己的财富王国。

我们要明白的是，不是谁都有个富爸爸，谁都能含着金钥匙出生；大部分人也不是一穷二白的人。但我们若想成为富人，必须要摒弃一些纨绔子弟的浮躁心态。那些坐拥金山最终败光家产的人比比皆是。

很多富豪在成功后谈到自己的发家史，都会感谢自己的父母给了自己贫穷，因为贫穷，他们不得不努力，奋斗是他们唯一的出路。贫穷的出生，本来就是对自己的一种磨炼。两千多年前，孟子就有过"天将降大任于斯人者，必先苦其心志，劳其筋骨，饿其体肤"的人生定论。能摆脱贫穷，本身就是一种成功。

日本歌手千昌夫，在兄弟三人之中排行老二，小学三年级时父亲病故，全家人以母亲的积蓄勉强维持生计。但因为实在太穷而无力支付电费，常常被停电。没办法，全家只好靠蜡烛照明。即使现在，他每当看到蜡烛，眼前就会浮现出当年贫困生活的情景，历历在目。所以，据说他甚至讨厌看到餐桌上的蜡烛。千昌夫初中毕业升入高中，心里仍旧充满贫困艰辛的感觉。这种感觉，促使他产生渴望获得成功的雄心。高中二年级春假的一天，他独自一人乘夜间列车离家出走，以做歌手为目标直奔东京。之后，拜作曲家远藤实宅为师，历经磨难与痛苦，终于成为如今风靡全国的歌手。

有了立足的事业之后，千昌夫积极投资创业，如今是一位在夏威夷毛伊岛拥有一幢豪华饭店的实业家。

古今中外，有着和千昌夫一样故事的人着实很多，他们之所以能成就一番事业、获得财富，就是因为他们能把贫穷当动力，他们懂得自我拯救，懂得只有靠自己才能改变命运。他们比其他人更能吃苦，更有毅力，最终，他们获得了应有的回报。

古人云："穷且益坚，不坠青云之志，"这句话也是要告诉我们，即使贫穷，也要有坚韧的品质，也要心怀梦想，努力向前。那些已经走出第一步的人会发现，自己在困苦之中培养出来的坚韧品格，是一笔可以使用终生的财富。

某招聘会上，公司主管想招一名部门经理，选来选去，最后只剩下甲和乙两个选手。为了选择一个更适合公司发展的职员他给他们出了一道题：如果公司买了筐苹果，可是苹果有好多烂的，谁也不可能两天吃完。现在这两筐苹果就在这儿，你们拿回去吃吧，一个月后你们再来，给我答复。

一个月后，甲和乙都回来了，他们分别向主管经理说明了自己是怎么做的。甲不慌不忙地说："苹果发到我手里就有一半在烂，我就先选烂的吃，吃到最后还是烂的，一筐苹果没吃到一个好的——我已经拉了半个月肚子了。"

主管经理笑着问甲："既然吃苹果让你这么痛苦，你为什么还要吃呢？"

甲答："不管怎么说，吃苹果是公司考验我的题目，不吃等于辜负了公司的好意。"

主管经理又问乙说："你是怎么处理那一筐苹果的，难道也选先烂的吃？"

乙说："不。那筐苹果到我手里也有一半在烂，我先选好的吃，到选不出来的时候，我连筐子一起丢了。"

甲乙两人是从百名应聘者之间选出来的佼佼者。听了甲与乙的话，主管经理慎重地想了又想。乍一看，甲这种人走上社会后是难以有出息的，因为他的思维是属于封闭型的，不可能开创什么事业；其人生态度是悲观消沉的，这种人生观与时代格格不入。但实际上，甲虽然有逆来顺受的性格，但他有一种吃苦在前，享乐在后的精神，这样的人不会寅吃卯粮，换句话说，他把人生的理想和追求都放在以自己的吃苦和拼搏去换取上，还是有前途的。而乙看上去是办事有主见，有魄力，思想方法独特，有开拓创新精神，有健康积极的生活态度；但是他的实用主义作风害了他，使他凡事看得比较近，做出的成绩也会有限。

于是，主管经理决定选择第一个人担任部门经理的角色。

一晃5年过去了。两个应聘者的前途果然不出主管经理的预料，甲不仅在工作岗位上干得出色，而且马上就要提升了；而乙，有消息说，还在想换工作，碌碌奔波于一个个新的单位之间。

如果你是故事中的应聘者，你会怎么做？也许你也会和乙一样，因为谁都不想痛苦地吃完一筐烂苹果。然而，这看似精明的做法，却是吃不起苦的表现。

这个故事也给那些正在创业致富的人一个启示：无论怎样，事业是做出来的而不是说出来的，辛勤耕耘的人，永远都有市场。

贫穷确实能考验一个人，有的人被贫穷压弯了脊梁骨，击破了梦想；也有人能将贫穷当成一种动力，他们能做到永不回头地奋斗，在他们看来，只有享不了的福，没有受不了的罪。这种吃苦的本性纵有逆来顺受的味道，但却是获得成功的很重要的资本。

总之，我们需要记住的是，“好事多磨” “不受磨难不成佛”，大凡伟大的事业都是在艰巨的磨难中完成的。一个人物质生活太优越、成长道路太顺畅，未经人生路上的摸爬滚打，一旦遭到坎坷和挫折，往往会一筹莫展，驻足不前，甚至长期地沉落在苦闷之中。

你用心对待什么就会得到什么

一般人总会羡慕那些获得财富的富人，认为他们完全是运气好，“运气好时，挡都挡不住”。那为什么你不曾反问自己：为什么你没有这样的机遇呢？你是否对寻找财富付出了全部的热情和主动呢？

心理学家曾说：“热情的态度是做任何事的必要条件。任何人，只要具备了这个条件，都能获得成功。”美国成功学学者拿破仑·希尔也曾说过这样一段话：“人与人之间只有很小的差异，但是这种很小的差异却造成了巨大的差异！很小的差异就是所具备的心态是积极的还是消极的，巨大的差异就是成功和失败。”当一个人的热情被调动起来后，他的潜能也会相继被激发出来，那么，这种不可抗拒的力量一定会助他克服所有困难，最终获得成功。

汉斯从哈佛大学毕业后，进入一家企业做财务工作。尽管赚钱很多，但汉斯很少有成就感，他不喜欢枯燥、单调、乏味的财务工作，他真正的兴趣在于投资，做投资基金的经理人。

在一次旅途的飞机上，汉斯与邻座的一位先生攀谈起来。由于邻座的先生手中正拿着一本有关投资基金方面的书，双方很自然地就转入了有关投资的话题。汉斯特别开心，总算可以痛快地谈论自己感兴趣的投资，因此就把自己的观念以及现在的职业与理想都告诉了这位先生。这位先生静静地听着汉斯滔滔不绝的谈话，时间过得很快，飞机很快到达了目的地。临分手的时候，这位先生给了汉斯一张名片，并告诉汉斯，他欢迎汉斯随时给他打电话。

回到家里，汉斯整理物品的时候，发现了那张名片，仔细一看，汉斯大吃一惊，飞机上邻座的先生居然是著名的投资基金管理人！自己居然与著名的投资基金管理人谈了两个小时的话，并留下了良好的印象。汉斯毫不犹豫，马上提上行李，飞到纽约。一年之后，汉斯成为了一名投资基金的新秀。

表面上看，汉斯的成功是因为机缘巧合、认识了著名的基金管理人，而实际上，这却是因为汉斯自身有足够的实力。在飞机上与陌生人谈话的过程中，如果他对基金没有自己的见解，没有专业的分析，那么，对方也不会跟他谈两个小时，更不可能在事后给他机会。

可能你也发现，很多企业界的成功人士，他们身上都有一个共同的规律：他们的成功都来自于一个特殊的机缘，但这机缘的出现，似乎又是注定的，因为他们总是用行动说话！

事实上，人们经常都会下决心去做一件事，但真正果断去尝试的却只有少数，也只有这少数人才是最后的成功者。对于那些不付诸行动的人，他们也知道尝试的重要性，但是迟迟不愿意行动，结果又产生负疚感，造成意志瘫痪。很多情况下，人们与其说是因为恐惧而不去行动，毋宁说是因为不去行动而导致恐惧。许多事情的难度都由于我们的犹豫和摇摆加大了。

可见，积极主动需要人们有一种开拓进取的精神，培养、展现和分享热情，是成功学背后精神的完美表现。你在这个世界上付出的热情越多，得到你想要的东西的可能性就越大。

2006年8月18日，李伟创办的思念食品在新加坡证交所主板正式挂牌。这是中国速冻食品行业首家在海外上市的企业。

1990年，郑州大学新闻系毕业的李伟踌躇满志地做过公务员、记者，几年之后辞职下海。他先后卖过芝麻糊、开过电子游戏厅、做过苹果牌牛仔裤的代理商，他说："我对经营新项目有着特殊爱好。"

1996年，李伟才真正找到一个发展的契机。当时联合利华生产的和路雪冰淇淋开始在北京、上海、广州等大城市畅销，百乐宝、可爱多、梦龙、千层雪等冰淇淋一支卖到4元左右，利润空间非常大。"要是能做和路雪的河南总经销就好了。"这就是当时李伟最想做的事情。没想到，这一简单的想法给他后来的发展带来了莫大的商机。

由于当时和路雪刚进入中国市场，仅在一线城市销售，像郑州这样的二线城市根本不在联合利华的考虑之列，因此当李伟跑到和路雪设在北京的总部要求做河南总经销时，对方根本不予理睬。

固执的李伟没有气馁，先后到北京跑了不下10次，对方被李伟锲而不舍的诚意所打动，和路雪开始对郑州市场进行评估和考察。

在对方到郑州进行最后一次考察时，李伟从朋友那里借了2000元钱，在郑州最高档的酒店请对方吃饭，甚至不惜投其所好，和一帮哥们在餐桌上绞尽脑汁跟对方大侃足球，结果对方心花怒放，当场决定让李伟"试试"。

这一"试"就一发不可收拾。李伟不仅通过经销和路雪积累了一笔可观的财富，也给他后来进入速冻食品业提供了条件。当时和路雪在河南给李伟配备了5辆冷冻车，并建造了上千立方米的冷库，这都是他后来涉足冷冻食品行业，创建“思念”品牌的重要基础。

天上从来不会掉馅饼，如果你渴望获得财富，就不要指望财富会无缘无故光顾你。积极主动去争取，你只有付出热情，才会有所回报，获得你渴望获得的东西。

如果你还没有动起来，如果你对财富还有某种希冀，那么，你可以从细节着手。当你获得小的成就时，你会获得更大的热情，长此以往，你的热情就会被调动起来，更多的热情又会产生更多的成就。最终，你能获得你想获得的财富和成功。

别让情绪遮住双眼

在致富的道路上，心态是极为重要的一环。生活中，我们经常听到有些人说“点头微笑，低头数钞票”“和气生财”之类的经验真谛，这些都充分说明了一个道理：因果联系，只有时时保持一种积极的人生态度才有获取成功和财富的希望。的确，在追求成功的路上，我们总会遭遇挫折和困难，一个人如果一遇到困难就畏惧，一碰到挫折就退缩，那么他必将一事无成。困难就像一个纸老虎，你弱它就强，你强它就弱。你要相信的是，你能战胜它，你能找出解决问题的方法，把困难看轻一点，不放在眼里，认为它只是我们工作中的一个小插曲，才会不怕事，才能把困难踩在脚下。

在现实中，一些人也承认心态对于财富的影响，也想改变自己，但却找不到改变的方法和途径。我们不得不承认的是，改变心态是很困难的事，但也不是完全不可能，我们可以从改变想法开始。也就是说，我们可以把注意力放到解决问题上，而不是只关注问题本身。

在一次关于心态的培训课上，一位学员因为刚刚丢了手机，情绪非常低落。

于是，老师就用一些心理学原理，来帮助她克服心理低潮。老师启发她说："应该怎样解决这件事？"她说："很简单，用努力学习增加业绩的方法，回去之后，一个月之内，业绩发展到十万，赚到钱之后买一部更好的！"

当她讲完这句话之后，所有的人都给予热烈掌声。同时，她也非常兴奋地开始在众人面前跳舞。她高兴得不得了，还一边笑一边告诉自己，手机丢了很快乐，因为可以买更好的手机了。

从这个案例中，我们也可以获得启示，当问题发生的时候，我们不要总想着问题本身，而应该努力去寻找解决的方案。因为，一味地担心、忧愁、苦恼毫无意义，还会让你陷入低落的情绪中；而当问题解决后，所有的消极情绪也就自然而然消失不见了。而其实，问题的解决方案就在我们眼前，只是我们因为负面的情绪遮住了双眼。

然而，我们都知道，人都有盲点，当你无法清除这些负面情绪的时候，你也可以寻求朋友、亲人的帮助。只要你内心强大，就没有什么事和人能打到你。困难面前，积极向上、打倒困难是一种活法；抱怨、消沉也是一种活法。如今成功的美国商人艾利克森曾有这样一段经历：

我以前是个很糟糕的"烦恼大王"。不过，1942年我有过一次经历，使所有的烦恼都变得微不足道。

那年夏天，我签约在阿拉斯加科地亚克的一艘鲑鱼拖网渔船上工作。在这艘船上，只有三名船员：船长负责督导，另外一个副手协助船长，剩下的那一个则是日常打杂的我。由于鲑鱼拖网必须配合潮汐进行，因此我经常连续工作24小时。有一次，我整整如此工作了一个星期。我做的是其他人不愿意干的工作。我洗甲板、保养机器，还在小船舱里用一个烧木材的小火炉煮饭，小船舱里马达的热气和恶臭令我作呕。我还要修船，把鲑鱼从我们的船丢到另一艘小船，送去制罐头。我穿着长筒胶鞋，但双脚总是湿湿的。我的胶鞋里面经常有水，但我没有时间将水倒出来。但上述这些工作，跟我的主要工作比起来，只算是游戏而已。我的主要工作是所谓的“拉网”。这个工作看起来很简单——你只要站在船尾，把渔网的浮标和边线拉上来即可。但是，实际上，渔网太重了，拉不动。我只好用尽力气硬拖着不放。我这样做了好几星期，几乎累死了。我浑身痛得厉害，而且一连痛了好几个月。

最后，当我好不容易有时间休息时，我在一个临时凑成的柜子上铺好潮湿的被褥，然后倒头就睡。我浑身上下无处不疼——我却熟睡得像服用了安眠药——极度的劳累就是我的安眠药。

我很高兴当时吃了那些苦头，因为它们使我不再烦恼。现在一旦遭遇了困难，我就不再烦恼，我反问自己：“艾利克森，这会比拖网更辛苦吗？”我总是回答说：“不，没有事情比它更苦！”于是我振作起来，勇敢地接受挑战。我认为，偶尔尝试一下痛苦的经验是件好事。我很高兴曾经做过世界上最辛苦的工作，使得我所有的日常烦恼在相比之下，全变得微不足道。

从困境中走出来，需要我们要有坚强的意志和解决问题的能力，这当然很好；但我们如果还能有一种快乐的精神，那么，这表明你没有怨天尤人，表示你已经做好了改变自己命运的准备，随时听从机遇的召唤。要记住，人生的目的应该是感受快乐与美好，而不是一生都埋没在与苦难的纠缠里。

过去发生了什么并不重要，重要的是我们以怎样的心态面对未来，我们曾经经历了什么、遭遇了什么都不重要，你的看法，才是决定你将来幸运与不幸的关键。

"换角度"就是清除我们头脑里旧的思维，另造一个新我。

总之，积极的心态有使人看到希望、能保持进取的旺盛斗志。消极心态使人沮丧、失望，限制和扼杀自己的潜能。积极的心态创造人生，消极的心态消耗人生。积极的心态是成功的起点，消极的心态是失败的源泉。选择了积极的心态，就等于选择了成功的希望；选择消极的心态，就注定要走入失败的沼泽。如果你想成功，想把美梦变成现实，想获得财富就必须摒弃这种扼杀你的潜能、摧毁你希望的消极心态。

成功没有定式，勇敢走自己的路

我们都知道，不是所有人都能事业成功、获得财富，那些成功者必定有着一些常人没有的杀手锏。当然，就外在实力而言，当然是资金雄厚、人脉广博、技术先进更容易获得成功。而从内在因素考虑，那些乐观、勤奋、思维灵活、诚实、讲信用的人更容易获得成功。

如果你也拥有上述内在品质和能力，那么，你一定会获得成功，即使你只拥有一部分，那么，你也比他人更容易获得机遇的垂青。

然而，又有人会问，如果我什么都不具备呢？其实，成功是没有固定模式的，只要你能走一条与众不同的道路，机会总是有的。

英国人霍布代尔是一所中学的一位勤勤恳恳的清洁工，已经在那所学校工作了多年。一次偶然的机会，学校新来的校长发现霍布代尔是个文盲。这位校长不能容忍自己的学校中有一个文盲，于是，将他解雇了。霍布代尔痛苦万分，因为，对于他这样一个文盲，到哪儿去工作都将面临困难。痛苦中的霍布代尔并没有自暴自弃，他开始思考这样一个问题：我真的一无是处了吗？突然，他高兴起来了，原来他想到了他的手艺——做腊肠。霍布代尔做的腊肠曾深受学校师生的欢迎。基于此，霍布代尔产生了做腊肠生意的念头。他做得很好，几年后，在英国有人不知道莎士比亚，不知道劳斯莱斯，但没有人不知道霍布代尔的腊肠。

在我们身边，有很多和故事中的霍布代尔一样的人，他们没有高学历、没有雄厚的资金，他们被别人看不起，但他们却能找到自己的长处，然后将之充分发挥出来，最终，他们也获得了别人不曾预料到的成功。

我们周围的每一个人都是一个单独的个体，人与人虽然没有优劣之分，但却有很大的不同。这世界上的路有千万条，但最难找的就是适合自己走的那条路。成功学专家A·罗宾曾经在《唤醒心中的巨人》一书中非常诚恳地说过："每个人都是天才，他们身上都有着与众不同的才能，这一才能就如同一位熟睡的巨人，等待我们去为他敲响沉睡的钟声……上天也是公平的，不会亏待任何一个人，他给我们每个人以无穷的机会去充分发挥所长……这一份才能，只要我们能支取，并加以利用，就能改变自己的人生。只要下决心改变，那么，长久以来的美梦便可以实现。"

甲骨文公司的创建者埃里森没有显赫的身世，甚至说出身卑微。1944年，他母亲19岁时生下他，又遗弃了他，全靠姨妈把他抚养成人。在埃里森的记忆里，只与母亲见过一面，知道她是犹太人，而父亲的身份至今还是一个谜。不知是否和身世有关，埃里森的坏脾气臭名远扬，"骄傲、专横、爱打嘴仗"成了埃里森的代名词。

"读了三个大学，没得到一个学位文凭"；换了十几家公司，还是一事无成”。直到32岁，埃里森才用1200美元起家，创造出了“甲骨文奇迹”。

埃里森是推销高手，他不只直接推销产品，更聪明地为产品的市场环境造势。他到处宣传关系数据库的概念，称其可以加快数据处理效率，容纳和管理更多的数据。与此同时，每次埃里森推介演讲时，题目经常是“关于数据库技术的缺陷”，然后紧跟着就介绍甲骨文是如何解决这些问题的，并当场演示，让人们印象深刻。可以说，埃里森成功靠的不仅是技术，更多是市场推销。

埃里森懂得抢先占领市场的重要性：研制产品并将其卖出去是最主要的事情，其余的事情都不重要。他公司的发展策略是：拼命向前冲，拼命兜售ORACLE的产品，扩大其市场占有率。

他培养了一批“狼性”十足的销售人员。这些人员的贪婪和竞争本能得到了最大程度的调动，继而转化为不可思议的战斗力，最终转化为不可思议的业绩。ORACLE的销售部门不是一个“懦夫待的地方”，它是一个竞技场。疯狂追逐胜利的“疯子”在ORACLE会成为吃香的人，发挥平常的人则不受待见，甚至被迫卷铺盖走人。

这就是埃里森的精神，他的成就是，荣登2007年福布斯全球富豪榜第11名，上榜资产215亿美元。

松下幸之助曾说，人生成功的诀窍在于经营自己的个性长处，经营长处能使自己的人生增值，否则，必将使自己的人生贬值。他还说，一个卖牛奶卖得非常火爆的人就是成功，你没有资格看不起他，除非你能证明你卖得比他更好。一般来说，很多成就卓著的人士的成功，首先得益于他们充分了解自己的长处，根据自己的特长来进行定位或重新定位。可以说，埃里森在读书这一点上并不擅长，但他擅长推销，擅长培养人才，他就是一个特立独行的创业者。

尺有所短，寸有所长。一个人也是这样，你这方面弱一些，在其他方面可能就强一些，这本是情理之中的事情。找到自己的优势和承认自己的不足一样，都是一种智慧。其实每个人都有自己的可取之处。比如说你也许不如同事长得漂亮，但你却有一双灵巧的手，能做出各种可爱的小工艺品；比如说你现在的工资可能没有大学同学的工资高，不过你的发展前途比他的好等。

所以，一个人在这个世界上，最重要的不是认清他人，而是先看清自己，了解自己的优点与缺点、长处与不足等。搞清楚这一点，就是充分认识到了自己的优势与劣势，容易在实践中发挥优势；否则，无法发现自己的不足，就会使你沿着一条错误的道路越走越远，而你的长处，却被你搁浅，你的能力与优势也就受到限制，甚至使自己的劣势更加劣势，使自己立于不利的地位。所以，从某种意义上说，是否认清自己的优势，是一个人能否取得成功的关键。

第6章 想做富人先看看自己有多少勇气

人们常说，富贵险中求。这也是为什么在同等起点的情况下，有些人依旧贫穷，而有些人却能成为富人。任何一个白手起家的成功者无不是胆识过人的冒险家，他们的经验告诉我们，要想成为富人，先要看看自己有多少勇气，墨守成规、故步自封、胆小怕事，永远只能与财富无缘。

想赚取多少财富就要承担多大风险

什么是风险？风险是可能发生的危险和灾祸。在追求财富的过程中，风险就是创造不出利润或干脆连投资都拿不回来。冒风险是知道有失败的可能，但我们应该坚持掌握一切有利因素，去赢取成功。

风险的原因，是形势不明朗。若成功与失败清楚地摆在面前，你只需选择其一，那不算风险。但当前面的路途不甚明朗，你跨过去时，可能会掉进陷阱、深谷里，但也可能踏上一条康庄大道，实现自己的预期目标。于是，风险出现了。

前进或停步，你要作出抉择。前进吗？可能跌得粉身碎骨，也可能攀上高峰。停步吗？也许相对安全，但也许错过大好良机，会令你懊悔不已。

创业的风险是很高的，但只要你能坚持学习，不断努力，在冒险中寻求事业的回报则完全有可能。一位富翁指出：“伟人经常犯错误，经常要摔倒，但虫子不会。因为，它们要做得的事情就是挖洞和爬行。”敢于承担风险的人改变着这个世界，几乎没有不冒风险就变富的人。

影视大鳄邓建国在拍《广州教父》时，账上只有十万人民币，连开机费都不够，他却孤注一掷，提出拿全部家当召开大型记者新闻发布会，签约香港著名影星汤镇宗做男主角，然后在广州日报打上整版广告；他还雇了一批美女军团，拿着广州日报的整版广告，去企业拉电视剧的贴片广告。结果支票像雪花一样飞向邓建国。那一年，就让邓建国成了亿万富翁。

有人或许会以为邓建国是侥幸成功，万一拉不来赞助，他可就上天无路、入地无门了。但事实是，当时的邓建富虽然还不是富人，却有着富人的思想。这件事不成功，还有下一件事，还有下下件事，总会有一天他还是会成功的。

富人的脑子整天装着的都是如何赚钱的想法，不放过任何一个可能的机会，所以他们发财几乎成了一种必然。

如果你留意观察，就会发现过于谨小慎微的投资者是不可能获得巨额财富的。唯有具备极强开拓精神、冒险精神的投资者才能使世界发生翻天覆地、日新月异的变化。

从宜兰在台湾发迹，到在祖国大陆发扬光大，再到新加坡上市，旺旺控股董事长蔡衍明，从街头培养出敏锐的生意嗅觉与智能，开拓出世界第一大米果集团版图，缔造了个人10亿美元身价的旺旺传奇。

蔡衍明在19岁从父亲那儿接手宜兰公司的时候，出师不利，赔掉了大笔金钱，造成了沉重的财务压力，他也被周遭的人看不起。但也因为没有退路，逼出了蔡衍明的街头斗犬性格。他到处筹钱，打算东山再起，终于靠加工米果获得了第一桶金。在台湾站稳脚跟之后，蔡衍明把目光投向了大陆。

20世纪90年代初期的中国大陆还是一个封闭的市场，就连上海的台商也很少。但蔡衍明居然一跑，就跑到了中国内陆省份湖南长沙，还成了长沙第一家外商。一开始，蔡衍明透过大型的“郑州糖酒会”，向大陆消费者推广甚为罕见的米果产品，一周内接到多达300多个货柜的订单。但工厂赶工生产后，却没人依约拿现金来领货。眼见几百万包的仙贝，即将过期销毁，蔡衍明咬着牙，硬是“好康大放送”，将旺旺仙贝分送给上海、广州、南京、长沙等地的各级学校，从小学生到大学生人手一包。没想到，学生试吃后反应良好，无意间为蔡衍明培养出了坚实的顾客基础。有了好的顾客基础，接下来的销售自然畅通无阻，湖南长沙厂投产第一年就赚了四五个资本额。这份好成绩，吸引了众多竞争者，不仅“康师傅”决定跟进，就连中国内地也出现3200多家小厂纷纷跳进市场。竞争，让米果售价从1公斤人民币50元掉到1公斤30元。在这种情况下，蔡衍明发动割喉策略，推出四个副品牌的低价米果应战，并将价格一口气杀到1公斤人民币五元。而米果生产设备一条就要上千万美元，但为了全面阻绝竞争对手，他砸下3000万美元，将生产线一口气扩充到十条，从而打了一场成功的阻击战。

非常时期，要以非常的手段才能取胜，这时候比的就是一个人的应变能力和冒险精神。日本趋势大师大前研一指出：“现在的商业世界就像当年西部的开拓时代，大家都在新经济催生出来的新大陆上竞相开拓。这种混乱的时代最需要的，并非是目前为止学校所培育出来的那种学院派营生者，而是能在现实环境中独立思考、自己为没有答案的问题找到答案的街头经营者。”蔡衍明无疑是最成功的街头经营者。

行进于人生漫漫的旅程，你或许有过多次这样的体验：成功确确实实就在不远处跳着迷人的舞蹈，但是，当你想靠近它，它却退避了，不迎上来同你握手；而此时的你反而陷入莫名的泥潭，被泥浆溅了一身。

为什么会是这样？是世界不公平吗？是命运捉弄你吗？不是，至少不完全是。商界巨头们的共识是：不是因为别的，归根到底是因为你还没有经历过足够的失败的缘故。

尝试任何事，只有敢于冒险，敢于失败，并从失败中学到某些知识，某些经验，才有可能抓住通往成功的机会。

“不入虎穴，焉得虎子”，是创造机会的最佳写照。想创造机会，却不想冒风险，那是不可能的。勇于创造机会的人清楚地知道风险在所难免，但他们充满自信，在风险中争取事业的成功。

获取财富必先打破陈规

有时候，一般人难富，是因为他们一直循规蹈矩地生活在贫穷之中，从来没有“出圈儿”的念头。即使面临新的机遇，由于建立在以往经验和知识基础之上的心理定势，也会产生消极影响，成为他们思维行为的障碍。我们只有充分认识到思维世界里存在的这个死角，才能逐渐超越旧有思维模式，走出思维惯性，进行创造性思维。

人脑是一个制造模式的系统，它按照最简单的原则行事，依赖于早年形成的模式，置模式外的信息而不顾，所以人脑最易趋向习惯。一个人的日常活动，90%已经通过不断地重复某个动作，在潜意识中，转化为了程序化的惯性。也就是，不用思考，便自动运作。这种自动运作的力量，会把人们拘禁于一个谨小慎微的牢笼之中。

心理学家做过这样一个实验：把6只猴子关到一个房间，在房间里放一个可达屋顶的梯子，然后在梯子顶端挂上一串香蕉，当第一只猴子爬上梯子，伸手几乎要碰到香蕉的时候，实验人员就用冰冷的高压水枪冲击这只猴子，直到猴子最终放弃去拿香蕉。如此一段时间之后，所有的猴子都放弃了尝试。

接下来，实验人员用外面另一只猴子替换了房间中原有6只猴子中的一只。当这只猴子进入房间后，发现了香蕉，于是一下子冲了过去。这时发生的情况很是奇怪，没等这只新进来的猴上去，另外5只猴子就把它按倒痛打，直至它放弃那个念头。

接着另一只新猴子被放进来，换走了第一批中的另一只猴子。同样的事发生了，只不过打这只新猴子最狠的，是刚才那只先一步进来并挨打的新猴。如此继续实验，直到房间中的猴子全部换成了没有被水枪击中过的6只新猴子。

接着实验人员拆除了水枪，可是这些没有挨过高压水枪的猴子居然没有一只试着去吃屋顶的香蕉。

情况往往就是这样的，人们因为失败了多次，从此就对此视为畏途。不少人，不仅自己不去踩这个雷区，也反对其他人去干同样的事情。这是很可悲的。很多时候，不是没有能力去做这件事情，而是没有了去做这件事情的愿望。

一般人做生意特别注重结果，把成败得失看得比什么都重要，怀着想赚怕赔的心态战战兢兢的，做哪一件事情都是如履薄冰，背着沉重的心理包袱。也正因为有这样的心态，想赚钱又害怕风险，想投资又害怕赔本，很多时候还是选择了放弃。

有一个小村庄，世世代代都种玉米。现在玉米市场上是0.4元一斤，如果在当地卖，一亩地的收成仅仅是800元左右，去掉成本也就是200元左右的利润。一个农民经营五亩地，一年全部的收入才1000元左右。

当地有的人收购玉米，运到离家不是很远的某个城市，每斤能赚一角钱，每次运5000斤的话，能赚500元钱。从家乡到某市两天跑一次，那么这个人在四五天之内所得到的利润就是一个农民全年的收入。

但是这个村里的人，为什么自己不把玉米运到某市去卖？他们说自己没有车，如果雇车，去掉车费加上吃住也不赚钱，还不如在当地卖，这样既省力又省心。那么为什么不买一台车？他们说没钱。村子里共有一百户人家，一家拿一百元钱是不成问题的，买一台农用拖拉机也就是几千块钱，为什么不联合起来买台车把全村的粮食运到某市去卖呢？

他们说他们谁也不相信谁，担心运完粮食怎么办，半路上出车祸怎么办，税收及修车费谁拿，全村每家玉米有多有少，怎样付钱才算公平……反正问题特别多。

正因为这样，全村每年都要失去10万元的利润。10万元对于这里的人来说，是个天文数字。因为许多不值一提的问题，宁可把这天文数字送给别人也不留给自己，这是个深刻的教训。

这个故事听起来像一个寓言，也许你会以为现实中没有如此胆小怕事、面对近在眼前的肉都不敢吃的人。其实在生活中，抱有类似想法的人比比皆是。在一些人之中，流行过所谓的“三不主义”路线：即不积极、不缺席、不迟到的生活方式。表面看起来，这是最太平、最安全的处事方法。这样的处世路线，在变化速度还不算太快的时代，可使一个人平安度过他的一生。但随着社会竞争日趋激烈，变化速度日趋加快，新的生活方式必将取代旧的生活方式，那种看似稳定的生活方式将不再会满足人们的需求。

两颗相同的种子一起被抛到了地里。

一颗这样想：我得把根扎进泥土，努力地往上长，要走过春夏秋冬，要看到更多美丽的风景……

于是，它努力地向上生长。几年后，变成了一棵枝繁叶茂的大树。

另一颗却这样想：我若是向上长，可能碰到坚硬的岩石；我若是向下扎根，可能会伤着自己脆弱的神经；我若长出幼芽，可能会被蜗牛吃掉；若开花结果，可能被小孩连根拔起。还是躺在这里舒服、安全。

于是，它瑟缩在土里。一天，一只觅食的公鸡过来，三啄两啄，便将它啄到了肚子里。

在慨叹两颗种子迥然不同的命运时，我们惊讶地发现这样简单的道理：越是想安于现状，越不能安于现状，因为各种偶然的因素会使你的周围充满风险。相反，坚定地树起奋发向上的信念，敢于冒险，敢于承受岁月的风风雨雨，就一定会拥抱令人羡慕的成功。

据社会学专家们预测，未来的社会将变成一个复杂的、充满不确定性的高风险社会。今后的时代经营者要想发展，必须树立不怕失败的信念，果断地作出决定，投身新的环境，去发挥全部才能。这种不怕失败，准备在万分紧迫的情况下发挥全部才能的态度，反而有可能防止更大的失败，并大大提高自己的才干。

看过摔跤运动，你就会有这样一个印象：尽管比赛双方抱缠摔打，场面激烈，但绝少有人遭受到意外的致命伤。这是因为在平时练习时，经历了经常遭受轻伤的锻炼。同样，平时倾注全力认真作出决断的人，不但不会遭受意外的致命打击，反而能从微小的失败中学到许多教训，养成刚毅大胆的气质。

墨守成规，在风险面前缺乏勇气的人，迟早会被时代所抛弃。这是一种看似安泰其实却充满潜在危机的生存方式。反而是那些一心向前的人，以攻为守，将自己的根扎得无比牢固，足以抵挡世间的风云变幻。

安于现状等于退出竞争

我们每个人在一生中所取得的成就，与他是否拥有“成功欲望”有着很大的关系。如果你住茅草屋就满足了，一辈子也不会拥有花园洋房；如果你当小职员就满足了，永远也不会升到独当一面的位置。很多人之所以一辈子默默无闻，穷困潦倒，从根本上讲，乃是他们的心底害怕成功，因而不敢选择成功。

也许，他们刚刚成年时，确实非常向往成功，向往财富，他们会积极工作并制定一些计划。但是在奋斗一段时间后，他们的工作阻力就会慢慢增加，为了更上一层楼所需的努力似乎很艰苦，他们觉得这样下去实在不值得，因而放弃努力，变得自暴自弃。他们会自我解嘲：“我对现在的生活很知足，我是个平凡的人，也不想发什么大财了。”于是，他们省吃俭用，一辈子受苦。

你还不明白为什么会有这么多人永远在闹穷吗？他们没有想通，是他们自己甘于过穷日子。他们没能认清自己有选择的权利。

戴尔·卡耐基曾干过许多工作，但都没有出色的表现。他到汽车公司推销汽车，工作依然没有调动起他的激情。他在推销时，只是像背书一般地把汽车的性能、价格、优点等说一遍。一天，一位老人来看车，卡耐基又把他常背的“汽车推销经”背了一遍，老人听完后说：“孩子，你这样推销，怎么能吸引顾客呢？”

老人的话让卡耐基受到了震动，他和老人攀谈起来，卡耐基告诉老人：

“我也有自己的梦想，我想做一名作家，因为我有这方面的才能，但怎么也下不了决心。”

老人说：“为什么不去做呢？写作也是可以赚钱的。”老人一口气说出了好几位作家的名字，并列举了几本销量超过100万册的图书。

“可是，老先生，我不敢放弃我的工作，虽然我干得很不出色，但这样的工作可以让我稳当地赚钱和生活。”卡耐基解释道。

“为什么你要让你的才能迁就平淡的生活呢？你应该从事能让你发挥才能的事业，虽然有风险，但如果你确实有这方面的能力，你又何愁不能成功呢？至少你应该试试，否则你会抱憾终生的。”老人说。

老人的话让卡耐基茅塞顿开，是的，虽然辞了工作去开创新的事业会有风险，但如果自己确有某方面的才能，那一定会比从事那些并不喜欢的工作要更成功。于是，卡耐基辞去了现在的这份工作，走上另外一条完全不同的路。后来，他以独特的见解、开放的教学方式授课，改革了成人教育方法，越来越多的人来听他的课，买他的书，卡耐基的才能得到了充分发挥。

我们不少人总会有才能没有得到发挥而一生平淡的感叹，其实这正是因为我们缺乏卡耐基那样的胆识。我们总喜欢过简单、没有风险的生活，而这往往是扼杀人们才能的一把利刃。独立开创一份事业肯定会有风险，但让自己的才能迁就平淡的生活也许才是最大的风险。

有时候，一份致富不足、糊口有余的工作，就像是某些人的鸡肋，留，心有不甘；弃，又缺乏足够的勇气。这时候我们应该像那些勇敢的“外来者”学习。细心地观察一下四周，你就会发现，在都市的角角落落，都生活着一些生命力很旺盛的外地人。他们大多干过很多行业，并且永不言败，以顽强的生存能力，有滋有味地生活着。而一个抱残守缺、满足于眼前的安适的人，无异于是在宣布自己从此退出了竞争的舞台。

雷·克洛在1937年开始自己做生意，担任一家推销混乳机的小公司的头头。混乳机是一种能同时混合拌匀五种麦乳的机器。1954年，雷·克洛在加利福尼亚州圣伯纳地诺城发现了一家小餐厅，老板是麦当劳兄弟——马克和狄克。他们要买8架机器，没有人曾买过那么多，克洛决定亲自去看看麦氏兄弟的工作。他到了圣伯纳地诺城，马上看出麦氏兄弟已经踏进了一座金矿——顾客们为了能买到他们的牛肉饼而不惜排队抢购。

克洛问麦氏兄弟为什么不多开几家分店，狄克摇摇头，指着附近的小山坡："看到上面那幢房子了吗？"他说，"那就是我的家，我喜欢那边。如果我们开了连锁餐馆，我们就永远不会有闲暇回家了。"

于是克洛看到他的机会来了，而且立刻把握住。经过他的请求，麦氏兄弟很快就答应给他经销权在全国各地开分店，条件是抽取5%的利润。于是克洛专心致志地干了起来。

克洛拥有的第一家麦当劳餐馆于1955年4月15日在芝加哥郊区开张，第二家于同年9月在加利福尼亚州雷萨达市开业。后来增设分店的速度越来越快，到1960年，一共有280家麦氏餐厅分设各地。1968年前，每年大约有100家陆续开张，以后更增到了每年200家以上。

1961年，克洛以270万美元向麦氏兄弟买下了主权——包括名号、所有商标、版权以及烹饪处方。自此以后，他跟这两位兄弟彼此就很少联络了。克洛说："他们比我年轻，可是他们歇手了。我可不能抛锚，当你年轻的时候只要能奔，就得前进。到你老了，一停手就会僵化。"

作为麦当劳的董事长兼首席主管，雷·克洛69岁仍活跃得一如往昔。他这样说："我们需要的是把全部力量都投到事业中的人，如果他的野心仅止于养家糊口，过得安适悠闲，麦当劳就不需要他。”

机遇面前，人人平等。在我们的一生中，大概每个人都有福星高照、鸿运当头的时候，但很少有人能抓住机会，变成真正的富翁。这里面的原因，主要就在于他们的头脑里有许多负面的障碍。事实上，成为富翁是一场智力游戏，成功者会时刻留意身边的有利机会。他们宁愿相信，风险越大，机会越大。他们衡量风险与利益的关系，一旦确信利益大于风险，就会义无反顾地投入到这项事业中去。

表面看来，是机遇造就了富人，其实成就他们的，是对成功的强烈愿望。没有登顶意识的人，永远没有机会品尝“一览众山小”的滋味。

安全意味着利润有限

有人总结说富人是猛兽，捕猎觅食的时候喜欢独行；而一般人则是食草动物，动辄成群结队，以为人多的地方才安全。

是的，人在生活中，多少都有些“从众”的心理。因为不自信，所以他们常常依赖于别人的经验。难道这样就安全了吗？过去游击队打鬼子的时候，埋雷高手的一个绝招就是在埋好雷的地面上撒一些尘土，再盖上一个脚印。脚印是安全的标志，说明已经有前人走过了，后人可以大胆跟进——但那恰恰是个陷阱，会让你死无葬身之地。

香港成功商人陈玉书在他的自传《商旅生涯不是梦》里指出：致富秘诀在于“大胆创新，眼光独到”。譬如说，地产市场我看好，别人看坏，事实证明是好，我能发大财；反之，我看好，别人看坏，事实证明是坏，我便要受大损失，甚至破产；如果大家都看好，我也看好，事实证明是对了，则也仅仅能糊口而已。

世界的改变、生意的成功，常常属于那些敢于抓住时机，适度冒险的人。有些人很聪明，对不测因素和风险看得太清楚了，不敢冒一点险，结果聪明反被聪明误，永远只能“糊口”而已。而如果能看到别人看不到的机会，做别人不敢做的生意，就很可能从此打开一种全新的局面。

1906年4月，旧金山发生了强烈地震，高大的建筑物瞬间变成了一片废墟。贾尼尼的银行也已不复存在，但所幸的是他冒着生命危险，将银行中的8万美元现金成功地转移了出来。

地震过后，旧金山财经界的名流们召开紧急会议，商议对策。因遭大火吞噬而损失惨重的商人们，强烈要求银行立即发放贷款，而银行家们则认为，至少得到半年后银行才能重新恢复营业。双方各执己见，互不相让，眼看一场混战即将爆发。

这时，还是银行界区区小人物的贾尼尼壮着胆子，在众多大银行家面前，宣布了一个大胆的决定：他的大众银行将在第二天早上正式恢复营业。他还建议：“希望大家能和我一起打开银行。如果没有办公桌可向我来租或借。”

贾尼尼不负众望，果然在大街上开起了“露天银行”，他还在报上做了广告，不失时机地进行宣传。

广告一登出，前来存款的人比贷款的人还要多。因为人们普遍对地震感到恐惧，所以都认为将钱放在贾尼尼的银行里比藏在家里要安全得多。这种局面大大出乎银行家们的预料，让他们感到既生气又懊悔。

而贾尼尼的银行却因此名声大振，顾客范围也越来越大，利润不断增加。终于在短短的几年内，由一家不起眼的小银行，一跃成为旧金山独当一面的商业银行。

人人都期待成功，但是成功的阳光不可能均匀地洒在每一个人头上，这就需要成功者敢于打破常规，采取不寻常的举措。因为只有敢打破常规的人，才能开辟出一条别人不曾走过的路，只有在别人没到过的地方，才可以得到别人得不到的收获。正如宋代王安石所说："夫夷以近，则游者众；险以远，则至者少。"那些隐藏在高山大河之后的美好景色，因为行程遥远而道路艰险，所以一向没有多少人可以领略。这也是为什么成功者只是少数的缘故。

所以，要做一个真正的富人，就不能被"安全"两个字限制了手脚。小心翼翼、抱残守缺，这是多数人的生活方式、做事准则，也是多数人不能成功的一个重要原因。

在我们的一生中，面临真正机会的时候并不是很多。为了不让机会白白溜走，我们必须事先调整好心态，克服畏惧的心理障碍。事实上，那些貌似安全无忧的地方，并不一定就是我们的乐园。

一年冬天，草原上着了大火，火借风势越刮越猛。牧民们一个个拼死向前奔跑，仓皇逃命。可是，即使人跑得再快，也没有风和火的速度快，在他们精疲力竭之后，最终都被大火无情地吞没了。但是，有几个人只受了轻伤，幸存了下来。

原来，火来的时候，他们没有顺着火苗往前跑。相反，他们义无反顾地迎着火的势头，向大火冲去，穿过了凶猛的火舌，最终到达了安全地带。

在暴风雪和大火来临时，有些人立刻想到逃跑，结果把自己送上了绝路；相反，有的人勇敢地迎上去，直面险恶，结果踏上了一条生路。

丘吉尔曾说过："一个人绝不可以在遇到危险的威胁时，背过身去试图逃避。若是这样，只会使危险加倍。但是如果立刻面对它毫不退缩，危险便会减半。人不要逃避任何困难，决不！"人生并不是一帆风顺的，想成功的人更会碰上许多困难与障碍，刻意逃避反而会使你更难达到目标，不如面对它、清除它，人生的机遇才会赐福给你。

只有曾经面对艰险的人，才会理解“安全”的真正含义。如果一个人具有开拓者的勇气，喜欢迎接新的挑战，在披荆斩棘的发展过程中，他将一点点地强大起来，他所创造出来的财富和地位，将可以经受风雨的侵袭而无可动摇。相反，一个人如果对自己没信心，总想跟在别人的身后，在熟悉的环境里混一碗饭吃，那么他是不会有大发展的。在财富的世界里，他只会是一个可有可无的边缘人，周围一有什么风吹草动，最先出局的就会是他。

冒险不是贸然去尝试

古人高呼“王侯将相，宁有种乎？”期待颠覆旧秩序，成为新贵族；现代人高呼“天下财富，宁有主乎？”渴望能痛痛快快地拼搏一把，成为下一轮的富人。这种思想本身并没错，没有谁天生是应该受苦的，追求财富是我们每一个人的基本权利之一。那么什么才是最为快捷有效的致富渠道呢？最普通的选择，还是自主创业，自己掌控自己的命运，成为财富的主人。

“现在当老板”的言论痛快淋漓，振臂一呼，响应者如云，哪个人不希望自己的日子马上发生根本性的变化？当有人在墙壁上凿了一扇门的时候，大家都以为真正的光明就在眼前了，不管它多窄，也会不惜代价地往前挤，好像过了这一关，前方就是一片通途。要是事情这么简单，世间也就没那么多贫富强弱的分化了。不要以为别人在某个领域成功了，我们照方抓药，也必定会成功。这种盲目性，本身缺乏对事物的独立分析和判断，蕴藏着极大的风险。静下来想一想，即使同样的事情，不同的人去做，也会有不同的结果。每个人的素质、条件、思路、做法不尽相同，怎么能保证产生同样的结果呢？

还有一些人，因为在某个行业干过，已经熟悉了公司的运作，就以为可以另起炉灶，开创自己的事业了。当然这是一件好事，但是给人打工和自己当老板是不同的，如果你还没做好全面的准备就轻易涉足某个领域，充其量也只是个有勇无谋的愣头小子罢了。

有一位美术学院的大学生，毕业后分配到一家杂志社当美术编辑。他每日的工作不过是画画插图，搞搞版式设计而已，轻车熟路，得心应手，受到上司和同事的好评。但是干了一年，他嫌薪金少，毅然辞职，自己开了一家美工装饰部。开业才几日，就承接了一笔十多万元的装潢业务。他组织了十来个人，夜以继日地干起来了。一个月后，装潢工程干完了，谁知不仅分文未赚，反而蚀本两万余元！

谁都知道装潢业务利润极丰，为什么竟会蚀本呢？其实道理很简单，同样一种生意，同样的条件，懂行的做会赚钱，而外行做肯定赔钱。那位搞装潢的大学生，在画画方面他是内行，但画画与搞装潢完全是两回事了。他连工程预算都没接触过，更不了解人工、原材料等方面的知识，盲目地签了合同，所以赔本在所难免。

一个人从零开始，或从做工、做学问到经商，是一个很大的飞跃，二者在许多方面都是截然不同的。就拿给人打工和独立经商来说吧，做工时你除了要认真地搞好自己担负的那份任务外，一般不用为企业的规划、发展、技术设备的改造更新等一系列棘手的问题伤脑筋。只要你按时上班，完成了任务，公司每月就必定按时给你发工资。而经商则是另外一回事了。当你只是个小职员时，如果还没有想到下一步要做什么，老板会立刻告诉你。而在个人企业中，你必须每时每刻有着新的计策，决不能有丝毫惰性。有时候，甚至要经历相当一段时间的失败和探索，才能找到一条适合自己的道路。

梁稳根因为企业股权改革获得了2005年的CCTV经济年度人物奖。评委会的评语是：他花了十九年时间，把创业梦想耕耘成中国经济改革的试验田。2005年，他第一家推出股权分置改革方案，以产业报国的成功向我们印证——穷则变，变则通。

在创建三一集团之前，梁稳根在湖南洪源机械厂工作，因为国有企业的制度与自己的个性不合，他与几个志同道合者“下海”成立了公司。

当时他们四个人中有三个人在一个地方买羊，梁稳根在家里指挥。当时也没有电子邮件和电话，所以他就打了一个电报说“羊不要毛留”。结果发电报的人很奇怪，问：羊不要毛如何留？梁稳根只好解释给他听：在那里买的几十只羊暂时不要，跟我们一起参加创业的毛先生还要在那里继续留一段时间。因为当时没有钱，所以才会如此省略。

后来他们又去卖酒，再后来感觉玻璃纤维很赚钱，又去搞玻璃纤维，但结果都以失败告终，几乎到了山穷水尽的地步。最后几个人坐到一起，反复讨论为什么会失败，觉得贩羊、做酒和玻璃纤维都不是自己的长项。要获得成功，还是要在自己熟悉的领域寻求突破。于是，他们这才决定应该做金属材料，总算使一只快要沉在商海里的小船稳定下来。

即使是不折不扣的成功人士，在他们的创业过程中也不可避免地要经历一些“不成功阶段”。而作为后来者，在做出“自己当老板”的决定之前，更应该做好全面的心理准备。

首先你要问自己：能不能顶得住失败的风险。清楚冒风险所要预备付出的失败的代价，可以使我们的头脑更清醒，一旦真正面临危机时，不至于惊慌失措。

在财务方面，一旦投资失败，可能血本无归，甚至欠债累累。

在职业方面，自主创业的人需要放弃稳定的收入、升迁的机会。如果创业失败，被逼做回原来的工作，他就损失了年薪。若转做其他工作，多年累积的工作经验可能派不上用场。

在情绪方面，创业者需长期面对巨大的工作压力，可能长期在高度紧张的状态下工作。

创业的目的，总是以追求利润为原则，所以无论是保持着现实、理想，甚至是梦想的态度来经营事业都未尝不可，但总不能将经营计划过于单纯化。正确的创业态度不应该避讳失败，这不是吓唬那些创业者们，而是说凡事要以知己知彼为原则，避免那种冒冒失失的蛮干。

有胆量，更要有知识量

那些赤手空拳打天下，并最终确立了自己富人地位的人，大多是一些敢作敢为的冒险者。人生要想取得成功，必须有胆量。胆子有多大，路子有多宽。

胆子是成为富人的条件之一，但在创造财富的历程中，仅仅是胆子大还远远不够。和“胆量”相匹配的是“识见”，也就是说要脱贫致富，不但在于“看准了就去做”，更重要的是要“看得准”。这就包括了要看准潮流形势，看准事物的发展方向。20世纪90年代初期出现房地产热，许多人一掷百万到沿海去炒地皮，有没有胆量？有！但有的人不仅没有因此而致富，反而血本无归，债台高筑。原因何在？是他们不懂得泡沫经济是不可能持久的，盲目跟风，只有胆，没有识。

真正具备成功素质的人，从来都相信命运靠自己掌握，他们敢冒风险，但他们同时也时刻在研究可能出现的后果。他们做他们所能做的一切，以提高获取回报的可能性。他们认真准备、制订计划，以获取成功；

1989年4月20日，一场罕见的风暴席卷了整个泸州市，也让罗代榕所在单位泸州长城机电厂劳动服务公司陷入了瘫痪。罗代榕回家待岗了，时年32岁，女儿刚刚1岁。

为了生活，罗代榕做过搬运工，也卖过大碗茶，在这几年的工作中她越来越强烈地认识到：自己才是救世主。

1992年3月，善于思考的罗代榕东拼西凑借来一笔钱，伙同两位朋友尝试了人生第一次风险投资——开了一个加油站。但加油者却寥寥无几，一年下来，投入的钱全部亏进去了。雪上加霜的是：两位朋友也撤了资，罗代榕负债累累。

为什么会这样呢？日思夜想中，一个念头闪过：要是有自己的车队来加油，不就能带动其他汽车来加油了吗？随即，罗代榕果断地找亲戚借来房产证做抵押，贷回2万多元作为开办费，租赁当地农行5辆夏利车，成立了泸州市金梦出租汽车公司。由于策划有方，1994年，金梦出租汽车公司有了微薄利润。

终于看见希望了，罗代榕如释重负。1995年，在泸州当地首次举行的公开拍卖出租车经营权会上，罗代榕在别人惊讶的目光中，贷款买下了20多辆出租汽车的经营权。随后，1997年、1998年，罗代榕又一口气收购汽车修理厂，兼并汽车运输公司，开设汽车配件销售网点。从运输、加油到配件，走的是一条几近完整的产业链路子。精明的女人，在最关键时刻走出了最精明的一步棋。

企业大了，罗代榕从整合开始加强内部管理。1999年，她关掉了一些规模小的企业，“组合优势资源，集中向外发展”。2000年，罗代榕与新疆油田、北京中油等企业签署了合作协议，并共同出资组建公司。此外，她还以3000万元收购了四川煤化股份有限公司。到2001年泸州金梦煤化集团成立时，罗代榕已是千万富翁。

罗代榕的成功，来自一系列的大手笔动作，她那种知难而进，把劣势经营成优势，以一种优势带动另一种优势的运筹思想，就是一幅现代商业社会的寻宝图。那些有做大生意素质的人，头脑里三个重要问题必须是非常明晰的：我现在的位置在何处；我下一步的发展规划是什么；我将如何做到这一点，何时做到这一点。有了明确的商业计划，在经营的过程中，才可以避免那种被客观环境、外部影响牵着鼻子走的盲目性。

对于富人，赚钱是大胆决策和自己用心经营后的必然结果，而决非误打误撞的“大运”。他们大胆果断的“冒险”背后，是深谋远虑的筹划与安排。

1959年，金庸35岁，抵港已11年了。他对自己这段时间的作为作了一个总结：

北上投效外交部失败；

婚姻失败；

唯写作武侠小说成功。

把这几件事综合起来看，写武侠小说应该是自己走的路。但是，在金庸看来，写武侠小说毕竟只是“副业”，在别人看来也许是成功的，但自己始终难抒己愿。而最让他难受的是，作为主业的编辑行业却因《大公报》的工作作风而使自己难以尽情施展抱负。那么，下一步该怎么走？

在别人看来，金庸坚持以写武侠小说作为自己的事业也是很不错的。但金庸选择了一条充满风险的行业：办报。

在香港有这样一句俗语：假如和人有仇，最好劝他办报，意指办报的风险极高。但金庸已经决定自立门户，于是说干就干！ 1959年5月20日，日后声名斐然的《明报》正式创刊了。

选择一项全新的、从未有过经验的行业自然有许多难处，对金庸也不例外。《明报》创刊之始即苦苦支撑，困境时甚至只剩下包括金庸在内的两位报人，致使许多人都断言：《明报》不出半年即会倒闭。但出人意料的是，《明报》不但支撑了下去，而且销量渐有上升，一步步打开了局面。

武侠小说作家站出来办报，旁观者也许会为金庸的胆量喝彩。如果以武侠世界的观点讲，他是一位敢作敢当的勇者。其实在金庸先生自己看，这背后未必没有谋略的支撑。应该说金庸对办报是有所准备的，这次重新选择事业金庸吸取了北上求职失败的教训，事先估计了各种可能的情形。10来年的经历一方面为他增加了不少经验，另一方面也使他有了一定的积蓄，用来作启动资金是不愁的；为刺激报纸销量，以前给《大公报》等写的国际政治述评可以转在《明报》上发表，而给《新晚报》等的武侠小说连载更是抢手货。另外，针对香港市民的爱好，《明报》专门开辟了娱乐版面，相信可以吸引一大批读者。即使是办报失败了，自己仍可以从事翻译和武侠小说的写作以维持生活，自然，这是最坏的打算。

有了这样细致的前期准备，放心大胆地选择自己的新目标当然是没有问题的。

人生是一场长途的跋涉，我们自然可以冒险选择距离成功的最短路径，但是你一定要看清方向，带好必需的装备。

第7章 敢作敢为摆脱现在的穷苦现状

人们常说，富贵险中求。这也是为什么在同等起点的情况下，有些人依旧贫穷，而有些人却能成为富人。任何一个白手起家的成功者无不是胆识过人的冒险家，他们的经验告诉我们，要想成为富人，先要看看自己有多少勇气，墨守成规、故步自封、胆小怕事，永远只能与财富无缘。

拖延是一种糟糕的习惯

成功源于积累，对于正要脱贫致富的人尤其如此。从坐吃山空到拥有自己的工作，从给人打工到自主创业，从见缝插针、小打小闹的小商人到站稳脚跟成为真正的富人，这中间每跨出一大步，都是由无数的一小步组成的。要知道，拖延不仅仅意味着你没有良好的行事作风，它将直接关系着我们所能取得的最终成就。

“现在”这个词对成功而言妙用无穷，现在就做不仅体现出行为人的充分自信，也体现了重视行动的处事原则。奉行了这一原则的人，没有几个是不成功的。而“明天”“下个礼拜”“以后”“将来某个时候”或“有一天”，往往就是“永远做不到”的同义词。有很多好计划没有实现，只是因为应该说“我现在就去做，马上开始”的时候，却说“我将来有一天会开始去做”。

如果要走的路程有一万步的话，一般人就都认为这段路程只是一万步机械地相加，然而这是错误的。开始时一步一步慢慢走的人，会在心灵深处慢慢播下好种子，它们不久就会起到好的作用，不必等到一万步，在半途中就会有好的变化。同时，若能领悟到潜能的话，就可以得到更大的力量，而提早达到目标。所以纵使路程看起来似乎很遥远，走起来似乎很艰苦，可是也应该忍耐，尽量正确而明朗地怀抱着希望继续走下去。

人都是很软弱的，遇到新的问题时，总是在想“今天实在太累太苦太疲太倦了，明天再来做吧！”有这种想法的人很多。把事情拖延到明天，这是不行的，因为可能明天也是做不到的，而且明天还有明天的工作，所以这样累积下来的工作就会越来越多了。

在生活中，一旦我们有了某种想法的时候，应该以最快的速度付诸行动，把偶然的灵感，经营成实实在在赚钱的机会。

一天黄昏，日本三洋公司创始人井植熏在马路上骑车，因为他的自行车车尾没有反光板而被警察严厉地教育了一番。回来的路上，井植熏不断地回想着警察的话：“这是法律规定的，这是法律规定的……”突然，一个想法出现在他的脑海中，“真要是这样的话，那可就是一桩好买卖呀：全国大约有1000万辆自行车，每辆自行车都需要反光板，这个市场太大了！”他想起在三洋的车间里，还堆放着大批的钢片边角料，以往这些下脚料都是当废品卖掉的：若是用它们来生产自行车车尾反光板的底板和边框，真是再合适不过了。这个想法一出现，他便立刻采取了行动。第二天，他打电话到东京，询问红色玻璃的价格。粗略地估算了一下成本，大约每个反光板需要18元，而当时市面上出售的用黑铁皮做的反光板价格是28元，他完全有占领市场的优势。

很快，三洋生产的钢框反光板面市了，并且很快超过了马莫尔和松下等老牌子，几乎独占了整个市场。三洋公司也从此逐渐发展壮大起来。

拖延导致低效，是一种影响工作效率的糟糕习惯。不管多么美好的目标、多么伟大的计划，常常都会因为拖延的习惯而无声无息地消失不见。无论做什么，你至少要先起步，才能到达高峰。一旦起步，继续前进便不太困难了。工作越是困难与不愉快，越要立刻去做。你等得越久，就变得越困难、越可怕，这有点像第一次站在游泳池的跳板上准备跳下去一样，你等得越久，担心和害怕越多。

在应该做事的时候，许多人依然像没上发条的闹钟一样，一直紧张不起来。时间一长，最初的热情和已经花费的精力都将在消极等待中消磨殆尽，你不但会损失眼前的机会，还将影响到你的长远规划。

克罗克是美国颇负盛名的麦克唐纳公司的老总。有一段时间，公司出现严重亏损，克罗克发现其中一个重要原因就是公司各职能部门经理总是习惯于靠在舒适的椅背上指手画脚，把许多宝贵时间耗费在抽烟和闲聊上。

于是，他派人将所有经理的椅背都锯掉，“逼”着他们离开舒适的椅子。一开始，经理们不解、不满，觉得克罗克不近人情。不久，他们悟出了老总的良苦用心，于是纷纷深入基层实地调查、处理问题。他们的行动影响和带动了全体员工，公司不到三个月就扭亏为盈。

椅背锯掉了，惰性的温床便不复存在，人的活力与创造力重新被激发，公司效益随即扶摇直上。上帝是公平的，对每个人都拥有一份弥足珍贵的馈赠，比如健康、美貌、学识、才智、人缘、机遇等，它们在你迈向成功辉煌的过程中既发挥着推进器的作用，又不可避免地显露出“椅背”的诱惑。

人难免有惰性和依赖心理，但自身又往往很难察觉意识到，只有当境遇大变，

“把你逼到那分儿上”，你才知道应该锯掉“椅背”。当你发现懒惰、舒适、享受等诱惑稍占上风，就应该果断地将其“删除”，否则，你可能轻易失去一张或几张通向财富的“金牌”。

消除拖延习气，最有效的办法是逼迫法，也就是决定自己要做一件事的同时，立即让自己动手，绝不给自己留一秒钟的思考余地，千万不能让自己拉开和惰性开战的架势。对付惰性最好的办法，就是不让惰性出现。在事情的开始，总是积极的想法先有，然后当头脑中一出现“我是不是可以……”这样的问题，惰性就出现了，战争也就开始了。一旦开仗，结果就难说了。所以要在积极的想法一出现时，就马上行动，那么惰性就没有乘虚而入的可能了。

西方有句格言：“任何时候都可以做的事情往往永远都不会有时间去做。”所有的梦想都会消磨，都会淹没在日常生活的琐碎之中，或者在懒散消沉中流逝。如果你的头脑出现了任何一种好想法，那么就要马上开始行动！

大胆行动是克服怯懦的最有效手段

有时候，我们不敢学外语，不敢下水学游泳，不敢在台上唱歌，不敢换工作，不敢创业，不敢投资……这种种不敢，其实都是我们自己给自己设下的无形障碍！也正是这种无形的障碍，使我们裹足不前，错过了许多本来应该去做，而且能够做好的事。

要对付怯懦，最有效的方法无过于行动。

你可曾攀上过高处去刷屋檐吗？你攀登那把高梯时，上到一半，便开始担心梯子可否禁得起，架得可稳。你停下来紧抱着梯子，不敢上下望，两腿莫名其妙、无法控制地发抖。

最后你克服了那一级，缓缓地一级一级爬上去，终于到了梯顶。可是你仍两手紧抓梯子以保性命，又怎能腾出手来刷漆呢？但你终于办到了。你战战兢兢地开始工作。天色晴朗，阳光灿烂，油漆刷在干燥的木板上立即干了。你吹着口哨，心情开朗，积极地把工作做好，忘记了那高度。

当你遇上害怕做的事情时，只要敢试一试，就会觉得并没有什么，也没有你原先想象的那么可怕。

怕了一辈子鬼的人，一辈子也没见过鬼，恐惧的原因是自己吓唬自己。世上没有什么事能真正让人恐惧，恐惧只不过是人心中的一种自设的障碍罢了。不少人碰到棘手的问题时，习惯设想出许多莫须有的困难，这自然就产生了恐惧感，遇事你只要大着胆子去干时，就会发现事情并没有自己想象的那么可怕。

一个女孩经历了诸多的挫折，始终没有找到一个成功的入口。迷茫的她，给自己放了个假，带着灰色的心情去美国旅游。

一天，她在旧金山市政厅参观的时候，难得兴致高涨，信步漫游。不知不觉来到市长办公室的门口，她不假思索地敲了门，不料一个壮实威严的保镖走了出来，惊问道："小姐，我能帮你什么吗？"她愣住了，一时不知该怎么回答。顿了几秒钟，心想：既然敲了门，那就进去看看吧。于是，她精神十足地对保镖说："我能进去看看市长吗？"

保镖上下仔细打量了她一番，说道："你得稍等片刻。"说罢，他用监视器和市长通话，确定见面的时间和地点。不一会儿，那个胖嘟嘟的市长，大腹便便地走了出来，很高兴地和她一起聊天、拍照，就像一对早已相识的忘年交。

那一次，是她旅行中最开心、感觉最好的一天，因为她悟出了一个道理：敲门就进去。

结束了美国之行后，她顺着自己的感觉义无反顾地走下去，终于找到成功的入口，成为了国内某知名证券公司职员。

她就是央视《说名牌》双胞胎美女主持人之一马嵘乔。

如果有一件事应该去做而你一直在犹豫，那么单刀直入是最简明的办法，它做来不易，但很有用。而且，第一次克服了心中的畏怯，下一次就容易多了。

美国前总统罗斯福说过："我们唯一需要害怕的，是害怕本身。"因为心中的畏怯，使我们在做一些新事情的时候总是犹豫不决。人的心理倾向于选择安全、舒适和熟悉的环境；只有具备成功素质的人，才能够冲破这种心理的束缚。

如果你觉得一件事对于自己是种不错的选择，那么就下定决心立刻去做，这样你最热望的梦想就可能变成活生生的现实。

孟列·史威济非常喜欢打猎和钓鱼，他最喜欢的生活是带着钓鱼竿和猎枪步行50英里到森林里，过几天以后再回来，虽然筋疲力尽，满身污泥却快乐无比。

这类嗜好唯一不便的是，他是个保险推销员，打猎钓鱼太花时间。有一天，当他依依不舍地离开心爱的鲈鱼湖，准备打道回府时，他突发异想：在这荒山野地里会不会也有居民需要保险？那他不就可以既工作又在户外逍遥了吗？结果他发现果真有这种人：他们是阿拉斯加铁路公司的员工，散居在沿线50英里各段路轨的附近。他可不可以沿铁路向这些铁路工作人员、猎人和淘金者拉保呢？

孟列在想到这个主意的当天就开始了积极计划。他向一个旅行社打听清楚以后，就整理行装。他不肯停下来让恐惧乘虚而入，因为在他看来，自己吓自己会使自己的主意变得荒唐，以为它可能失败。他也不左思右想找借口，他只是搭上船直接前往阿拉斯加的"西湖"。

孟列沿着铁路走了好几趟，那里的人都叫他"走路的孟列"，他成为那些与世隔绝的家庭最欢迎的人，不只因为没有人愿意跟他们打交道，还因为他是第一个来向他们推销保险的人。同时，他也代表了外面的世界。他还学会了理发，替当地人免费服务。他无师自通地学会了烹饪。由于那些单身汉吃厌了罐头食品和腌肉之类，他的手艺当然使他变成了最受欢迎的贵客。而在这同时，他也正在做一件自然而然的事：徜徉于山野之间，打猎、钓鱼，并且——像他所说的——“过史威济的生活”。

在人寿保险事业里，对于一年卖出一百万元以上保险额的人设有光荣的特别头衔，叫做“百万圆桌”。在孟列的故事中，最不平常而使人惊讶的是：在他把突发的一念付诸实行，动身前往阿拉斯加的荒原以后，他一年之内就做成了百万元的生意，因而赢得了“圆桌”上的一席地位。

当一个人在行动之中将自己的积极性全部调动起来时，他几乎可以达成自己的一切目标。

有些人之所以不敢动，是怕自己不行。那么这种念头又是从何而来呢？是因为在生活中自己碰过壁，或者别人不断向你灌输某种“你不行”的理念。这样，本来颇有能力的人，就容易产生“四面八方都通不过”的感觉，最终干脆放弃了努力。应该警惕：所谓“事实证明我不行”，不过是有几次偶尔的挫折和失败，它们并不能代表生活的全部，更不代表你永远失败。你完全可以通过改变外在条件，或提高内在能力，否定“事实证明我不行”。多试几次看一看，说不定你会创造出原来想象不到的奇迹。

失败，是成功的第一步

人们在从赤手空拳到打下一片江山的过程中，不可能是一帆风顺的。遭受失败不可怕，可怕的是我们被失败击垮，变成了惊弓之鸟，从此再不敢从窝里往外飞。

有一些年轻的创业者，在事业遭受挫折的时候，他们会选择放弃，转而去从事那些相对安稳的工作。这样，即使对所选择的新职业完全没有了兴趣，也只能勉强去做，因为他们怕再跌上一跤，遭到他人的讥笑。还有一些人，一遇挫折便思念家乡，随即抛弃职业，离城返乡，回归了他们原本要努力挣脱的生活。但他们不知道，那些坚持下来的人，战胜了失败的阴影，不久后即见光明。

那些最终成功了的富人们，不在于从来没有遭受失败的打击，而在于他们能够正视失败。他们知道，成功是指最终实现了目标，但并不意味着没有受到挫折。成功是赢得了一场战争，而不是赢得每一场战斗。

一位记者利用职业之便，有幸亲耳聆听了成功者们对于失败的态度：

今年夏天，我去旁听一个私人企业的董事会，会议的内容是如何建造亚洲最大的游乐场，总投资32亿元。12个人，就是这项投资的董事们，可以说个个是精英，都是当今的成功者。面对自己的计划，他们发言的精彩让我惊讶。然而更让我惊讶的是，居然没有人谈成功，整个一上午，12个人的发言，谈的都是如果失败怎么办以及在哪一步上，最有可能失败。直截了当地说，这个会议简直就是来谈失败的，只是大家在哪一步上能够接受失败。最后老总问大家，如果一旦失败，我们在什么时候投降？我听得惊讶不已。

在许多成功人士中，似乎都是做了周密的失败打算的，他们的成功计划反而更像是一种失败的流程。而那些最终失败的人，却很少做过失败的打算。

把失败计划好，也许才是成功的第一步。知道可能失败的人，大概才知道怎样成功。而人间太多的悲剧与不幸，其实都是因为把成功当成了唯一的目标。一旦失败，便从心理上一败涂地，认为全都完了，彻底完了！其实，人生中埋藏着许多成功，也埋藏着许多失败。只允许成功，不允许失败的绝对观点，反而把许多人毁了。在一些白领阶层，失败甚至就意味着生命的毁灭。在许多时候，不是失败毁了你，而是这种可怕的失败观念毁了你。

人生不如意之事十有八九，这才是我们要过的正常日子。这里面大多数是指的失败。好好地打理好失败，这才是现实的人生，这种观念才能使人保持正常、超然的心态，积极地去生活。只想成功，不理会失败为何物的人，大概真的很难成功，也很难经得起失败的打击。

中国“奥的利”集团的老总陈松富，出生在一个十分贫穷的农村家庭。

刚满8岁的时候，他把平时积攒下来的零花钱买了一对长毛兔，放学之后就去割草喂它们。等兔毛长长，就剪下来，送到城里的收购站去卖。一年下来，他的“小金库”慢慢地鼓了起来，他再也不用向父母要零用钱了。那年年末，他做了一件让全村人惊讶的事——买了全村第一只17钻的钻石牌手表。

就是从那时起，年轻的陈松富为了实现创造财富、改变祖辈贫穷的儿时梦想，在困难面前从未退缩和畏惧，总是全身心地投入，用整个生命去为理想打拼。80年代初，他费尽心血创办了一家运输公司，然而运输业的发展遇到阻碍。1990年，他又办起了当地第一家川菜馆。1994年当川菜馆渐渐多起来的时候，他就卖掉了川菜馆，投资建起了塑料饮料瓶厂。

然而命运却常会捉弄人。1997年底，迎接他的是仓库里堆积如山的饮料瓶子。陈松富彻夜难眠，但他靠经商致富的信念却始终没有垮掉。困境之中，只有继续拼搏，于是，他决定自己做饮料。5年后，他从无到有，硬生生地在饮料市场上杀出一条血路来。他的饮料在国产品牌节节败退的窘境中挺立起来，5年之间，奇迹般地成就了一个10亿元的企业。

比起那种做什么什么成、投资什么什么赚的幸运者，陈松富的成功之路十分坎坷。不管怎样的难关，都想去突破，抱着这种信念的人才会成功。如果换成一个意志不坚定的人，说不定早就感叹自己不是经商的料，灰心之下，撒手不干了。你放弃了生活，生活也会放弃你，所以有很多人不是被他人打败了，是他们在失望的压力之下，自己落荒而逃。

我们应该知道，成功不可能一蹴而就，不管什么计划，都会有一段除了等待和忍耐以外，再也没有任何办法通过的时期。最危险的是，在这期间，我们很容易灰心。

所谓接受失败，直面失败，并非只是呆呆地等着天上掉馅饼来给你吃，而是应该拥有信心，抱着希望继续去努力。当一个人全力解决一个棘手问题时，往往发现事情并不像自己想象的那么糟糕。无论多么严重的事情，都需要朝好的方向努力争取。

在困难面前，永远不要轻言放弃。放弃必然导致彻底的失败，而永不放弃，总会找到解决的方法。也许闯过那最艰难的时刻之后，接下来就是柳暗花明。

只有自己能够拯救自己

生活中有很多人一直在等待，他们隐约觉得，会有什么东西降临，会有些好运气，或是会有什么机会发生，或是会有某个人帮他们，这样他们就可以在没受过良好的教育、没有充分的准备和充足资金的情况下为自己获得一个好开端，或是继续前进。于是他们为生活打拼的动力就不那么足了，时刻等着那个被称为“运气”“发迹”的神秘东西来帮他们一把。

虽然在我们的生命旅程中，常会有陷入各种危机的时候，但要摆脱这些危机，不要总想着依靠别人，或者奢望富人能够施舍一些东西给你，那只是暂时的帮助，治标不治本。要彻底摆脱贫穷，还要靠自己，要学会自己拯救自己。

力量是每一个志存高远者的目标，而乞求命运、依靠他人只会导致懦弱。力量是自发的，不能依赖于他人。坐在健身房里让别人替我们练习，我们是无法增强自己肌肉的力量的。同样，一个人做事的能力，也需要从现实中逐步锻炼出来。

陈嘉毕业于广东一所著名大学的中文系，他的理想是做一名优秀的编辑。毕业后求职时，陈嘉满怀信心地将自己的简历投递给各大报刊，但是连面试的机会也很少能争取到，有很多主管人员委婉地表示，他们并不需要没有丝毫工作经验的新人。

就在陈嘉陷入困境中时，一家杂志社要招兼职校对。那天，看到消息后，他匆匆打电话赶去应聘。那位负责招聘的女编辑告诉他这是一个临时性的活儿，因为杂志搞了一次征文活动，来稿量大，又要评选，加上要结集成书，人手不够，所以需要找一个人帮一下忙。然后，她问陈嘉有什么条件。由于经受许多次打击，陈嘉没敢要价，只说听安排就行了。也许见他诚恳老实，她当场录用了他。

他真是高兴到了极点。做校对的第一天，他就真正体会到了挣钱是多么不容易。原以为一篇稿子变成铅字，是一件十分轻松的事情，没想到，还要经过那么繁琐的一道道工序。从一审、二审、三审，从一校、二校、三校，其间录入，排版……一直到进入车间印刷，装订。他一边干活，一边听着女编辑的情况介绍，一点一点体会到了干什么事情都不是想象中的那么简单。

两个星期后，他第一份临时性工作结束了。从女编辑那儿接到沉甸甸的700元钱，他心里异常激动。在这段短暂的时间里面，他学到了许多东西，不仅是为人处世，还有如何适应社会。例如，懂得了怎样向报刊投稿，怎样给报刊写稿，而不是像以前那样瞎猫撞死老鼠。

有了这次宝贵的经验，他对自己有了信心。他买了一辆旧自行车，经常到图书馆查找报刊、杂志、出版社、文化公司的联系方式，然后去打听是否需要临时性的活儿。这招儿还真管用，之后，他又不断干了几种不同性质的工作，例如在一家报社做一个交流会的临时工作人员，在一个文化公司做一个培训班的接待人员，在一家出版社做一本书稿的校对。一个月下来，又接了四五次活儿，大概挣了1500元钱。

不久，他投给那位女编辑的稿子也被采用，这是他的第一篇发表的文章，从此以后，他不断向各种报刊投稿，成了一位业余撰稿人，每年发表几十篇文章。而且，由于认识了一些出版社的编辑，逐步懂得了策划、撰写书稿，他还陆续出了十几本书。

决心获得成功的人都知道，进步是一点一滴不断地努力得来的。例如，房屋是由一砖一瓦堆砌成的，足球比赛的最后胜利是由一次一次的得分累积而成的，商店的繁荣也是靠着一个一个的顾客在不停的购物过程中形成的，所以每一个重大的成就都是一系列小成就累积成的。

踏踏实实地做下去是实现任何目标唯一的聪明做法。对于那些刚开始做自己事业的人来讲，不管被指派的工作多么不重要，都应该看成是“使自己向前跨一步”的好机会。有时某些人看似一夜成名，但是如果你仔细看看他们过去的历史，就知道他们的成功并不是偶然得来的，他们早已投入了无数心血，打好坚固的基础了。那些暴起暴落的人物，声名来得快，去得也快。他们的成功往往只是昙花一现而已，因为他们并没有深厚的根基与雄厚的实力。

她，1972年作为第一届工农兵大学生以优异的成绩毕业于北京外语学院，被分到英国大使馆做接线员。

当时，做一个小小的接线员，是很多人觉得很没出息的工作，但她却把这个平凡不过的工作做得不同凡响。她将使馆所有人的名字、电话、工作范围甚至连他们家属的名字都背得滚瓜烂熟。有些电话进来，有事不知道该找谁，她就会多问问，尽量帮人家准确地找到人。

慢慢地，使馆人员有事要外出，并不告诉他们的翻译，而是给她打电话，有很多公事、私事也委托她通知。一时间，她成为了全面负责的留言点、大秘书，成了使馆的“全权代办”。有一天，大使竟然破天荒地跑到电话间，笑眯眯地表扬她。

没多久，她就因工作出色而破格调出给美国某大报记者处做翻译。在那里，她同样干得非常出色，不久，她就被破例调到美国驻华联络处，因成绩突出，获得了外交部嘉奖。

再后来，她被提拔为北京外交学院副院长。

她是谁呢?

她就是任小萍。她说：“在我的职业生涯中，每一次都是组织上安排的，自己并没有什么自主权。但在每一个岗位上，也都有自己的选择，那就是要比别人做得更好。”

每个成功人士都有着不同的奋斗历程，但在这个历程中有一点是相通的，那就是他们曾经都付出了辛苦，经历了等待。肯干就是成功，患得患失，拈轻怕重，就会失去成长的机会，受苦是成功与快乐的必经历程。我们从没听说某个习惯等候帮助、等着别人拉一把、等着别人的钱财或是等着运气降临的人能够真正成就大事。

不要抱怨命运没有给自己机会，而应该检讨自己是否付出了可以让命运垂青的努力。你需要成功，但没有行动一切都是空谈。在一个可以触到底的浅水池是无法学会游泳的，而在一个很深的水域里，就会学得更快更好。依赖性强、好逸恶劳是人的天性，而只有“迫不得已”的形势才能激发出我们身上最大的潜力。如果你决定依靠自己、独立自主，你就会变得日益坚强。

能够获得外部的帮助只是一时的幸运，如果从长远来看，外部的帮助常常又是祸根，因为没有经过磨砺的双脚会得软骨病，当靠人靠不住的时候，自己无法行走的人只能独自吞下这枚苦果。

行动是获取财富的关键

赚钱这件事，没有既定的范围，也没有一定的法则，本身就需要我们在不断的尝试之中，充分发挥自己的才能，以换取最大的价值回报。如果你知道有一套可行的致富方法，但却由于各种原因一直没有切实的行动，那么，即使是世间最好的赚钱术，对你又有何用？成功的法则要靠自己去实践。路是人走出来的，越早一步走这条路，成功的目标就越早一天达到。当你左顾右盼，思前想后，犹豫不决的时候，人家已经超过了你，抢在你前面了。你还在等什么？行动才是投资致富的关键。

生活中常有人做事瞻前顾后，拿不定主意，他们总觉得构想不完美，时机不成熟，结果一拖再拖，万事皆蹉跎。其实，再好的新构想也会有缺陷，即使是很普通的计划，如果确实执行并且努力做好，都比从来没开始过要好得多。局面要靠行动来打开，在行动中，你会逐渐接触到一些新事物，逐渐提高自己的见识和能力，逐步自我更新、自我完善，然后你就有可能取得也许是最初都不曾梦想过的成就。

位于北京中央商务区霄云路26号的鹏润大厦，全玻璃的墙体在夕阳的照射下闪耀着炫目的光芒。曾是两届中国首富的黄光裕的公司总部就在鹏润大厦。

黄光裕1969年5月出生于广东省汕头市凤壶村，由于家庭贫寒。家里三天两头出现缺钱甚至断粮的情形。黄光裕和他的哥哥黄俊钦就是在这种环境下长大的。

1985年，初中还没念完的黄光裕，跟着大哥去内蒙古闯荡经商。黄光裕讲，当时出来就是为了找口饭吃，没想得更远。兄弟两人在内蒙古最初从事简单的贸易业务，去过两次以后，黄光裕就决定去更大的地方发展。他问大哥：“内蒙古周边哪个城市更大？”黄俊钦说：“北京、太原等。”黄光裕拿出地图一查，发现北京很大，于是在1986年1月带着几百块钱，一个人跑到了北京。自此黄光裕揭开了人生的新篇章。

1986年底，在做了一年多的贸易后，他承包下珠市口的一家国营服装店，大哥黄俊钦得知情况后，也跑过来助阵。1987年1月1日，国美服装店正式开张。尽管兄弟两人起早贪黑，但生意却不怎么样。由于服装店的生意萧条，黄光裕没事就在街上转悠，寻找新的商机。经过一段时间的考察，他发现凡是做家用电器的买卖，生意都很火，于是兄弟两人决定不干服装这行了，改为经营电器。

这样，“国美服装店”就改名为“国美电器”了。

在创业初期，国美电器的资金非常紧张。没有充足的资金，到哪里去搞那么多的货来支撑店面？眼看着就要到了腊月，商业的黄金季节就要来了，可是店里的货寥寥无几，根本就不能吸引顾客上门。在当时的情况下根本没有地方去赊货，原因很简单，厂家的货供不应求，交钱还要排队，怎么会赊销？再一个原因就是，当时的国美不过是一个街头小店，在批发商那里没有什么发言权可言。黄光裕冥思苦想，想出了“货不够，纸箱凑”的主意。黄光裕向几位做电器生意的老乡借来了大大小小的电器包装箱，摆满了整个店。在柜台的显眼处，再摆上几件真品，这样看起来货源就充足了。这个办法还真见效，一时间顾客多了起来，让国美度过了最艰难的一段时间。

凡是能够将梦想、观念及方法付诸实践的人，就具备了竞争利器，也就真正掌握了成功的机会。许多人擅长于思考、分析，可是却很少付诸行动，这样的人永远和成功距离一步之遥。

要在积累财富的过程中形成自己的赚钱经验，一味被动地硬学财经知识，不停地修正投资计划，不但在无形中减少了我们的投资收益，而且当环境变化时，很难做出有效的反应来减少自己的损失。可以说，一个人的投资经验和赚钱智慧是他在不断的尝试中积累的结果，这才是他一生真正的财富。

而要积累自己的经验，最好的办法是亲身体验，这就像学习游泳一样，你需要自己亲自下到水中去才能真正学会。在参与赚钱游戏的过程中，我们将会对这个游戏形成自己的经验，从而更加深刻地理解这个游戏中的种种规则。

美国康奈尔大学的威克教授曾做过一个实验：把几只蜜蜂放进一个平放的瓶子中，瓶底向着有光的一方，瓶口敞开，只见蜜蜂们向着有光亮处不断飞动，不断撞在瓶壁上。最后当它们明白，自己永远都飞不出这个瓶底时，于是不愿再浪费力气，它们停在光亮的一面，奄奄一息。

威克教授于是倒出蜜蜂，把瓶子按原样放好，再放入几只苍蝇。不到几分钟，所有的苍蝇都飞出去了。原因很简单，苍蝇们并不朝着一个固定的方向飞行，它们会多方尝试，向上、向下、向光、背光，若不通则立刻改变方向，虽然免不了多次碰壁，但它们最终会飞向瓶颈，并顺着瓶口飞出。它们用自己的不懈努力改变了像蜜蜂那样的命运。

人类也是同样，你动起来的时候，可能会碰壁，可能失败，但是数次的探索之后，总会找到一条适合自己的路。行动是一个人敢于改变自我、拯救自我的标志，是一个人能力有多大的证明。光心想、光会说，都是虚的，不能看到一点实际的东西。美国著名成功学大师马克·杰弗逊说：“一次行动足以显示一个人的弱点和优点是什么，能够及时提醒此人找到人生的突破口。”毫无疑问，那些成大事者都是勤于行动和巧妙行动的大师。

立刻行动起来，不要有任何的耽搁。要知道世界上所有的计划都不能帮助你成功，要想实现理想，就得赶快行动起来。成功者的路有千条万条，但是行动却是每一个成功者的必经之路，也是唯一的一条路。

大生意也是从做好小事开始的

在致富的道路上，富人是先行一步的人，那么，普通人要向富人学习什么?

有些人意识不到富人的头脑、眼光、胆识和做事态度才是他们致富的武器，他们眼中所见，只有富人的派头，富人的生活。他们以为做生意就是从银行获得融资，开一个装潢得富丽堂皇的店铺，坐等顾客上门。日常事务的打理，有服务员、有会计，自己只坐在办公室里指挥一下就行了。

由于这种风气的影响，很多人误以为做生意的门槛很高，问题多多。什么没有开店的本钱没法做生意啦，什么找不到可以便宜进货的批发商、雇用推销员没有什么利润啦……都是一些以为做生意就是要一步到位的错误观念。这可以说是忘了做生意的基点。实际上做生意是为了抹下面子，不是为了要派头的。

其实那些真正具备商业头脑的人，并不挑剔时间、场地，他们自己给自己搭建起平台，随时展开自己的商业计划。

培德刚到公司之后不久，就认识了安多里尼太太。安多里尼太太是公司的清洁工，一个四十多岁、已经发福的女人，她手脚勤快，嘴巴也像抹了油似的整天说个不停，逢人就搭讪，好在培德并不见她来烦自己。

一天，同事们一起聊天，一位同事突然感叹道："我们连安多里尼太太都不如啊！"见培德诧异，她又说："你猜她每个月能赚多少钱？"

一个清洁工，薪水再高能高哪去？培德心想。同事伸出四根指头。培德点点头："4000呀，是挺厉害的。""什么4000？是4万美元！她每个月至少可以赚4万！"

"不会吧？"培德惊讶得眼珠子差点掉下来。

"她自己跟我说的。安多里尼太太还说，做清洁工只是一个平台。我觉得她完全可以做一个CEO了！”

同事告诉培德，安多里尼太太借着到公司做清洁工，打听公司里谁需要找钟点工，谁需要租房子，然后就当起了中介，收取中介费。安多里尼太太还自己买了一套房子，并以一万的月租把这套房子租给了一个韩国公司的总裁。“那个总裁是韩国人，听说不会说英文。都不知道安多里尼太太是怎么说服他租她的房子，还那么高的房租。”同事感叹着，“我们学过了西班牙语、德语，但有时候还和别人沟通不好！”

安多里尼太太借清洁工这个平台延伸出的另一项业务是卖保险。公司的一个同事，就跟她买了好几万块的保险。安多里尼太太虽然仅仅是一名清洁工，但是她整合资源的能力比任何一家公司的CEO都不差——她能够非常敏锐地发现利润的来源、寻找适当的客户、选择合理的沟通方法以及适时地转变经营项目。

我们要做生意，完全可以从背包袱、挨户推销开始。不必要店面，不必要办公室。有点资本，买辆平板车就行了，从这个起点开始，培养自己的商人本性，那么未来的大商人、大赢家就是你。

今天我们需要抬起头才能看到的那些大富豪们，并非一开始就是自己王国里的主宰。华人首富李嘉诚就曾经长时间做过穿行于大街小巷推销商品的推销员；“金利来”的老板曾宪梓创业之初也曾不辞辛劳出入大小商店，为推销自己生产的领带向人赔尽笑脸也尝尽了别人的冷眼。多大的生意都是“做”出来的，没有当初的拼搏，就没有后来的辉煌。

1992年，未来的“汇源”老板朱新礼接手了一个将要倒闭的小罐头厂，开始了创业之路。

第一批浓缩果汁生产出来时，因为买不起更多的机票，朱新礼只身一人背着山东的煎饼去德国参加国际食品博览会。他请不起翻译，就请留学在国外的孩子义务帮忙；吃西餐太贵，靠自带的干粮充饥。一个人忙里忙外，硬是靠优质的产品和他的全部真诚，先后在德国慕尼黑和瑞士洛桑签下了第一批业务：3000吨苹果汁，合约额500多万美元。朱新礼由此掘得第一桶金。

初尝胜果，他又出奇招。1994年9月，他率20多人来到北京顺义区安营扎寨。他知道，北京是人才、信息、交通、市场都相对发达的地方。万事开头难，要干一番大事业就要先从难开始！20多个人的一支队伍，既是生产工人，又是营销人员，晚上生产，白天送货，根本分不出哪个是总裁，哪个是普通员工。

朱新礼爱事业到了痴迷的程度，是个典型的工作狂。在北京总部办公时，他有一次竟然从办公室的落地玻璃门穿破而过。玻璃碎了，幸好人没事。在工厂，大白天走路只顾着和同事谈工作，一不小心竟掉进了一米多深的下水道，因为他心中装的事太多了。

现实生活中，人人都有梦想，都渴望成功，都想找到一条成功的捷径。事实上，真正的捷径就在我们身边，那就是勤于积累，脚踏实地，想投机取巧是不行的。

财富要靠人创造，金钱不会从天上掉下来。没有什么东西是唾手可得的，除非它本身并无价值。富人们的发家史，也凝聚着他们的汗水，他们也曾经一贫如洗，也曾经吃过苦，受过罪，然而他们最终崛起！

“做”即行动，这是成功人生的起点，因为成功来自于身体力行。相反，无论你有多么美好的目标，多么缜密的计划，如果你不行动起来，成功之门永远不会自动开启。

第8章 发现独一无二的致富通道

当今社会，任何行业都不乏激烈的竞争。很明显，要想致富已经不再那么简单。此时，就需要我们做到创新，创新是一切财富的源泉。任何一个渴望成为富人的人，都要努力寻求新方法、新产品、新理念，并做到努力突破自我，因为只有与众不同的思维，才有与众不同的成功。

制胜从自我创新开始

提到创新，我们首先想到的是一个新方法或一种新产品，但这还不是创新的全部。对于那些亟须完成从无到有、从贫穷到富足的突破的人来说，是否拥有注重创新的观念和勇于创新的个性至为关键。换句话说，就是在创新的过程中，人，才是根本。

从本质而言，人一出生就具有独立性和依赖性的双重个性，如果让依赖性占了主导地位，就容易重复一种因循守旧的生活模式：他们只看同一类的杂志或电影；从不改变自己的服装样式；拒绝听取不同的意见；总是躲在同一群朋友中间；不玩从未玩过的游戏；见到陌生人就举止失措；与异性谈话会突然脸红；勉强维持不美满的婚姻；死死守住自己牢骚满腹的工作。他们不是没有改变的能力，而是没有改变的意识。

如果你毫无自信，优柔寡断，丧失远大志向，不敢超越环境和自我，那么你的生活就可能一直黯淡无光。生活中美好的事物历来只和敢于正视现实、迎接挑战、战胜危机的人结伴同行。如果一个人不想断送自己的一生，那么就应该有所作为，有所突破，在征服困难的同时证实自己。

5年前，李先生在一家台资企业做事。他们的老板不但是个在多国拥有众多公司的大企业家，同时还是个教授，是学者型商人，既有很好的经济头脑，又有很高的学术成就。李先生就是冲着这一点，进了他的公司。由于李先生勤奋肯干，老板很快就提拔他做了部门经理，专管家具的销售。他也一直做得没什么差错。

有一次，公司进了一套家具，标价是20万元。可不知为什么，放了4个月都没有一个人问过价。好不容易有一天，一位顾客一进来就看中了这套家具，问了价格后，就一直想压低点，于是问李先生，18万元卖不卖。李先生也很想把这套家具出手，可是老板只给了他1万元钱的浮动权限，偏偏那位顾客也很固执，说18万元不行就不买了。僵持了好久，李先生想打电话找老板请示一下，可老板去国外出差了，手机也关了，他不敢擅自做主，这笔生意就这样黄了。

过了两天，老板回来，李先生汇报了这件事。老板听后有些不悦，他说，你没看到现在这套家具已经很难脱手了？你应该知道我的心理，既然4个月没人问津，就说明这套家具已经没有什么买点了，应该越早脱手越好。别说18万元，就是17万元你也应该卖的，不然，下次连16万元恐怕都没人要了。

李先生有些委屈地低着头，心想：我哪有那么大的胆子呀。看见他的样子，老板宽厚地笑笑，说算了，先开车送我，我们一起去吃饭吧。

他们上了车，李先生发动了车子，路上有雾，车子走得有些慢。过了十几分钟，雾越来越大，路况都看不太清了。老板倒不着急，他问李先生，在这样的大雾天气开车，你怎么样才能走得更安全？李先生说，只要跟着前面车子的尾灯，就没什么事。老板沉默了一会儿，突然问，如果你是头车，你该跟着谁的尾灯呢？

李先生听了，心中一阵震动，是呀，如果自己是头车，又有谁会给自己指路？

勤勤恳恳、埋头苦干的敬业精神很值得提倡，但必须注意效率，注意工作方法。有很多人表面上工作认真、兢兢业业，但忙忙碌碌一辈子也没干出多少成绩，这和他们缺乏必要的开拓精神和创新精神有直接的关系。

有人形象地将商场比作战场，商业活动就是商战。既是战场，那些形势肯定瞬息万变，谁也不能准确地预测下一步将要发生什么。所以最终的胜利，应该属于那些善于摆脱依赖性，努力实现自己独立性的人。

能根据当前的形势和环境迅速作出判断，决定自己下一步动作的人，已经算是拥有创新思想的一流人才。而真正具备致富潜力的人，往往能够未雨绸缪，时势未变自己先变，永立于不败之地。

保罗·高尔文是摩托罗拉公司的创始人和缔造者。成功后的高尔文，常有人向他讨教成功的秘诀，每当这时，高尔文就总会讲起自己小时卖爆米花的故事。

高尔文出生在美国伊利诺伊州的一户平民家庭。十岁那年，高尔文在一个名叫哈佛的小镇上念书。哈佛镇当时是个铁路交叉点，火车一般都要停留在这儿加煤加水，于是，许多孩子便趁机到火车上卖爆米花，一个个获利颇丰。

高尔文感到在车站上卖爆米花是个不错的买卖，于是，上课之余，他也加入了卖爆米花的行列。为了争夺顾客，孩子们常常会爆发一些“战事”。但每当“战火”烧到高尔文身边时，他总是能很快与对方和解。他常常告诫对方：“我们这样搞下去，谁也做不成生意了。”除了到火车上叫卖，高尔文还想了许多办法来增加销量。他搞了一个爆米花摊床，用车推到火车站或马路上叫卖。还往爆米花里掺入奶油和盐，使其味道更加可口。

1910年，哈佛镇下了场大雪，几列满载乘客的火车被大雪封在了这里，高尔文就赶制了许多三明治拿到车上去卖。三明治做得并不太好，但饥饿的乘客们仍抢着购买。高尔文并没有趁机敲竹杠。事后，高尔文一算账，惊喜地发现，公平的获利仍让他发了一笔小财。

夏天到来后，高尔文又搞了一种新产品。他设计了一个半月形的箱子，用吊带挎在肩上，在箱子中部的小空间里放上半加仑冰淇淋，箱边上刻出一些小洞，正好堆放蛋卷，然后拿到火车上去卖。这种新鲜的蛋卷冰淇淋很受欢迎，生意非常火爆。

在火车上做买卖很快成了一个大热门，不但镇上的孩子们纷纷加入了竞争行列，而且铁路沿线其他村镇的孩子也纷纷效仿。高尔文隐隐感到这种混乱局面不会维持太久，便在赚了一笔钱后果断退出了竞争。不出所料，不久之后，车站就贴出通告，禁止一切人在车站或火车上做买卖。

卖爆米花的经历，培养了保罗·高尔文对市场动态敏锐的把握能力，也成了他日后经营生涯中赖以制胜的法宝。在以后的岁月中，每当某些产品或销售进行不下去时，高尔文就会向他的同事们讲述这个“卖爆米花的故事”。

创新并不需要谁来指路，你就是自己的救世主。每一天都在变中求进，没有最好，只有更好，沿着这个台阶往上走，总有一天你会登顶。

富人求新求变的个性，是他们获取财富的必备武器之一。如果你有志改变自己的生活状态，那么就要对“创新思维”一定要有个明确的认识。所谓创新，并不仅仅是设计出一件新产品或新的服务项目、一种经商的新窍门或者对传统方法的更新，它还是指用一种不同的方法表达自己的思想，用一种新方式处理老问题，用自己的创造性和竞争力去获取财富。

创新思维是致富的源泉

在过去的农业社会，力气是人们赖以生存的本钱，能吃能干的，就是人才。当我们进入市场经济、知识经济时代的时候，富人致富，靠的是他们的头脑。普通人和富人，首先是脑袋的距离，然后才是口袋的距离。

普通人做事，倾向于用他们的手，用他们的脚，用他们学过的专业技术，唯独不用他们的大脑。因为不善于思考，所以就不能做出改变，所以就踏不上致富的台阶。

思维是一切竞争的核心，因为它不仅会催生出创意，指导实施，更会在根本上决定成功。它意味着改变外界事物的原动力。如果你希望改变自己的状况，获得进步，那么首先要从改变思维开始。

在我们的头脑里往往有一个误区，以为在现代社会成名获利，都要以足够的物质基础为后盾。事实上，思路决定财富并不是一句空话，只要头脑灵活，感觉敏锐，就可以影响财富的流向。

日本冈山市有一栋非常漂亮气派的5层钢筋水泥大楼。这栋大楼就是条井正雄所拥有的冈山大饭店。然而，谁也没想到，这位条井当年也是从身无分文起家的。

条井以前是一个银行的贷款股长，一直负责办理饭店、旅馆业贷款的工作。十年的工作，使他不知不觉成了一个对旅馆经营知识十分丰富的人，这时他心里自然也产生了经营旅馆的欲望。为了求得更完善的方案，他实地做过精密的调查，调查结果是来冈山市的旅客中， 97%是为商务而来的。然后，他又在公路边站了三个月，调查汽车来往情况，发现每天汽车流动有900辆，每辆车约坐2.7人，而在当时，冈山市的旅馆却没有一家有像样的停车场设施。他想，将来新盖的饭店，必须具有商业风格，而且附设广阔的停车场，以此来吸引旅客。于是他又花费1年时间，制成了几张十分阔气的饭店设计图纸和一份经营计划书。抱着试试看的心情他来到冈山市最大的建筑公司碰运气。一位主管看了他的设计后，问条井：

“你准备用多少资金来盖这栋大楼？”

“我一分钱也没有。我想，先请你们帮我盖这栋大楼，至于建筑费等我开业之后，分期付给你们。”条井泰然自若地回答。

“你简直是在白日做梦，真是太天真啦，请你把这个设计图拿回去吧！”

“这几张图纸和计划书是我花了两年时间搞成的，我认为很完整。请你们详细研究，我以后再来讨教！”条井没有说更多的话，把设计图丢在那里，掉头就走。

半个月后，奇迹发生了，这个建筑公司约他去面谈。该公司的董事和经理济济一堂，从上午8点到下午4点，一个接一个地问话，各式各样的提问，那种场面真令人心惊肉跳。然而，难已令人相信的事终于发生了。建筑公司决定花2亿日元替这位身无分文的先生盖饭店。

一年后饭店落成了，条井成了老板。这就是创意所带来的巨大成功。

现代人提倡“智慧创业”“思考致富”。以前我们总说思想是一笔宝贵的精神财富，其实在这个时代，思想不仅是精神财富，还是可以物化的有形的财富，很多时候是可以标价出售的。一个思想可能催生出一个产业，也可能让一种经营活动产生前所未有的变化。

创新的最高境界，是在自己的经济力量还十分弱小的情况下，发现财富，整合资源，完成从无到有的蜕变。美国大富豪洛克菲勒曾经说过：“即使把我的衣服脱光，再放到没有人烟的沙漠中，只要有一个商队经过，我又会变成百万富翁。”是的，富人最令人惊叹的素质，就是他们无比机敏的商业嗅觉。

长期以来，世界上各国人都喜爱在胸前别一枚徽章，这种癖好为27岁的里尔人马克·戴尔克鲁阿提供了生财的机会。

一年以来，原来对于小玩意儿生意一窍不通的马克在法国卖出了1000万枚各式徽章。他的公司是1991年5月在里尔市组建的，很快成为了有11名雇员的欣欣向荣的企业。

他回顾道："1991年2月，我正式失业，四处寻找工作，在一次专业性的展销会上，我遇到了一家大徽章公司的代表。我向他们提出愿意当他们的地区代理。得到的回答是一阵嘲笑。"

马克一点儿也没有丧气，他决定单枪匹马闯一闯。为了物色造价低廉的徽章制造商，他花费一番努力找到了一份中国台湾的徽章制造商的名单。他赶紧向这些厂家发了一份文传，向他们索要样品和价目。

马克说："所有的厂家都做出了回应，我挑了报价最贵的那一家，因为相信它的质量应是最好的。"

下一步便是招揽顾客。这也不难，在地区的报纸上登一条小广告就行了。一间仅14平方米的小房子便成了他们的办事处。马克向企业发出的招揽生意的广告如下："本企业可以订做广告性的徽章，保证价格低廉。"

"一年之内，我招徕了近千家客户，从街角的小店到柯达一类的大公司都来订购，博览会和地区性俱乐部也喜欢用徽章作为标志。客户在我的办公室门前排起了长队。"他只要把客户的名称和图案字体航寄或文件航寄或文传给中国台湾的厂家，厂家就代为设计生产了。一枚徽章的成本寥寥，便宜的0.8法郎，贵的也不过3法郎。

后来马克的公司搬进了里尔市中心宽敞舒适的办公楼。马克明白：徽章热已近尾声，转产势在必行。他的公司今后将从事设计和生产广告性的工艺品。马克说："我的合作者给我寄来了成堆的极有趣的小玩物，我向顾客推荐，可以说一拍即合。"

那么马克的公司赚了多少钱呢？他自己说："赚了两三块板子，噢，对不起，我是说赚了两三百万法郎。"

一个好的创富思路，本身无法标价，它实施后所创造的价值却是切切实实的。对于实力不足的人，如果能用好创意，常常会达到事半功倍的效果。

认识到创意思考的巨大能量之后，人们有必要立即行动起来，寻求能为自己带来财富的商机。这并不是障碍重重、难以入手的事情。据心理学家验证，如果一个人对某件事念念不忘，那么他无论看到什么、听到什么都会与自己的所思联系起来，然后他很快会摸清事情的来龙去脉，找到解决问题的突破口。同样，假如你对金钱保持热望，自己的一切生活积累都在为将来如何赚钱做准备，把自己日常接触到的赚钱信息都和当前的赚钱事业挂钩，那么成功最终将确凿无疑地属于你。

看到别人看不到的东西

随着社会的不断发展，市场日趋完善，现成的机会恐怕越来越少。因此，如今赚钱的高手不仅仅是努力寻找商机更要去创造商机。世界正逐步进入知识经济的时代，财富的增加，更多是要依靠认识的更新、头脑的创意。

一般来说，我们考虑问题的时候，常会根据自己以往的经验来判断眼前的事物。是的，在大多数情况下，经验是可贵的，它会帮助我们，使我们对于陌生的事物有个大体的认识。但是从另一方面说，经验在头脑里成了"一定之规"后，对于创新思考常常会起一种妨碍和束缚的作用。它会使人陷在旧的思维模式的无形框框中，难以进行新的探索和尝试，因而也就难以产生新的设想。一个长期习惯于按"一定之规"考虑问题、很少进行创新思考的人，久而久之，往往会把很多本来大不相同的问题，也因为它们之间的某些相似之处，而看成是同一类问题，从而用相同的办法去解决。这样，自然就会白费精力。有一位心理学家说过："只会使用锤子的人，总是把一切问题都看成是钉子。"

人类在创造财富的过程中，没有现成的公式可以套用。我们要做的，是要拨去头脑中的"钉子"，换一个角度来解决问题。

匈牙利在20世纪40年代发明了圆珠笔，由于它易于书写和便于携带，所以一经问世便风靡全球，这位匈牙利的发明家也因此发了财。然而好景不长，这种圆珠笔使用一段时间就会出现漏油的毛病，弄脏了纸张及衣袋。因此，圆珠笔上市一两年后就出现了销售危机。

圆珠笔发明者及很多研究圆珠笔的人对于漏油问题都反复进行了深入的研究，大家都发现毛病出在笔珠书写时受到磨损，墨油就跟随磨损部位漏出来。很多人为此绞尽脑汁，却毫无发现，因为大家的注意力一直停留在笔珠的研究上，拼命在提高笔珠的耐磨性上做文章。当他们把笔珠的耐磨性改善后，笔珠与笔杆接触的耐磨问题又冒出来了，而此问题一直没得以解决。

在日本人中田藤三郎的眼中，圆珠笔是个很有发展前途的商品，假如能改进它的漏油问题，将会获得比匈牙利发明者更大的财富。于是他也投入了该难点的研究。中田分析了圆珠笔的结构及出毛病的原因，也总结了许多人对改进漏油问题的失败经验，最后，他采取逆向思维，获得了防止圆珠笔漏油的方法。所以，中田一举占领了世界圆珠笔市场，获得了远比匈牙利的发明者更多的财富。

中田的做法其实很简单，他是在笔芯上做文章。他通过反复试验，统计当圆珠笔写到多少字后就漏油，在掌握这个数量的基础上，他着手把笔芯的装油量减少，减少到圆珠笔磨损在开始漏油之后，芯子中的笔油已经用完了，这样，再也无油可漏了。笔芯的油用完了，可换支笔芯，圆珠笔可继续使用。就这样，中田没有被常人思考的框框套住，因此巧妙地解决了难题。

创新是人类社会进步的客观要求。而要摆脱和突破一种思维定势的束缚，常常需要付出极大的努力。无论是在创新思考的开始，还是在其他某个环节上，当我们的创新思考活动遇到了障碍，陷入了某种困境，难以再继续下去的时候，往往都有必要认真检查一下：我们的头脑中是否有了某种思维定势在起束缚作用？我们是否被某种思维定势捆住了手脚？

无论是思考如何解决碰到的新问题，还是对已熟悉的问题寻求新的解决方案，一般都需要在多种途径的探索、尝试的基础上，先提出多种新的设想，最后再筛选出最佳方案。时代的潮流滚滚向前，不断为社会产生许多新的需求，这就为成功提供了许多新的条件，善察者则胜。

1992年，席殊首次向全国推出了积6年研习之功而得的“席殊3S习字教育体系”，向社会公众郑重承诺：“一生只需60个小时”就可以写一笔好字。这在许多人看来无异于“天方夜谭”。

经验告诉我们，要练字必须从楷书开始。常识还告诉我们，最实用的字体是行书，要想写好行书，必须先练习楷书。多少年来，这些常识不断被“神化”：只要练好楷书，然后将笔画连起来就成为行书。但是许多人依此练字却事倍功半，更有人一无所获。失败者往往归因于自己的天分不足、精力有限，却没人想一想：要学行书先学楷这种常识是行之有效的吗？如果这一理论是正确的，为什么多数人依此行事却失败了？

席殊想到了这个问题。从自己的习字经验中席殊领悟到：钢笔书法艺术作为一门艺术形式虽然已经确立，但钢笔书法仍太多地沿袭了毛笔书法内容，尤其是在习字方法上。毛笔书法的习字方法有它自己特定的形成背景：封建时代生活节奏缓慢，习字从楷书入手就成为必然；而现代社会生活节奏加快，必然要求书写速度加快。另外，现代社会人们习字只是为了写一手快捷流畅的字以便于交流，并不是人人都想成为书法家，这就为行书的风行于世创造了广阔的市场。还有，楷书和行书有什么必然的联系吗？

“楷书写好了，只要将笔画连起来就成为行书”很可能是千百年来的一种误导：楷书要求横平竖直，行书则要圆润、顺畅，在实践上很难将两者调和起来，因此，广大习字者的失败也就成为必然。

有了这样的认识，席殊对习字方法做了方向性的改革。他提出：练字直接从行书入手！

实践证明，席殊成功了：他在全国建立了几十所习字专门学校，无数的习字者确实在席殊的指导下取得了很大的进步。盛名之下，他的财富也急剧增加，被公认为“习字产业”的“大亨”，这首先要归功于他有一颗“奔腾的心”。

那些建立了自己的财富王国的成功人士，从来不互相抄袭，从不重蹈他人的覆辙，因为他们都是标新立异、有创造精神的人，是先例的破坏者。

“只有看到别人看不到的东西的人，才能做到别人做不到的事。”敏锐的思维方式为我们提供了这种本领。摆脱传统思维模式的束缚，深入地洞察每一个对象，就能在有限的空间、有限的资金条件下，成就一番可观的事业。创新是一种美丽的奇迹，它能使一个人实现财富梦想，从而改变自己的一生。

财富是独辟蹊径的人想出来的

另辟蹊径，就是另外开辟一条道路，一条别人没有走过的属于自己的道路。一个人要想获得成功，就要积极思考，打破常规，走在别人前面。

创新是建立在对原有概念的怀疑基础上的。历史不止一次地证明，当某些伟大的独立的思想家们怀疑现状的时候，进步也由此产生了。

这些先行者们从不循规蹈矩，他们试图从不同的角度来改变现状。斯蒂夫·乔布斯、乔治·伊斯特曼、伊撒克、辛格分别打破了计算机、照相机和缝纫机不能供家庭使用的“定论”，从而在各自的领域里开创了大众消费的历史。福瑞德·史密斯则打破了只能通过邮局才能邮寄东西的“定论”，他最终创建了联邦快递公司。

每一种文化、每一种行业和机构都有自己看世界的方式。新的观念、好的主意常常来自冲破习惯的思想疆界，把目光投向新的领域。正如罗伯特·怀尔物所说：“任何人都能在商店里看时装，在博物馆里看历史。但是具有创造性的开拓者在五金店里看历史，在飞机场上看时装。”

世间万事万物都是相互联系的，人们掌握的知识也是多门类多学科的，因此，面对一个思维对象，不能更不必局限于传统习惯，死守一个点。单兵作战毕竟力量太孤单了，假如拓展开去，到思维对象之外找个帮手，合力作战，不就威力强大了吗？

世界摩托车销量中，每4辆就有1辆是“本田”产品，从这个数字里可以看出，“本田”的销售网是何等之大。不过，如此庞大的销售网都是从日本的自行车零售商店开始起步的。

1945年，“二战”刚刚结束，本田宗一郎弄到500个日本军用的电台小引擎。他将这些小巧的引擎安装到了自行车上，结果这种改装的自行车非常畅销，500辆很快就售完了。

本田由此发现了摩托车的潜在市场，成立了“本田技研工业株式会社”，决定开创摩托车事业。

一批批可以装在自行车上的“克泊”牌引擎生产出来了，可是，光靠当地的市场是容纳不了的。本田宗一郎面临着如何将产品推销出去的问题。

本田找到了新的合伙人，他叫藤泽武夫，过去是一位对销售业务自有一套的小承包商。

当本田与藤泽商量如何建立全国性的销售网时，藤泽建议说：“全日本现在约有200家摩托车经销店，他们都是我们这样的小制造商拼命巴结的对象，一向心高气傲。如果我们要插入其中，就得损失大部分的利益。”

“但同时，你不要忘记，全国还有55000家自行车零售商店。”藤泽接着说：“如果他们为我们经销‘克泊’，对他们来说，既扩大了业务的范围，增加了获利渠道，同时又有刺激自行车销售的好处；加上我们适当的让利，这块肥肉他们会吃的！”

本田一听，觉得是条妙计，便请藤泽立即去办。

于是，一封封信函仿佛雪片般地飞向遍布全日本的自行车零售商店。信中除详尽介绍了“克伯”引擎的零售价为25英镑，并回扣7磅给他们。

两星期后，13000家自行车商店作出了积极的反应，藤泽就这样巧妙地为“本田技研工业株式会社”建立了独特的销售网，本田产品从此开始进军全日本。

财富是“想”出来的。人不但要养成思考的好习惯，同时还要扩展思考的范围，开阔思路，扩展思维，这样才会更好地、更大限度地获取有益的信息。

在漫长的人生路上，多数人就像在磨道里拉磨一样，永无休止地在这个环形道上走着，走完一圈再走下一圈，无休止地重复、无休止地走动，直到生命的最后一刻。也有一些聪明人，他们不甘于在这种环形路上重复走下去，他们另外开辟了一条路子。于是他们走出了圈外，看到了大千世界里更多的别人没看到的事物，得到了别人没有得到的东西。相比之下，他们的见识超过了常人，他的财富超过了常人，于是他便成了成功者。这就是再找一条路子的好处。

当某个人在新开辟的路上走向成功之后，人们便认为这是一条成功之路，所以很多人都挤向这条路；由于人多的缘故，此路便形成堵塞现象。这时候，聪明人总是能够再找一条路子，由于这条路是新开辟的，多数人还不认识这条路，所以畅通无阻，因此聪明人又先一步到达了成功的终点。等多数人再到达期望终点时，成功的果实已被摘走。

“二战”爆发前，鲍洛奇还只是一个默默无闻的小职员。但随着战争的爆发，鲍洛奇却迎来了事业发展的机遇。

战争给普通人的生产和生活带来的影响是十分巨大的。由于市场衰落，运输行业陷于停顿，生活用品的供应十分紧缺，在一些地方新鲜蔬菜也很难买到。有一天，鲍洛奇听说有些日本侨民在花园里生产古老的东方蔬菜豆芽，作为一个敏感的商人，他对此产生了极大的兴趣。他来到这群神奇的东方人中间，仔细观察他们怎样发豆芽。

鲍洛奇像哥伦布发现了新大陆一样，高兴得手舞足蹈，手上的生意也不做了。他连夜赶回杜鲁茨，找到他的伙伴贝沙，兴奋地告诉他自己的“伟大发现”，并宣称这一“发现”将带来数不尽的财富。贝沙对此并不理解，认为鲍洛奇有些异想天开。鲍洛奇耐心地告诉贝沙他对豆芽菜的看法：现在正值战争期间，食品供应紧张，新鲜蔬菜的运输尤其困难，豆芽菜的生产不受地点和气候的影响，又很有营养，成本也不高，是最理想的替代品；况且，美国人最喜欢猎奇，具有悠久历史的东方食品豆芽菜本身就极富神秘色彩，再加上广告宣传的影响，肯定会引起人们的兴趣。如果豆芽菜的生产做开了，还可以在口味和原料上加以变化，形成一个系列，甚至还可以推出一个东方食品家族来。一般人是想不到这点的，所以还应该在这上面动脑筋，肯定会收到意想不到的好效果。鲍洛奇说服了贝沙，开始做豆芽生意。他从这个“伟大的发现”开始，按照自己的设想一步一步走下去，竟然真的成了“东方食品大王”。

要想成功，必须另辟蹊径，另找一条路子，不能随波逐流，要摆脱跟随的习惯。

要做到这一点，其实并不是十分的困难。有志于创造财富的人，完全可以从日常生活开始，有意识地培养和训练自己的创新思维。

应该经常表达出自己的想法。如果你有了想法，不管是什么样的想法，你都应当表达出来。如果是独自一人，你就对自己表达一番；如果你身处群体之中，不妨告诉其他人共同进行探讨。

一个人一生中的大多数想法，都被无意识地自我审查所否决。这种无意识地自我审查机制将一切离奇的想法都当作“杂草”，巴不得尽快地加以根除。

循规蹈矩的心境里没有“杂草”，但循规蹈矩的心境也没有创造力。你想要有创造力，就必须照料好每一株“杂草”，把它们当作一株株有经济价值的新作物。

你要把不寻常的离奇想法说出来，把它们从头脑当中解放出来。一旦它们进入到交流领域之中，便能够免受无意识领域中自我审查机制的摧残。这样做，使你有机会更仔细更充分地去审视、探索和品味，去发现它们真正的使用价值。

细节的创新是隐藏的竞争力

狭义的创新，往往把创新和特定的产品联系在一起，你创造了什么，改进了什么，是看得见摸得着的。这里面最容易被人们忽视的一点是，优异的硬件，必须与优异软件相匹配，用在经营上，就是创新的服务，比创新的产品更能深入人心。

举个例子说，一个小本经营的饭店，亲切的家庭气氛也是它的特色之一。客人一到，老板亲自出面接待，临走结账时总是说："还是朋友价，零头去掉，凑个整数，这次就80元吧！"反映到账面上，这个零头不过是几块钱，但来客心里都觉得甜滋滋的，同时又觉得过意不去，好像占了老板的便宜。下次再聚到一起吃饭时，大家都会不约而同地想到这家饭馆。从而使新顾客成为回头客，老顾客也经常光临。服务上的独到之处，功效绝对不亚于新颖的、好口味的菜品。

"人无我有，人有我新"，这句话在生意场上永远不会过时。在今天，几乎每一个行业都几近饱和，大家都要生存，这里面必定就有人做得好，有人做得差。对于刚开始创业的人来说，想顾客之所想，做到无微不至，就是一种最简单、最容易入手的致富举措。

明治初期，木屐店鹿岛屋是东京最大、销售量最多的木屐店。老板鹿岛是以十五块钱资金做起的，何以他能如此发达呢？

原因就在鹿岛别出心裁，肯做下列的事情：

1. 他没有挂起招牌，也没有行号，只在一块大木板上画了一只木屐。

2. 店面贴了一张东京市地形详图，旁边写着："东京市的街道，如何走法？如果不清楚，请进来，我们会告诉您。"

3. 我们所做的木屐品质最好，最耐用，足可以走遍东京市内一千次。

4. 店中提供顾客放置行李服务，免费替顾客保管行李。

5. 备有杂志、火车时刻表、报纸，供顾客自由阅览。

6. 备有火柴、纸、铅笔等，任顾客自由使用。

7. 只要一赚钱，就立即装置电话机，供顾客任意使用。

鹿岛的做法虽然简单，但由于其中渗透了为顾客服务到底的精神，所以自然会产生很好的效果。

产品需要创新，这一经营观念早已被广大经营者普遍接受。但是，“服务也需要创新”的观念直到现在仍没有被普遍关注，具体表现在一些公司推出一项服务举措后，便不思创新，死抱这项服务举措不放，长时间不变。这是不妥的。

随着社会经济的发展和人们消费水平的不断提高，顾客对商品质量和售后服务的要求也越来越高。他们除了要求厂商不断提高产品质量和产品技术含量外，还要求厂商不断创新服务水平，不断推出新、特、奇的服务举措来满足他们对服务求新、求异的需求。在这种情况下，商家如果死抱一两项服务举措“从一而终”，那显然是不明智的。

日本人坪内寿夫曾经被称为“电影皇帝”，其实他的高明之处只有一点，就是让别人感到他可以给别人更多的利益。

当时，坪内寿夫刚刚从苏联西伯利亚的日军战俘营里被释放出来，早已饿得精瘦，很想发一笔大财。可日本不是遍地黄金，而是遍地是要吃饭的人。没有更好的事情可干，他只得跟着父亲经营一家很小的电影院。可是观众都没有心思看电影，上座率很低，他们一家人的生计都很难维持。

怎样让观众来看电影，这是坪内寿夫天天都在反复思考的问题。他终于想出了一个好办法：一场电影放两部片子。

一般的情况是一场电影只放一部片子，现在坪内寿夫的电影院放两部片子，于是观众觉得占了便宜，就连本来不想看电影的人都来看了。不长的时间，坪内寿夫的电影院就赚了一笔很可观的收入。

随着日本经济的不断好转，文化事业也百废俱兴。坪内寿夫对这一趋势发生了很大的兴趣，决定在此方面大干一番，他拿出了自己的全部资产修建了一座电影大厦。他的这座电影大厦有四个放射状的影厅，可以同时放不同的四部电影，影厅用红、绿、橙、蓝四种颜色来区别。四个影厅只有一个入口，只有一个放映室。这样不仅减少了雇员，还给不同兴趣的观众提供了选择不同影片的机会。

为了吸引更多的观众，他在电影院还专门开设了咖啡店、冷饮店、快餐店等，并且在这座电影大厦里还有美观整洁的卫生设施。在当时的日本，这样的电影院是绝无仅有的，有不少观众不是为了来看电影，而是为了来参观和欣赏这座电影院的设施和服务。

只经过5年的奋斗，坪内寿夫成为了当地赫赫有名的电影皇帝。

商家要想自己的商品永保魅力，要想自己的公司在竞争中永远立于不败之地，除了要不停地提高商品质量外，还必须树立“服务创新”意识，为顾客提供更舒适、更全面的享受，为自己带来更多的客源与财源。

服务顾客是永远没有止境的，只有不断创新，不断改进服务，才能真正让顾客满意。

在服务上的创新，不需要多么高深的知识和缜密的推断，细心和耐心是成功的法宝。我们做事情是按照我们对事物的理解去做的，因此如何认识所要做的事是一个关键问题。一个思维缜密周到的人，会从一件小事、一个细节扩展到其他的方方面面，在不经意间就能把事情做得很周全很完备。把一件事情往深了想，往细了做，成功的机会往往就会在不经意间涌现出来。世间其他的事情都如此，赚钱自然也一样。

创新也要立足实际

有创新意识的人，常被人称为思想的先行者。在创造财富的领域里，我们同样需要新的创意，但这里面有个前提：不管什么样的创新思想，都要为最终的结果服务。换句话说，就是能够为你带来财富的思路，才是最好的思路，否则，充其量只是一场精巧的思维游戏罢了。

所以，创新不必好高骛远。善于从生活中发现问题，从而寻找创造的契机是重要的，顺应时代需求的创新无疑意味着成功。今天的发展得益于昨日的创新，而今天的创新必将推动明天的发展。

在现代化社会里，人们有更充裕的金钱去追求物质享受；也正是因为如此，工商业界也需要更多勇于创新的人，来创造更多更加新奇的能够赚钱的东西。例如，怎样使沙发坐起来更舒服呢？怎样使衣服穿起来更舒适、更好看？怎样使吃的东西美味可口更方便？……等待创新的东西太多了，也正因为如此，创新才能与财富紧密地联系起来。

日本“综合经营企业”的总裁中田修是赫赫有名的企业家，他总结自己从“资金零点”发展成功的经验时说：“我庆幸自己与别人比有独创性构想，能做别人看不到的事和人家不能做的事，这样的才发展成功的。”

中田修先生早在他当黑市小贩时，就养成了对人们的需求进行仔细观察的习惯。

中田修发现到公司的职员时常为午餐伤脑筋，买盒饭既不方便又是冷的，快食店又人山人海乱哄哄的。于是他就想：“若开一家专卖热盒饭的食堂，生意一定兴隆。”但又考虑到租金和铺面装修必然会提高盒饭的成本，他就萌发了以流动摊点为主的构想。另外，为保证顾客来源，中田修还想了一些新点子。例如，为年轻力壮的男职员提供高热量的菜单，为中年开始发胖的人提供低热量的菜单，为女性提供低热量并且分量少的菜单；另外，还将一张年龄与所需热量的对照表附在盒内，爱美的女性和担心自己体重的中年人因此成为了他的常客。

市场上有某种需求，能看出来的人肯定为数不少，但是只有具备创新思维的人，才能将这种需求细化，创造出人人都喜欢的个性产品。

商界流行着这样一种说法："萝卜白菜，各有所爱"。即使同一种商品，有的人爱不释手，有的人则嗤之以鼻。不同的人，有不同的需要和爱好。经营的心理策略，首先要考虑到消费者心理活动的特点和差异。

一般而论，一个事物对人的刺激，若初始感受强烈，反复刺激就会增强耐受力，而最终导致感觉麻木。俗话说："物唯求新"，任何消费者总是喜欢新的消费品，追求新的款式、新的质量、新的情趣。

新产品和旧产品是不断转换的。新产品刚投放市场，即是新的，时过境迁，就变成旧的了。任何产品的诞生，都将重视这种发展、变化的模式。正因为如此，厂商为满足消费者的求新心理，必须不断改进旧产品，设计和生产新产品。其间，就有市场上曾出现过的产品，只不过稍加更新，或者提高了内在质量，或者增加了新的功能，便能满足人们求新的需要。

如果你还在为找不到创新的门径而发愁，经济学家总结了5个要点，可能对我们会有所帮助。

1. 推翻"what"——开发新产品的常识。P&G公司不仅开发了合成洗衣粉，而且开发了纸的加工工艺，生产了纸尿布，使公司的利润一下子增长了20%多；米其林公司在推出寿命较长的辐射型轮胎后，占据了美国轮胎市场的11%。

2. 推翻"to whom"——服务对象的常识。电子记事本是面向商业公司用户的，这是常识。然而，当一家日本公司开发出的一种具备通信和画图像功能的电子记事本上市时，却取得了小学生和女孩子们的欢心。

3. 推翻"where"——销售场所的常识。北京有一家叫羊坊涮肉的饭馆，远在城乡结合部，但这种经济方式正好满足了汽车普及时代消费者的需求。电子商务已成为全球化经济的重要支柱概念，亚马逊书店的成功注解了这一点。网络进一步打破了地点对经济的限制，"未来的办公室和商店在你的口袋里"，这是诺基亚提出的口号。

4. 推翻“when”——时间的常识。以城市地区为中心，24小时营业的廉价商店、书店及服装专卖店等打破时间常识的零售店风行一时。讲究时间差，成为未来经济的制胜点。

5. 推翻“how”——经营方法的常识。日本的一家小酒店不仅让顾客把饮料带到该店的二楼去喝，而且还在那儿设立了自由的大众俱乐部。来这里的客人既能在一楼买到自己爱喝的酒，还能在二楼进行娱乐。

从以上的创新要点我们可以看出，经商需要创意，但是这个创意必须与时代的潮流和人们的现实需求相结合，否则它就没有根基。我们常常听到这样的故事，说有某位生意人，凭着一个创意而击败对手，扶摇直上。这个时候，就需要我们能看到问题背后的问题，比如这个人是否还有其他的优势，是否拥有一般人并不具备的商业素质。致富需要创新，但不能完全依赖于创新。有一些人，以为自己充满了创意细胞，凭着这一点，在商场便可以无往而不胜。这绝对是一个美丽的误会。在生意场上，点子犹如一把双刃剑，它的正面，也许能促使你在生意场上光芒四射，飞黄腾达；而它的负面，则不但不能助你在商道中开辟出一条光明大道，相反，只能使你握剑的双手鲜血直流。为什么这样，道理很简单：点子不等于生意。点子产生于人脑中，主观性较强；而商道则产生于现实中，客观性较强。这样，它们之间不免会产生矛盾。

创新的另一种意义就是对既定说法的否定和重新选择。例如：有必要改变既定路线，就必须对自己先前的计划说“不”；他人的要求或期待，对自己的成功进程有妨碍，我们就要对他们说“不”；为了享受更大的好运道，也许对目前的良机或成功的指标说“不”。总之，没有否定，就不会有选择，就不能踏上与众不同的成功之旅。

创意，如果能够纳入商业元素或增强商业元素，便与财富一拍即合。否则，生意人便摒诸门外，不会多看一眼。

第9章 在人际交往中寻找财富之源

中国人常说，要做生意先做人。这句话的意思是，要想获得财富，就要经营好人脉，有了好人缘，就不愁没有好财路。然而，天下没有免费的午餐，你若想别人能助你一臂之力，你就必须学会付出，学会积累人情，与人交往的过程中，就不能锱铢必较。其实，生活中，处处是资源，只要你真心地帮助别人，你就为自己添了一笔人际财富。

让朋友成为你的财脉

商业社会，利益当先，这本来也无可厚非。尤其是对于普通人来讲，不凡事争取最大化效益，又怎能快速地脱贫致富？问题的关键在于你怎么去争，是寸土不让，让大家都忌惮你精明强干？还是有泱泱君子之风，先凝聚起宝贵的人脉来？

有一次，有人问华人首富李嘉诚之子李泽楷，他父亲教了他一些怎样成功赚钱的秘诀。李泽楷说父亲教的不是赚钱的方法，只教了他做人处世的道理。李嘉诚这样跟李泽楷说，假如他和别人合作，在利益分配中拿7分合理，8分也可以，那李家拿6分就行了。

也就是说：他让别人多赚2分。所以每个人都知道，和李嘉诚合作会赚到便宜，因此更多的人愿意和他合作。你想想看，虽然他只拿6分，但现在多了一百个人，他现在多拿多少分？假如拿8分的话，100个会变成5个，结果是亏是赚可想而知。

不管是做生意还是交朋友，都要有长远的眼光，杀鸡取卵、急功近利的作风殊不可取。现在干什么都讲人气，人气旺了，事业才会发达。大家都以为与你合作利益最有保证的时候，你就拥有了宝贵的人脉资源，接下来的事情就会水到渠成，挡都挡不住。

日本人大仓喜八郎18岁时，在东京当了一个小营业员，21岁时自己开了一个小海产品商店，生意时好时坏。一年之后，日本发生了大饥荒，东京地区食品奇缺。政府在大仓所住地区设了一个救济站，大量市民争先恐后地排起长队等待领救济大米。

大仓看见灾民们个个面黄肌瘦，心情十分沉重。在和灾民的交谈中，他得知许多人虽然得到了政府救济的米，但仍然由于没钱买菜，吃饭问题还是无法解决。

大仓看着长长的灾民队伍，暗自作出一个重大决定。他大声说："我店里的货物，全部送给你们了，你们请随便拿吧。"人们听了他的话都十分吃惊。在这个大饥荒的时候，许多商人都乘机抬高价格巧取豪夺，而他竟然要把自己的货物送给大家。群众都迟疑着，大仓又大声重复了自己的话，于是许多人都拥进大仓的小店，开始争抢他的货物。

有人问他："小伙子，你是不是发疯了？"大仓笑着说："我并没有发疯，你看，这些灾民连饭都吃不上，当然也没钱买我的货。他们需要这些东西，我能给他们帮助，为什么不这么做呢？"听了这话的人都十分感动。

灾荒过后，大仓喜八郎重新开始了他的事业。由于他在灾荒时对大家的照顾，众人对他的为人十分敬佩，都愿意光顾他的店铺。他的生意前所未有地好，店铺也越来越大，很快，大仓就成了当地巨富。后来，他成了明治时代名重一时的大人物。

以小换大，一本万利才是成功的，更是经典的。可话虽如此，又有几个人能做得到，非绝大智慧者不可！

在生意场上，顾客固然是你财源的基础，同行间的交流合作也必不可少。在许多人的心目中，人生就是战场，充满着尔虞我诈、你死我活的斗争，根本没有什么人情好讲。其实不然，要想在商场不被竞争所淘汰，你就必须懂得广交朋友，善于用“情”，建立良好的人际关系。现代心理学和社会学的研究已证实，好人缘具有四大功能，或者说四大作用：

一是产生合力。我们常说的“人多力量大”“团结就是力量”“人心齐，泰山移”，说的就是这个道理。

二是形成互朴。俗语说：一个篱笆三个桩，一个好汉三个帮。一个人，即使是天才，也不可能样样精通。所以，他要完成自己的事业，就必须善于利用别人的智力、能力和才干。在一个人开拓自己的事业时，总会遇到自己力所不能及的困难，这时，良好的人际关系则会助你一臂之力，为你扫清障碍。

三是联络感情。人是一种感情动物，他必须时刻进行感情上的交流，他需要获得友谊。

在迈向成功的道路上，要想坚持到底，仅仅依靠信念的支撑是不够的，还必须有友谊的滋润。好人缘会使你获得一种强大的力量和热情，在成功时得到分享和提醒，在挫折时得到倾诉和鼓励，这必将有助于你心理的有益平衡，从而使你有勇气迈向新的征程。

四是交流信息。在现代社会，可以说，掌握了信息就等于把握住了成功。一条珍贵的信息可以使人功成名就，腰缠万贯，而信息闭塞则可能会使人贻误战机，遗憾终生。

现代社会有个口号是“结交比你优秀的人做朋友”，它的积极意义在于与各界的精英们相交，可以开阔眼界，激励奋发之心。而从另一个方面说，各行各业的人都不可轻视，因为你不知自己会在什么时候碰到什么事。

广交朋友的好处是显而易见的，孟尝君的鸡鸣狗盗之徒就是最好的例子。

战国时期，孟尝君广招门客，这里面有干大事的人才，自然也有一些“三教九流”的闲杂人等。

有一次，孟尝君去秦国，秦昭王想让他做国相。有人劝秦昭王，说孟是齐国人，凡事必先为齐着想。秦昭王就将孟尝君囚禁起来，想杀了他。孟尝君向秦昭王的宠姬求情，宠姬说：“把你的白狐皮袍子送我，我就让昭王放了你”。可当时袍子已献给了昭王。这时，一位门客说：“我去将它偷回来，以报知遇之恩。”那人在夜里学狗叫，从狗洞中潜入秦宫，取回白狐袍子，送给了宠姬。孟尝君得以自由，马上离开秦国，在夜半时分到了函谷关。秦昭王后悔放了他，立即派人去追。按规定函谷关的城门须等到鸡叫时才开，孟尝君眼见无路可逃。这时宾客中有人学起了鸡叫，方圆的鸡也都连叫起来，于是城门大开，孟尝君一行人才得以出关。

这个古老的故事，对于我们的现实意义就是交友要“宽”，涉面要“广”，不忽视任何小人物。在一个人最需要帮助的时候，连乞丐都有可能成为他的救星。因此，要学会理解别人，了解他人的心理感受，重视身边所有的人，投入自己的感情，这样才会“得道多助”。

在职场上，那些刚进入公司的新同事、清洁、保安等人员，是小人物；在商场，那些后起步的同行、跑街看店的小伙计，是小人物；在日常生活中，那些遭遇失意和不幸的人，也是小人物。如果你能与每个人都诚意相交，也许有一天，他们就是支持你事业的潜在力量。

虽然我们每个人都有自己的喜恶，自己的个性，但是对于亟须改变自己生活状态的人来说，有必要把赚钱与发展的概念提到首位。那种一个小圈子、三两个知己的交际生活对要创业做生意的人绝对不适合。把人脉当作财源来经营，然后它才可能给你丰厚的回馈。

朋友需要长期的用心经营

在生活中，有这样一种现象：遇到什么难解之事时，有人身边马上出现帮忙捧场的人，群策群力，多大的难事儿都能应付；有人却两眼一抹黑，不知道该去求谁。那么前者是天生的幸运吗？非也，命运是公平的，从来不会无由地宠爱或薄待某一个人。那么他是有人缘、有关系？可以这么说。但是交情交情，平日不去“交”，关键时刻哪来的“情”？

现代人生活忙忙碌碌，没有时间进行过多的应酬，日子一长，许多原本牢靠的关系就会变得松懈，朋友之间逐渐互相淡漠，这是很可惜的。谁做事业都离不开他人的支持，所以即使再忙，也别忘了沟通感情。否则，“急时抱佛脚”，就不一定管不管用了。

真正善于求人的人都有长远的战略眼光，早做准备，未雨绸缪，这样，当他在需要时就会得到意想不到的帮助。

唐代京城中有位窦公，聪明伶俐，极善理财，但他却财力绵薄，难以施展赚钱本领。没有办法，他只好先从小处赚起。

他在京城中四处逛荡，寻求赚钱门路。某日来到郊外，却见青山绿水，风景极美，有一座大宅院，房屋严整。一打听，原来是一权要宦官的外宅。他来到宅院后花园墙外，但见一水塘，塘水清澈，直通小河，有水进，有水出，但因无人管理，显得有点零乱肮脏。窦公心想：生财路来了。水塘主人觉得那是块不中用的闲地，就以很低的价钱卖给了他。

窦公买到水塘，又凑借了些钱，请人把水塘砌成石岸，疏通了进出水道，种上莲藕，放养上金鱼，围上篱笆，种上玫瑰。

第二年春，那名权要宦官休假在家，逛后花园时闻到花香，到花园后一看，直馋得他流口水。窦公知道鱼儿上钩了，立即将此地奉送给了他。

这样一来，两人成了朋友。一天，窦公装作无意地谈起想到江南走走，宦官忙说："我给您写上几封信，让地方官吏多加照应。"

窦公带了这几封信，往来于几个州县，贱买贵卖，又有官府撑腰，不几年便赚了大钱。

窦公为了钓到宦官不惜血本作钓饵，又耐性极好，鱼儿上了钩竟然浑然不觉。他的这种技巧乃"放长线，钓大鱼"。

这是一则发生在唐代的小故事，但看起来与我们今天的人情世故也没有什么不同。做人情，做得多不如做巧，在有意无意之间，投其所好，往往会收到意想不到的效果。除此之外，还有一条紧要的原则是，处关系赶冷场而不趋热门，也是一种事半功倍的感情投资。

某企业董事长的交际手腕高人一等。他长期承包那些大电器公司的工程，对这些公司的重要人物常施以小恩小惠，这位董事长交际方式的不同之处是：不仅奉承公司要人，对年轻的职员也殷勤款待。

谁都知道，这位董事长并非无的放矢。事前，他总是想方设法将电器公司内各员工的学历、人际关系、工作能力和业绩做一次全面的调查和了解，认为这个人大有可为，以后会成为该公司的要员时，不管他有多年轻，都尽心款待。这位董事长这样做的目的，是为日后获得更多的利益做准备。他明白，10个欠他人情债的人当中有9个会给他带来意想不到的收益。他现在做的亏本生意，日后会利滚利地收回。

所以，当自己所看中的某位年轻职员晋升为科长时，他会立即跑去庆祝，赠送礼物。年轻的科长，自然倍加感动，无形之中产生了感恩图报的意识。这时董事长却说："我们企业公司有今日，完全是靠贵公司的抬举，因此，我向你这位优秀的职员表示谢意，也是应该的。"

这样，当有朝一日这些职员晋升至处长、经理等要职时，还记着这位董事长的恩惠。因此在生意竞争十分激烈的时期，许多承包商倒闭的倒闭了，破产的破产了，而这位董事长的公司却仍旧生意兴隆，是由于他平常关系投资多的缘故。

纵观这位董事长的放长线手腕，确有他"老姜"的"辣味"。这也揭示出求人交友要有长远眼光，要注意有目标的长期感情投资，有时候，甚至要牺牲一点眼前的利益而为长远的目标铺路。

如果你觉得以上的处世原则过于功利，与我们"做人要厚道"的大原则不符，那么可以在事后做得圆满一些，不为自己的人格抹黑。

这里面最重要的一点就是善始善终，不能一味被利益牵着鼻子走。

一个性格成熟的人做事有自己的原则，不是摇摆不定的墙头草，让人一眼就可以分辨出来。"易反易覆小人心"，自己打嘴的人，如何能取得他人的信任？

世故与成熟不能同日而语。有人把老谋深算、圆滑世故看成是成熟，是为人处世、求人办事的高手，其实不然。因为老练成熟才是社交中的"上乘"修养，而圆滑世故，则很难以人让人恭维。世故的人不一定就是成熟，成熟的人也不一定必须世故。成熟的人让人想接近，世故的人却使人敬而远之。

不知道你是不是有这样的经验。你到一个服装店去买衣服，店主一开始热情地介绍这介绍那，你的心里很舒服。可试了几件后，没有一件合适的，你最后决定不买了。这时，如果店主马上对你冷淡下来而去做别的事，你马上就会意识到他最初的热情只是为了做自己的生意。你一旦清楚这一点，马上就会对这个店主的性情有些看法，虽然人与人之间是互惠原则，但互惠的不仅仅是物质，还有精神。对这种世故之人，你可能会很反感，以后可能再也不会去光顾他的服装店了。

而一个处世成熟的人，是不会这么去做的。即使是做不成生意，他依然对你热情有加，从感觉上就给人很亲近，会让你这次没买成衣服，下次还会去光顾。成熟者在处理人与人的关系上，坚持互惠互利，互帮互进的态度，有福共享，有难共当，患难时见真情。而世故者考虑问题时以利益为先，交往的热情同于已有用之程度成正比，即使是对同一个人也不例外。

虽然在今天的商业社会里，“利益”与“感情”的事儿不可能分得太清楚，但人毕竟还是要讲感情的。一个既有交际手腕，同时也重感情讲义气的人，才能赢得人们更多的、更长久的信任。

结交“贵人”使你的财富快速增长

普通人与富人的距离，是客观存在的，借鉴富人的思维方式和做事方法，是普通人致富的一条切实可行之路。向富人学习，与其学习他们投资理财的模式，不如先学习他们的处世经验，人学其实也是商学的一部分。

商人的所有活动都要同人打交道，是一个人际关系高接触的职业。比尔·盖茨说过一句话：高科技与高接触都同样重要。

生意场，也是公关场，没有一定的人际关系网，做生意简直寸步难行。人际关系包括人缘关系、业务关系、办事渠道、信息来源等，它是一种十分微妙的东西，可以说无处不在，无时不在。人际关系是一张网，我们就是网上一个个的结点，这是商人的一笔无形资产。有了这样一张网，做起生意来会如有天助，会收到事半功倍的效果。

印度尼西亚著名华侨企业家林绍良，在创业的艰难历程中，得到了前总统苏哈托的帮助，使本来毫无希望的事业变得大有希望，也使他从一个身无分文的创业者成为了富甲一方的商业巨人。

1917年9月7日，林绍良出生于中国福建省福清县海口镇本宅村。1938年，他抵达印尼谋生。当时的印尼，与中国一样，烽火连天，经济不景气，要赚钱谈何容易。

日本投降后，印尼宣告独立，但荷兰军队又卷土重来，印尼重新处于战火纷飞之中。

林绍良凭借多年积累下来的行商经验和广泛的社会关系，冒着风险为印尼游击队源源不断地输送武器弹药和医药用品等物资，表现很突出。

在支援活动中，林绍良认识了许多印尼军官，其中一个就是后来担任总统的著名的苏哈托，当时苏哈托是中校团长。每当苏哈托的部队陷入经济窘境之时，林绍良都义不容辞地给以有力支持。苏哈托十分感激。也为林绍良突破重重包围把丁香运到新加坡贩卖提供保护，两人结下深交。

1949年，印尼赶走了荷兰军队，赢得了民族独立。但战后的印尼，百业凋敝，经济极度困难。不过，这正是抱负者施展经营才干的好时机。林绍良不满足贩卖丁香，他把活动中心从古突士迁到首都雅加达。

林绍良利用与总统苏哈托的关系，使事业飞速发展。

1954年，林绍良开设肥皂厂，接着是开纺织厂、铁钉厂、自行车零件厂。1957年，他创办了今日印尼最大的私营银行——中亚银行。20世纪60年代中期，林绍良创办了根扎那企业集团，拥有三十多家银行、建筑、水泥、钢铁等行业的企业公司。

1968年，他获得了政府给予的丁香进口专利权。此后资金滚滚而来，事业得以迅猛发展。1968年，印尼政府把全国生产面粉三分之二的专利权交给了他，他很快就建起了两座规模庞大的现代化面粉加工厂。1975年林绍良投资1亿美元建设狄斯丁水泥厂，这是印尼数一数二的大企业，据说其资产值已达25亿美元。同时，他还买了大面积的地皮，向房地产业发展。现该集团成为了印尼华人实力最雄厚的五大财团之一。

自古以来，政治与经济便是一对紧密相连的孪生儿。中国虽已稳步跨入市场经济的轨道，但源远流长的“官本位”等传统政治思想还深深影响着这片神州沃土。在中国这种特殊的政治背景下，商海泛舟者若要取得商业上的辉煌业绩，除了从经济方面入手外，还需要从政治的角度着眼，来调整自己的商业行为。

人际关系是商人最重要的一项资产，在他的交际网络中，涉及的面越广，有分量的人物越多，要做的事业就越顺。

我们必须先把建立人脉关系的目的弄清楚。人脉关系不是表现爱的公开集会，而是为符合双方持续需求所形成的一种关系。你付出，便有收获；没有付出，就没有收获。

有些人脉关系建立于纯粹的友谊上，有些则根据需要而来。我们与朋友来往，是因为我们喜欢他们；我们与其他人来往，是因为他们有我们所需要的东西，反之亦然。重点是，如果你只与自己喜欢的人做生意，就无法在商业圈生存太久。

陈某是某市餐厅老板，他的餐厅是那个市里发展最快，最具规模的。

是他更具做生意的天赋？还是他有强硬的后台？朋友和同行们在对他提出这个问题时，他说："统统不是。事实上，我不比其他人厉害，我只是有最佳的人脉关系。在做餐饮前，我就很注意与同餐饮业相关的人员打交道，到我开始做餐饮时，这些人已经是我的好朋友了。在他们的帮助下，我才能很顺利地开展生意。此后期间，我继续扩大自己的交际圈，这些人里有捧场的、帮忙的、解决难题的，他们都给了我很大的帮助。没有他们，我单枪匹马根本不可能创下这份家业。

"即使是现在，我也仍和这些新朋旧友关系密切，我们互帮互助，相互提携，大家都很开心。事实上，我自己认为，从某个方面而言，这些人才是我最大的财富！"

结交"贵人"，营造人脉的前提是认识更多的人。我们大多数人都是生活在一个既定的生活圈子内，只要留心，看看自己的生活范围，是不是在很长时间内都没有什么变化——既没有增加新的朋友，也没有新类型的社交活动。更经常的情况是，一年年过去后，我们交往的依然是熟悉得不能再熟悉的人，出入的是闭上眼睛都想得出路的地方。这样的生活很舒适，没有陌生人的地方，我们可以充分放松自己，因为陌生的环境和陌生人总会因为不了解而给我们造成心理上的紧张。面对一个全新的环境，不同的面孔，不同的生活习惯，那种陌生和因之而来的寂寞相信在每个人心灵上都曾留下很深的印象。但人脉建设就是要跨越这种熟悉带来的"舒适地带"，转而开创一个更新、更广的生活圈子。

采取主动的姿态参与各种社交活动是拓展交际圈子的一个必然途径。我们可以选择一个社团，加入一个健身俱乐部、一个舞蹈团体、一个棋牌俱乐部，任何一个团体都可以，然后活跃其中。选择你自己喜欢的就好，认识里面的人，然后建立你的网络。如果你是一位女性，常参加周末社区里妇女们主办的美容或者烹饪沙龙，也可以得到意外的收获。不论是什么形式，可以确定的是，许多有用的闲话就在那儿散布，友谊和罗曼史也常常在那里产生。任何你能想到的地方，都是结交“贵人”的一个绝佳场所。

在创业过程中，若是遇到了贵人的相助，有了贵人的提携，那无疑是锦上添花，会使你平步青云，或者至少会使你少走许多弯路。因此说，在实现人生梦想和野心的过程中，找到自己的贵人，并博得他们的信任和赏识，是成功的重要步骤。

努力拉近与他人的关系

要成功的组织自己的人际关系网络，你不仅需要用常识去“感悟”，还要用行动去“执行”。“人际关系的意义，其实要比通常大家认为的要深远的多。”这是《不上，则下》一书的作者维斯在访问了300多位成功的实业家之后得出的结论。虽然，他们每一个人都有如何一步步上升到金字塔最顶层的精彩故事，但是他们都毫不吝啬地把自己的成功归功于身旁人的帮助和提拔。

根据美国著名作家达利的说法，人际关系网络的建立绝非一日之功，它是一个人数十年积累的结果。如果你到了30岁时还没有建立起属于自己的人际关系网络，那么你就有点危险了。

要想变成富人，就必须要建立一个自己的人际关系圈子，要知道仅仅凭借你一个人的力量是微不足道的。只有有人肯帮你，为你提供机会或者信息，你才有可能迎来自己人生的转机。

1929年，乔·吉拉德出生在美国一个贫民窟。从懂事时起，他就开始擦皮鞋、做报童，然后干过洗碗工、送货员、电炉装配工和住宅建筑承包商等。35岁以前，他只能算个全盘的失败者，患有严重的口吃，换过40个工作仍然一事无成，再往后他开始步入了推销生涯。

乔·吉拉德经历过许多失败，在一次惨败后，朋友都弃他而去。但乔·吉拉德说：“没有关系，笑到最后才算笑得最好。”

没想到，这样一个不被看好，而且背了一身债务几乎走投无路的人，竟然能够在短短的3年内被吉尼斯世界纪录称为“世界上最伟大的推销员”。他至今还保持着销售昂贵商品的空前纪录——平均每天卖6辆汽车！他一直被欧美商界称为“能向任何人推销出任何产品”的传奇人物。

他有一个习惯：只要碰到一个人，就马上会把名片递过去，不管是在街上还是在商店。他认为生意的机会遍布每一个细节。他还认为，推销要点不是推销产品，而是推销自己。他说，“如果你给别人名片的时候，想这是很愚蠢很尴尬的事，那怎么能给出去呢？恰恰相反，往往那些举动显得很愚蠢的人，正是那些成功和有钱的人。”

他到处用名片，到处留下他的味道、他的痕迹，人们就像绵羊一样来到他的办公室。去餐厅吃饭，他给的小费每次都比别人多一点点，同时主动放上两张名片。因为小费比别人的多，所以大家肯定要看看这个人是做什么的，分享他成功的喜悦。

人们在谈论他，想认识他，根据名片来买他的东西。长年累月，他的成就正是来源于此。在他看来，不可思议的是，有的推销员回到家里，甚至连妻子都不知道他是卖什么的。为此，他呼吁道：“从今天起，大家不要再躲避了，应该让别人知道你，知道你所做的事情。”

人缘主要是个人与众人的感情联系。一个人应有自己的个性，但为了事业成功，为了大家能接受自己，也必须适当争取人缘。而人缘作为一种人与人感情联系的结果，是人们平时努力争取得来的。

广泛与人交往是机遇的源泉。交往越广泛，遇到机遇的概率就越高。有许多机遇就是在与朋友的交往中出现的，有时甚至是在漫不经心的时候，朋友的一句话、朋友的帮助、朋友的关心等都可能化作难得的机遇。在很多情况下，就是靠朋友的推荐、朋友提供的信息和其他多方面的帮助，人们才获得了难得的机遇。

每一个伟大的成功者背后都有另外的成功者，而在其他各方面有所建树的人是你所有资源中最大的资源。你要做的就是找到他们，构建有助于你的事业的“关系网”。

这个世界上，在各方面都有许多出类拔萃的人物，他们的影响是非同小可的。有志成功的人必须利用与他们接触的机会和他们建立良好的关系，这对个人的前途有时候至关重要。不要等待，一味地等待只能使你错失良机，绝对不可能使你建立良好的人际关系。你应该积极地一步一步地去做，没有什么不好意思的。在各个场合，你有许多接触他人的机会。如果你想接近他们，让他们成为你人际关系网中的一员，你必须付出像那些西方议员一样的努力。假如你到一个新的环境，如机关、企业、学校等，在彼此都不认识的时候，你要主动“出击”，以真诚友好的方式把自己介绍给别人。

如果你想多结交一些朋友，你就应该主动地了解对方的志趣爱好。可以通过多种方式去得到他们这方面的信息，你要注意与其相处时积累一些有关他们的情况，你可以通过他们的朋友了解他们的为人处世，可以通过他们的一些个人材料记录了解他们。

曾有一位记者，当他要结交新朋友时，总是想方设法弄到他们的生日。他先是请教这些人，问他们生日是否会影响一个人的性格和前途，并借机叫他们把生日告诉他，然后他悄悄地把他们的生日都记下，并在日历上一一圈出，以防忘记。等这些人生日的时候，他就送点小礼物或亲自去祝贺。很快，那些人就对他印象深刻，把他作为好朋友了。

人与人之间接触越多，距离就可能拉得越近。这跟我们平时看一个东西一样，看的次数越多，越容易产生好感。我们在广播、电视中反复听、反复看到的广告，久而久之也会在我们心目中形成印象。所以交际中的一条重要规则就是：找机会多和别人接触。

信誉是获取财富最重要的保障

很多场合人们都在讲，要做事先做人。我们都生活在社会中，财富创造更是一种社会行为。一个人离开了与他人的良好沟通与合作，在遇到困难时就会显得孤立无助，还会丧失很多宝贵的商机，更无法进行现代意义上的财富创造。所以一定要重视人际关系，它是你拥有商业机遇、信息渠道和业务往来的重要途径。

志高老总李兴浩非常崇尚“财富是美誉度和人脉”的财富逻辑。李兴浩曾受邀为大学生做了主题为《财富·未来》的演讲，他在会上讲道：“财富是由美誉度、人脉、金钱三个重要部分组成，一个人一旦拥有了好的个人形象的‘美誉度’，同时又有了良好人际关系的‘人脉’之后，不想成功都难，自然而然就拥有了以上所说的财富。”

山本武信是做化妆品批发生意的。他10岁时就来到大阪，在一位化妆品批发商那里做学徒。他后来的生意窍门均来自学徒时的经验。他眼光独到，又重义气、讲交情，是生意场中难得的人。

山本武信立志要做国际贸易，把生意做到海外去。第一次世界大战期间，他的出口生意很火爆，赚了不少钱。由此，他便去银行贷款，备足大量货品，以适应市场需求。然而事情并不像山本武信所预料的那样，“一战”结束后，出口停止，货品立刻滞销，他只好把大量的库存降价出售。然而贷款收不回来，开出去的支票很快也成了问题，虽然尽力挽救，却也回天无力了。就在这时，山本武信宣布破产，把自己的所有财物都交给银行处理，甚至连他太太的戒指和自己的金怀表也交了出去。

山本武信表现出了与一般人不同的性格。本来按惯例，这种情况下个人是可以保留一些生活日用品的，尤其是太太的饰物一类，是可以不动用的，但是山本武信坚持要拿出全部的东西，哪怕是一丁点值钱的东西。

后来银行经理对他说：“山本先生，这一次的损失固然是你的责任，但战后生意的不景气，也不是你所能决定的。你负责任的诚意，我们很了解，可是也不必做到这种程度。你店里的东西，当然你要全拿出来，但像这些身边的物品，就不必拿出来了，尤其是你太太的戒指……还是请你拿回去吧。”

对于银行的好意，山本领情，但执意不肯拿回。后来，银行为他的诚信所感动，不但派人给他送去了太太的戒指，而且还给他带去了数额巨大的一笔款，作为无私援助，这是他无论如何都没有想到的。也正是这笔钱使他最后渡过了难关，重新在生意场上站立起来。

品格是世界上最强大的动力之一。高尚的品格，是人性最高形式的体现，同时也是最好的投资本钱，它能最大限度地展现人的价值。

极高的商业信誉对商人事业发展所带来的好处，也是显而易见的，毕竟守信是最有远见的“理性算计”。 犹太钻石商海曼·马索巴曾经说过：“要经营钻石，至少要制定百年大计，三代人是完成不了的。而且，经营钻石的人须是受人尊敬的人，钻石生意的基础是取得人们的信赖。”也就是说，一定要建立起过硬的商业品牌信誉才行。

其实无论做什么生意，“钻石级”的信誉都是必不可少的。

在世界女性富豪榜上的大多数人，都是以继承遗产或者是夫妻共同创业和拥有财富的方式来出现在榜单上的，而张茵则不同，她是全世界最富有的白手起家独立创业的女性。

张茵20世纪50年代出生在一个军人家庭，在八个兄弟姐妹中排行老大。她不仅要帮助母亲操持家务，还要照顾弟弟妹妹，从而养成了坚毅、要强、大度的个性。

1982年，父亲平反，张茵终于有机会攻读她喜爱的财会专业，为她日后的成功奠定了良好的基础。随后，她先后担任了深圳信托下属的一个合资企业的财务部部长、贸易部部长。她真诚直率，与香港金融界建立了良好的关系。随后又在一家贸易公司做包装纸的业务。

1985年，张茵来到香港，在一家中外合资贸易公司担任会计。一年以后，这家公司倒闭了。此时摆在张茵面前有三种选择：回广东，接受一份年薪6.41万美元的工作，或者自行创业。

最后，张茵选择了创业——怀揣着3万元，她做起了废纸回收的生意。创业之初张茵只能从低端做起，慢慢建立废纸回收网络。在资金方面，她通过香港银行贷款，一步一步地发展自己的事业。当时，废纸回收贸易已经在香港火爆起来，但该行业中的很多企业大多是通过往纸浆里掺水以获取更高利润。弱女子张茵从一开始就带头抵制这种做法。对道义的坚守，总要付出代价。张茵触犯了同行的利益，为此曾接到黑社会的恐吓电话，就连合伙人也欺骗她，偷偷往纸浆里注水，但她没有退缩，也没有害怕。最终，一个女子的正义坚持感动了众多收废纸的商贩，大家都主动跟她做起了生意。

张菌在香港做生意的6年，正赶上香港的经济繁荣时期，她个人也完成了原始积累。

做生意不应该只是为了赚钱来供自己享受，还要想到要为他人、为社会做些有益的事，这样，才能赢得顾客，公司的形象也才更容易得到社会认可。只为自己打算而奋斗得来的成就是很容易失去的，而且，没有坚实的信誉基础，你的事业就很难取得进展，很难成功。

金钱是商人经济的担保，而品德则是信誉的担保。说到经商成功，人们最先想起的常常是智慧、勤奋、机遇等，但你更应当相信，有时是品德在不经意之间决定了一切。

共享利益的人才能得到更多的利益

商业是一个充满巨大压力与竞争的行业，但是如果你以为只有唯利是图的人在其中才能如鱼得水，恰恰是对商业竞争的误解。长期以来，许多富人的经营策略一直是以善为本。人是群居的动物，人与人关系的运用，对事业的影响很大。如果一心只往自己口袋里塞钱，过不多久就会失去人心，从商场上被淘汰出局。

做生意不能单打独斗，一个人如何对待合作者，最能反映他的心胸品性，决定了他在商场上最终的成败。

人都是注重实惠的，有了实惠就会感觉踏实、受用。玩虚的人之所以让人恼火，就是因为他老是拿些看不见的东西炫耀，虚构一些不可能的事，让人觉得恐慌。而有了实惠人就很踏实，因为看得见的东西让人凸显自身的存在。

蒋丰和崔卫平合作做生意，崔卫平因为自己有其他领域的事业，无暇分身照看他们合作经营的项目。所以，虽然是合伙经营，但实际上只有蒋丰一个人独自支撑。尽管蒋丰每周在向崔卫平汇报工作状况时，把他们所投资的项目讲得如何具有深厚的潜力和广阔的前景，崔卫平也不敢把太多的资金注入这个项目。因为他们合作了半年多，崔卫平每月都向里面注入资金，但是，一次也没有见到账面上有足够令人信服的盈余利润。又过了3个月，崔卫平听从了家人的劝告，决定中止这个项目，抽回全部投入的资金。没有了崔卫平的投资，蒋丰的项目逐渐走向了破产，在他眼中的所谓巨大潜力和广阔前景，变成了镜中花水中月，无法捉摸。

蒋丰的最大错误是，没有让别人看到利益，所以，那些苦口婆心的千言万语，犹如一纸空文，最终起不到任何实际效力。

在商业社会中，人们眼睛紧盯着的是实际的利益。正所谓“不见兔子不撒鹰”，如果没有实际的利益，谁都不愿意浪费自己的精力和资本。相反，一个人要想借用别人的力量，为自己的事业服务，就必须摆出切实的利益，来吸引别人的注意力，并通过利益来调动别人的积极性，帮助自己成就一番事业。以利益驱动他人，帮助自己，这是一种高明的做事手段。

没有人不关心自己的利益，只有获得更多的利益，才能够拓展自己的生存空间。所以说，我们要用实际行动，拿出真正的利益，调动别人的积极性，这样做远远胜过千言万语的分析和讲述。

著名的社会心理学家霍曼斯提出，人际交往在本质上是一个社会交换的过程。长期以来，人们最忌讳将人际交往和交换联系起来，认为一谈交换，就很庸俗，或者亵渎了人与人之间真挚的感情。这种想法大可不必有。其实，我们在交往中总是在交换着某些东西：或者是物质，或者是情感，或者是其他。人们都希望交换对于自己来说是值得的，希望在交换过程中得到大于失或至少等于失。不值得的交换是没有理由的，不值得的人际交往更没有理由去维持，不然我们就无法保持自己的心理平衡。所以，人们的一切交往行动及一切人际关系的建立与维持，都是依据一定的价值尺度来衡量的。对自己而言值得的，或者得大于失的人际关系，人们就倾向于建立与保持；而对于自己而言不值得的，或者失大于得的人际关系，人们就倾向于逃避、疏远或中止这种关系。

正是交往的这种社会交换本质，要求我们在人际交往中必须注意，让别人觉得与我们的交往值得。无论怎样亲密的关系，都应该注意从物质、感情等各方面“投资”，否则，原来亲密的关系也会转化为疏远的关系，使我们面临人际交往的困境。

在合伙生意中，我们更应该注意这种交换是否与一个人的付出对等。很多合作者，一开始本是朋友，一旦合伙做生意，自然也不好意思提议把钱财分清楚，谁要是在这方面太计较了，便显得他太不够意思。朋友有通财之义嘛，斤斤计较，岂不伤了和气？反正有钱大家花就是了，谁花多点，谁花少点，又有什么关系。

这种隐患，时间一长就会发作。到了年终、月尾结账时，发现生意是赚了钱，但赚的钱全部都稀里糊涂开销光了，大家的心里就会开始计较了。一开始，大家基于过去的友情，还不好意思公开指出来，等到了忍无可忍提出来时，必然会严重地伤害了彼此的感情。好朋友一旦决裂，那比不是朋友还严重，他觉得你不够朋友，你认为他不讲交情。到了这种地步，除了大家分手，再也没有更好的解决办法。

与其走到这种地步，还不如一开始就未雨绸缪，把每个人应当分担的工作和应当享受的利益都交代清楚，让大家都有钱赚。携手共进，皆大欢喜。

Bai Shou Qi Jia De
Di Yi Tong Jin

下　篇

白手创业的财富榜样

第10章 成功就是把简单的事做到极致

据一项调查研究表明，在众多亿万富翁的发家史中，我们发现了这样一个规律：那些头脑灵活，观察力强、重视小事的人，远比那些眼光空讲大道理的人更有前途。很多亿万富翁的第一桶金，都是源于头脑中的灵光一闪，并且，他们能把一件小事做到极致。其实，每一个想要与财富为伍的人，都应该认识到抛弃旧的理念，都要做到顺应时势的发展。只要你关注细节，关注小事，有一双敏锐的发现商机的眼睛，你就能找到属于自己的成功之路。

用别人的高度成就自己

“其实我什么也没有做，我只不过是把别人的高度作为自己的基石。当我爬上这些高枝，它的高度也就成了我自己的。”说这句话的正是中国第一份财富排行榜的推出者胡润。那么，胡润到底是谁呢？

胡润，1970年出生于卢森堡，英国注册会计师，著名的《胡润百富》创刊人。1993年毕业于英国杜伦大学，曾留学中国人民大学学习汉语，留学日本学习日语；通晓德语、法语、卢森堡语、葡萄牙语等七种语言。在会计师行业拥有七年安达信伦敦和上海的工作经验。1999年推出中国第一份财富排行榜“百富榜”，被公认为是研究中国民营经济的“教父级”人物。

提到胡润，很多业内人士都赞叹于他的成功。其实正如他说的，他的成功来自于借助他人的力量，这是一种获取财富的大智慧，值得那些渴望创业成功的人们学习。

1990年，曾在日本学习的英国青年胡润迷上了中国文字，他作为交换生来到中国人民大学学习，当时的他还没有想到他会从此和中国结下不解之缘。

三年的学习期很快结束了。1993年，他回到英国，并在当时著名的安达信公司工作。接下来，他又用了三年的时间通过了上岗前培训、拿到了注册会计师执照，可这时他却想辞职创业了。正在他准备递交辞呈时，上司却突然问他想不想到上海工作，他欣然同意了。

1997年，胡润再次来到中国，这次，他来的地方是上海。此时的中国城市正处在建设当中，就连上海也不例外，到处是水泥和工地。但胡润并没有因此失望，他想，这种混乱的状态总比有一些循规蹈矩的伦敦更有机会。

可是，当时作为安达信上海公司职员的他，尽管每天都疯狂地工作，也有机会和聪明的人共事，把最赚钱的公司变成客户，但是，他梦想中的机会却从来没有出现过。

就在那一年，已经27岁的他还是没有找到人生奋斗的目标和方向，他的心里无比迷茫、彷徨，于是，他拨通了大洋彼岸父亲的电话，想跟父亲倾诉一下内心的苦楚。父亲在静静地听完了他的诉说之后，只问了他一句话：“你有没有想过，在中国、在上海，你是谁？”

“是啊，我是谁？”父亲的话彻底震撼了他，就在那一刹那，他明白了，自己现在什么也不是，就没有资格抱怨成功没有青睐自己，只有想办法让自己出名，让自己成为一个“谁”，机会才更有可能降临到自己的头上。

那么，到底该做什么呢？经过一番反思之后，他得到了一个灵感——来到中国几年，每一次与祖国的朋友闲谈，朋友们都会问他一个问题：“中国怎么样？”从这里可以看出，世界对中国的关注度在日益提高，人们越来越关心这个发展中的国家；而且，在外国人眼里，他们对致富的故事都比较关心，他们也都有本国富豪排行榜的名单，但中国当时却还没有。于是，胡润兴奋地想到或许可以由自己来做这件事情。

然而，在中国，这一行业是空白的，根本没有人做过这件事，也没有任何的资料可以查找。所以，胡润决定必须亲自着手寻找原始的信息。当时，即使是已经发展得很不错的上海，互联网的咨询也不方便，他只好去图书馆翻阅书籍和报纸，去挖掘中国市场深藏着的有钱人们。

胡润说，“最简单的一种判断方法比如有，克林顿访华时，和哪家企业主握过手，这就是值得他关注的信息。”

就这样苦干了几个月后，胡润的辛苦终于有了成果，他拿出了一份只能排出50人的中国内地富豪排行榜。经过努力接洽，世界闻名的商业杂志《福布斯》对他的这份榜单表现出强烈的兴趣，并且很快就把这份榜单发布了出来.马上就引起了轰动。

从此，胡润的名字也和这一份富豪排行榜一样被中国乃至世界人民熟知了，他成功了。而胡润说，“其实我什么也没有做，我只不过是把别人的高度作为自己的基石，当我爬上这些高枝，它的高度也就成了我自己的。”

看一看这些富豪们排行榜，就不难看出胡润的成功也是必然的。可能胡润自己也没有想到的是，英国人闲聊时的所谓富豪排行榜竟然发展成一份给他带来上千万元年收入的大事业。中国富人阶层迅速崛起，他们拥有的资产爆炸性增值，让胡润的富豪榜越排越长，花样也一年比一年多，并且年年有新意。

其实，生活中，我们常常听到有人抱怨，我想创一番自己的事业，却没有合适的主攻方向，缺乏必要的资金力量，更没有贵人相助。其实，庞大的资源往往就在身边，如果你能和胡润一样，善于思考，善于开发，就能借着他人的力量取得成功。

纵观人类的历史，不难发现，每一个成功人士的奋斗，都离不开别人给予的机会。所以一个人最要懂得的是如何借助别人给予的机会，如何借助他人的力量达到自己的成功。文章中的胡润，当然是最精通于此道的，他明白只有借助别人的成功，才更有可能帮助自己成功。

“股市神童”也需要努力

在金融界，胡立阳是个被大家所熟知的名字，他拥有中国人在华尔街的最高职位，是公认的华尔街“股市神童”，他曾经服务于世界级的商业大亨。1985年底，他放弃了美国华尔街的高薪工作，来到中国台湾，在台湾的中央大学、政治大学教授股票投资学，并担任证券市场发展基金会秘书长，掀起了空前的投资热潮，被媒体尊称为“股市教父”。

胡立阳是美国最大的证券公司——美林证券第一位华籍副总裁。关于他的报道有很多种，提起他，大家就会想起他的一个经典故事——“胡立阳：18秒的机会。”

胡立阳年轻的时候，刚开始是在华尔街做证券经纪人，在这个岗位上，他做得

很成功，也在华尔街小有名气。但很快，胡立阳便意识到自己在这一工作岗位上已经没有多大的发挥和成长空间了。他渴望能在更大的舞台上施展自己的才华，于是，他积极准备着向老板推荐自己。

周润发的故事给了他启发，他每天都会在电梯门口等老板来，然后跟他一起进电梯，就这样，一个月的时间过去了。

这天，他终于找到了和老板说话的机会，他把自己的名片递给老板，却被老板拒绝了。此时，距离电梯门开的时间只有18秒的时间了，必须要抓住这个机会，聪明的他很快想到一个办法。他镇定地拍了拍老板的肩膀，然后轻松地说："相比你是新来的，不然怎么会不收我的名片，我可是被大家称为华尔街神童的胡立阳。拥有我的名片，就是获取财富的开始，我很乐意帮助你拥有财富。"

如此独特的开场白打动了老板，老板接过名片，对他说："谢谢，我会记住找你的！"

就这样，没过多久，他升职了，而且成了华尔街美林证券的第一位华籍副总裁兼分公司总经理。

对于这件事，很多杂志和报纸都曾提起过，并对他给予高度的评价："股民们更热衷于听胡立阳讲解如何抓住做事的时机与技巧，因为一个能够在18秒钟内紧紧地抓住机会、改变命运的人，一定有他的独到之处，这也注定了他能够成功！"然而，人们忽视的一点是：短短18秒的表现，却有着一个月的漫长等待与煎熬。

的确，中国人常说，台上一分钟，台下十年功。其实也就是这个道理，成功当然可以是用秒来计算的，但没有人能随随便便成功。成功就必须要付出日复一日的努力，就必须要耐得住寂寞。只有这样，才能将最简单的事情做得不简单。

生活中，我们常常听到一些人抱怨："我没有启动资金，创业无从开始。""我又没有一个可以依靠的爸爸。"在抱怨前，我们是不是该问问自己，你做到百分之百的努力了吗？赚不到第一桶金、创业无法成功，最主要的原因还在于我们自身。

有人问洛克菲勒："成功的秘诀是什么？"他说："重视每一件小事。我是从一滴焊接剂做起的。对我来说，点滴就是大海。"我们每个人也应记住洛克菲勒成功的秘诀，从现在起，对生活和学习上的每一件小事，都要持认真的态度。

事实上，有很多和洛克菲勒以及像他一样成功的人，他们白手起家，创下了自己的辉煌。的确，很多看似卑微的工作却正是最伟大的事业，卖拉链的、做纽扣的都能跻身世界500强。贫穷的人，没有创业资金，可以从那些别人看不起的行业做起，可能一不小心，就跨入了世界500强之列。

我们不得不承认，现实生活中，有这样一些人，他们早已为自己树立了人生目标，并告诉自己，一定要创业成功，一定要做出一番成绩来。而随着时间的推移，他们发现，创业并不是一件轻松的事，不付出艰辛是不可能收获胜利的果实的。现实案例告诉我们，百分之九十的失败者其实不是被打败，而是自己放弃了成功的希望。

当然，在坚持的过程中，你可能会遇到一些压力和困难，但我们要明白的是，此时你更应该有超强的意志力，再坚持一下，也许转机就在下一秒。这正如巴甫洛夫曾所说的："如果我坚持什么，就是用炮也不能打倒我！"

总之，我们需要记住的是，创业过程中，无论遇到什么，我们都要咬紧牙关，不要放弃最后的努力。因为成功与不成功之间的距离，并不是一道巨大的鸿沟，它们之间的差别只在于是否能够坚持下去。

任何一个取得成功的人，都是因为他付出了超乎常人的努力。一个人要想获得人生的幸福，那么每一天都应该勤奋工作。付出不亚于任何人的努力是一个长期的过程，只要坚持就一定能够获得不可思议的成就。

厕所里也能淘出金子

我们都知道，在现今这个资讯时代，商机无处不在。可以说。许多白手起家的创业者，往往就是因为抓住了一个稍纵即逝的时机，从此顺利地开始了自己的“掘金”生涯。

能致富的人，思路通常能够放得开，眼光通常要比常人看得远。美国汽车大王亨利·福特有一次被别人问到，如果他失去了他的全部巨额财富的话，他将会做些什么事情。他连一秒钟都没有犹豫，说他会想出另一种人类的基本需求，并迎合这种需求，提供出比别人能够提供的更为便宜和更有质量的服务。他说他完全有把握、有信心在五年之内重新成为一个千万富翁。福特的话可以给我们一个全新的启示：真正敏锐的眼光，是看在潮流之先。

的确，那些能挖到第一桶金、能发家致富的人，往往都是思想上的不安分者，更是生活中的探险者，他们能从一些最为简单的生活细节中找到赚钱的商机。“亮角落”传媒公司的总裁孟智就是这样的人。

在很多人眼里，“亮角落”传媒公司的出现和发展就是一个奇迹，它来源于孟智的一个特殊的创意。

孟智在很小的时候就希望拥有自己的事业，希望自己能拥有财富。2005年的时候，一次他跟几个朋友去火锅店吃饭，席间，他去卫生间，墙上的一幅漫画引起了他的注意。以前他每次小便的时候就会看这幅画，而这次，他看着看着，心里高兴了起来，他仿佛看到了财富正向自己招手。这到底是怎么回事呢？

原来，他看到的是创意。他想：如果将广告放到卫生间的漫画上，那么谁都会在无形中接受这一广告。于是，他很快找到了这家火锅店的老板。

“我说，你这漫画为什么不换啊？”经孟智一提醒，老板才想起来，漫画确实有很长时间没有更新了。“我帮您换吧，定期换，不收钱，免费的。”孟智对老板提出了这个建议。既不用自己费心也不用花钱，对于这种好事，老板岂有不答应的道理？

免费给别人换漫画，并非孟智的一时冲动。他之所以有这样的想法，缘自有一次与朋友在火锅店的聊天。那天，朋友们突然聊到上厕所无聊的话题，坦言那时候书、报纸甚至墙上的缝隙都会成为研究的对象。孟智问：“如果把漫画换成一幅广告你们看不看？”“看，不看这个，能看什么？”朋友的反问让孟智萌发了在厕所做广告的创意。

为了证实在厕所里面做广告比一般的地方做广告更有效果，孟智专门用自己的照片做了一次试验，他在一夜之间把自己的照片挂在北京1800间厕所的墙壁上。第二天许多上厕所的人认识了孟智，认识了他的“亮角落”广告公司，知道了孟智的“亮角落”广告公司就是专在厕所里面做广告的。

于是开始有公司找孟智的亮角落公司在厕所里面做广告，但生意一直不是很好。正当孟智抓耳挠腮、无从下手的时候，有人打来一个关键的电话。打这个电话就是某房地产广告公司的孙宇轩，他虽然已经有相当成功的事业，但还是放弃了自己的工作，决定与孟智一起创业。

孙宇轩的加盟，给一直被广告设计困扰的孟智带来了新的启发。两人分工协作，各展所长，公司业绩快速增长。

再后来，孟智得到了与三星石材合作的机会，孟智同样将广告放到厕所的漫画中。不到一个星期，三星石材的总经理就打电话来，他问孟智是不是用了托，每天故意让许多人打电话给三星石材咨询他们的产品。孟智在电话里笑着对三星石材的总经理说：“至于我有没有用‘托’，你的合同多了没有就可以判断。”

半个月过后，三星石材总经理找到孟智，要和孟智的亮角落广告公司签订长年的合作合同。紧接着智联招聘、荣威汽车，一个又一个著名的品牌被孟智请到了厕所的墙壁上。

如今，孟智的亮角落广告已经在全国各大城市的厕所站稳了脚跟，那些当年对孟智嗤之以鼻，无论如何也不相信孟智能够在厕所里面赚到钱的人，终于发现孟智在不起眼的厕所里面淘到了金子。

其实生活就是这样，我们每个人都懂得生活中的财富无处不在，可是我们就是经常忽略那些我们熟视无睹的地方，或者说我们根本就瞧不上这样的地方。然而正是这样的地方隐藏着金子，所以说，只有像孟智这样的有心人才能够发现，才能够在厕所里面淘到真正的金子。

机会无处不在，任何人都不缺少创业发财的机会，这扇财富的大门对你关住，必然会有另外的致富之门对你敞开，问题就在于你是否能够发现。

卖盒饭的亿万富翁

我们都明白，在创业过程中，最为重要的是赢得第一步的胜利，也就是获得第一桶金。然而，怎样才能做到这一点呢？事实上，这是个考验人忍耐力的过程，大凡那些成功攫取了第一桶金并在事业上做出一番成就的人，都是脚踏实地的人，他们无不是着眼于现在、关注于手头上的每一件小事，在积累中实现卓越的。

也有很多人明白这一道理，但他们却做不到脚踏实地，常常做出一个重大决定后，希望做出一些成绩，但却做不到坚持；当发现自己离目标越来越远时，他们只得放弃。而事实上，成功往往都是一点一滴积累起来的。只要每天努力一点，就积累得多一点，也就离成功更近一步。你要明白这样一个道理：追求完美并不困难，就像擦鞋一样易如反掌。只要你学会了把鞋擦亮，对于更重大的事情，同样可以做到尽善尽美。

在中国的饮食行业，有个大家耳熟能详的名字——蒋建平，他被提名新中国成立60年餐饮60人，在第二届常州市文明市民暨“感动常州”十大新闻人物评选活动中榜上有名。他现任常州丽华快餐公司董事长。

他是送餐业的领跑者，创造了“无店铺经营”新模式。但谁又能想到的是，他是从卖盒饭开始跻身亿万富翁之列的呢？

到2007年，蒋建平就拥有了10亿元资产。小时候，蒋建平家境贫寒，只读到初中就辍学了。走出校门，蒋建平在粮管所当保管员。下岗后，接连两个月都没能找到工作，家里连买米的钱都是向父亲借来的。一天，饥肠辘辘的他，在一辆三轮车上花2毛钱买了盒米饭充饥。他从摊主的口中得知：卖盒饭很赚钱，于是他决定卖盒饭。

说干就干！蒋建平借了一辆三轮车开始卖盒饭。第一天，他和妻子忙碌了大半天，挣了110元。蒋建平看到了希望，整天骑着三轮车卖盒饭。由于他借来的三轮车没有执照，经常被城管没收，他只得既交罚款，又说好话。

蒋建平想开一家快餐店，由于没有多少资金，他就在常州一个偏僻的地方租了一间房子。没人知道他的快餐店，他就散发小广告。就这样，他的盒饭事业开始快速发展。

据中国烹饪协会统计，中国民营餐饮企业的平均寿命只有2.8年，而丽华快餐已经走过了14年，而且越做越大。尽管与那些资产上百亿的巨型企业相比，丽华快餐充其量也只是一个小企业，但企业虽小，它却体现出了精神与风骨，让人不敢小觑。

在很多人看来，快餐做的都是很简单的事情，但谁来把这些小事做好？谁来把这样的小事当成事业来做？全世界所有快餐做得好的，如麦当劳、肯德基等，他们做的也都很简单，但关键是要把很简单的事情做得非常的尽善尽美。很显然蒋建平比常人更深刻地理解到了这一点，他正在这条路上探索。

正如他自己总结的："把简单的事情重复做，做到极致。"

蒋建平为什么能开创事业？听过这个创业故事，可能很多年轻人都觉得很诧异，一个人通过卖盒饭发家？但这是一个真实的创业故事。一个贫苦的人，很容易在别人不屑一顾的地方发现机会，别无选择地干起别人眼中最卑微的工作，别人认为不值得一提的收入，都能让他感到无比兴奋，而这种兴奋就是成就伟业的强大动力。蒋建平的10多亿资产就来源于借来的一辆没有牌照的三轮车，来源于人们看不起的街头"盒饭事业"。

不得不承认的是，现今社会，好高骛远、不脚踏实地是很多人的通病。他们是思想上的巨人，行动上的矮子，看到别人创业成功，他们也有了创业的冲动，并信誓旦旦要把它做好，决心一定要实现自己的目标，但到实施的时候，一旦出现了困难，便轻易地放弃；也有一些人，他们渴望成功，但他们的"愿望"仅仅是停留在"愿望"上，对于当下的工作，他们不屑一顾，眼高手低让他们始终与成功无缘。

要知道，任何事情的成功都不是一蹴而就的，需要我们做出一点一滴的付出。小事成就大事，在每件小事上认真的人，做大事一定成绩卓越。

总之，生活中渴望成功的人们，如果你正在创业，那么，从现在起，就应该重视工作中的每一件事，认真做好当下的事，并修饰你做事的每一个细节。没有小，就没有大；没有低级，就没有高级。每天那些点滴的小事中都蕴含着丰富的机遇，伟大的成就都来自每天的积累，无数的细节就能改变生活。

创业过程中，只有洋溢着满腔的热情、努力认真地过好现在的每一分钟，埋头苦干眼前的工作，心无杂念地充实地度过每一个瞬间，才能把简单的事情做得不简单，才能开辟通向美好未来的道路。

商机在细节和小事中

我们都知道，世界上许多伟大的事业都是由点点滴滴的细节小事汇集而成的。要想成就一番大事一定要从小事做起，没有人生下来就是伟大的人。一个人，如果能关注细节，那么，他在成功之路上一定会少许多漏洞。相反，如果一个人不能关注细节问题，往往会因小失大，自毁前程。完美的细节代表着永不懈怠的处世风格，也是一个人追求成功的资本。同样，在创业过程中也是如此，那些创业成功的人，无不是生活中的细心观察者，他们能从简单、平凡甚至被人们忽视的生活细节中发现商机，并成功做到攫取创业的第一桶金。

因此，对于那些看似简单的事，我们都不能忽视。只要我们做好那些看似不起眼的事，我们就能把小事变成大事。

在中国传媒界，江南春这个名字早已被人们所熟知，他是分众传媒的创始人，自公司于2003年5月成立开始担任董事局主席和首席执行官。提到他，我们不得不说到他的智慧——发现了“无聊”中孕育的商机。

1994年的时候，江南春还在华东师范大学读大三。但就在那时候，还不到22岁的他已经获得了人生的第一桶金——为无锡的一项市政工程做户外创意赚得了50万元。

1994年7月，港资永怡集团老板为整合旗下公司品牌，出资100万元让江南春组建永怡传播公司。江南春出任总经理，主营广告业务。

从1996年到1998年，江南春的公司几乎垄断了上海IT业的所有客户和IT广告市场。1999年，永怡传播已经占据了上海IT领域广告代理市场95%的份额，营业额达7000万元。

次年，他又涉足了互联网，代理了7个网站的广告业务。互联网公司当时正处于"疯"的状态，最高潮的时候，永怡传播不仅不需要跑业务，而且还拒绝了不少业务。那个时候，公司"钱赚疯了"。

然而，成功并不是那么容易的，因为刚涉足互联网行业缺乏经验，2001年的时候，江南春的永怡和其他很多互联网公司一样随着互联网经济泡沫的破灭而受到重创。在经历了痛苦之后，江南春开始思索一种新的媒介策略，因为广告代理行业往往是费力不讨好。

有一天，江南春去徐家汇太平洋百货办事，在等电梯时，他被电梯门口一张舒淇的"redearth"的广告招贴画吸引住了。江南春为之一振，当时他想"我在电视上播广告怎么样，如果有比看广告还无聊的时间，大多数人还是会关注广告的。"

江南春第一步设想是在上海最好的50栋写字楼装上液晶电视播放广告，但从制作液晶电视到最终安装，整个过程相当麻烦。当时市场上没有液晶电视机，他找到一家台湾液晶厂商合作。2002年7月，第一台样机做出来，可是写字楼物业却不让装，因为5厘米液晶电视太厚了，后来又改成了3厘米。

更大的一个麻烦是，很多楼宇的物业公司对这种新事物持怀疑态度。于是江南春就亲自上门游说物业公司，不久300台价值8000多元的液晶电视先后进驻了50栋高级写字楼。

江南春心里很清楚，他需要尽快占领上海商务楼宇市场。在他当时看来，真正有价值的商务楼宇不到100家，不过，他开列了一张有202幢楼宇的名单，组成了一支七八个人的楼宇开发队。这支队伍开始带着样机，频繁出入上海的各大商务楼宇。

他拿出当年刚开始打工时的劲头，挨个公司亲自拜访，还拍了宣传光盘给客户看，很快招商银行(600036)(600036)信用卡、轩尼诗洋酒等几个牌子第一批下单。2003年还没来到，江南春手里已经拿着一二月份200多万元的广告订单了。

翻一下分众传媒的董事会名单，不乏重量级的企业家，余蔚（维众创业投资集团有限公司董事局主席）、沈南鹏（携程总裁）、曹国伟（新浪CEO）均列其中。

而如今，利用别人的无聊来赚钱，正逐步形成一个新兴的潜力巨大的产业群。今年以来，雅虎、巨人网络、阿里巴巴等众多国内外知名企业都表示出对SNS(社交网络)的兴趣，而且参与这方面的并购。这都说明这个产业正迅速崛起。

当大家把“无聊”的眼球兑换成现金的时候，就成了一个产业，叫“无聊产业”。“用无聊的时间来赚钱。”这句话几乎成了江南春的名句，但当时就是这么在无意中产生的。

老子曾说：“天下难事，必作于易；天下大事，必作于细”，它精辟地指出了想成就一番事业，必须从简单的事情做起，从细微之处入手。一心渴望伟大、追求伟大，伟大却了无踪影；甘于平淡，认真做好每个细节，伟大却不期而至。这也证明了点滴的细节孕育出了巨大的成功这一道理。的确，我们每个人可能都有自己的财富梦，如果你希望创业成功，你就应当记住老子的话，把目光集聚在细节和小事上，你最终才会有所收获。

一切的创业成功者都是因为认识到小事、细节的力量，他们不但有敏锐的发觉商机的眼光，更能做到不因为自己所做的是小事而有所倦怠。

“臭”豆腐蕴藏大商机

生活中，豆腐是我们每个人的家常菜，但就这再也普通不过的豆腐，却有人将之烹饪为美味，做成事业，并获得了成功。这个人就是吴利忠。走在绍兴鲁迅特色街上，空气中满溢着臭豆腐的香味，这是从鲁迅祖居对面的三味臭豆腐店里飘出来的。

即使是六七月的夏天，在这家店内，也都座无虚席，甚至还有一些顾客顶着烈日等候，就是为了即将出口的“臭”名远扬的豆腐。这间看似不起眼的一间六十多平方米的小店，生意好的时候一天营业额就达2万，而卖的仅仅是各个南方小城街头巷尾都有卖的臭豆腐。

店主吴利忠生于73年，皮肤黝黑，长着一双小眼睛。与其他的臭豆腐相比，吴利忠的臭豆腐确实有自己的特色。光看“卖相，”就已经让人食欲大增：它表皮金黄，但敷有一层密密的细孔，似乎是裹过一层鸡蛋才炸出来的；咬一口，外酥里嫩、清咸带鲜，非臭反香，难怪当地人说“尝过吴字坊臭豆腐，三日不知肉滋味”。

事实上，在做臭豆腐这一行业以前，吴利忠在一所学校任教，此后到一家事业单位坐过办公室，还下海办过公司，也有过被人骗走30万元的经历。他说自己也想不到，闯荡了7年，最后还是靠家乡的臭豆腐赚了钱。

当然，吴利忠做臭豆腐绝非偶然，他老早就看中了这门行业。

在古城上虞的一个老镇上，有一个叫沈天明的老人，这位老先生祖祖辈辈都以开豆腐作坊为生，直到八十岁才歇手。而沈老先生也是从十七岁就开始入行了，六十年来，他虽然做的一直是重复不变的工作，但他却找到了制作臭豆腐的独门心得，所制作的“臭豆腐”外酥里嫩、清咸奇鲜，味美无与伦比，亦臭亦香的特色更是独领风骚。所以在上虞，不论远近，只要说起沈老的“臭豆腐”，就无人不知，谁人不晓。

吴利忠是沈老先生的常客，随着光顾的次数多了，吴利忠逐渐有了“非分之想”，他曾感慨地说：“打我记事起，这老人就在炸臭豆腐，可以说我是吃他的臭豆腐长大的！几十年了，如此好的东西始终走不出这个小巷子。如果我能拥有这门技术的话，我一定能把这块蛋糕做大。”

当吴利忠把自己的想法告诉了老人后，沈老一口回绝了。但吴利忠却并未放弃，他还是和从前一样去光顾老先生的店，并且，他还仔细观察到：臭豆腐是一种非常古老的休闲小吃，千百年来一直被人们所认可和接受。沈老在这小小的弄堂里几十年如一日，天天有如此好的生意，如果能把它做成品牌小吃，一定能做出大生意。眼下当务之急就是怎样才能拥有这门技术。于是吴利忠到处托人，先找到老人家邻居、又找到老人的亲戚前去做说客，后来又找到沈老的儿子说情，可是始终都没有结果。正当吴利忠近乎绝望的时候，幸从师娘那里打开了缺口，老人终于答应教他臭豆腐的制作技术。

2003年2月，吴利忠从沈老处独家传得这一秘门技术。吴利忠的吃苦耐劳，谦虚踏实的劲头，让沈老大加赞赏，学习过程中，师徒俩建立了深厚感情。

2002年4月，一个名为“六十年老磨坊”的臭豆腐专卖店在上虞市区开张了，几乎轰动了整个上虞，这也是中国第一家臭豆腐专卖店。“5块钱八小块的臭豆腐是贵了点，但别人都是小摊子，开个专卖店老百姓才觉得新鲜、干净，肯定有人觉得值。”

2003年4月，随着市场竞争的严峻，公司的各项业务利润渐薄，吴利忠干脆放弃不做了，专心致志地投入到臭豆腐制作研究中。从豆子的浸泡到磨浆，点浆，成型，入锅……每一步、每个环节，他都亲自实践、认真操作，并在沈老原传统、落后、低效的工艺上，又进行了大刀阔斧的改进，使得“臭豆腐”的品质在原有的基础上更上了一层楼。

小小的一块臭豆腐，却蕴藏着这么大的商机。有着如此繁复的制作工艺。吴利忠不怕苦，不怕累，坚持到了最后，终于，他成功了。从他的创业故事中，我们得出了一个最为简单不过的道理：那些看似简单的事情，如果我们能坚持下来，不断钻研，就能把它做好，就能实现卓越，获得成功。而创业也是如此，创业的过程，最难不过是开始阶段，如何挖到第一桶金最为关键，专注于手头最简单的工作，最终你会有所突破，成功也就不再遥远。

创业启示

创业第一桶金的获得，靠的不仅仅是运气，而是对市场感觉的敏锐度。那些看似不起眼的小事，却往往蕴藏了巨大的商机，只要我们善于发现并坚持做下去，就能获得财富。

第11章 放弃是让自己找到新的成功机会

我们都知道，创业是一条艰辛的路，这个过程中，我们需要坚强的忍耐力和韧性，但创业并不是一味地坚持就能成功，还需要我们学会思考，懂得择善而行。当我们发现走的是一条错误的道路时，就要果断放弃；当我们发现当下的目标、方法阻碍我们成功时，我们也要放弃。因为每一次放弃就是给自己一次新的机会，这样的机会也就是自己最后走向成功的源泉。

“吃亏”迎来的致富

自古以来，人们都说，欲做生意先做人。不难发现，那些能在市场上站稳脚跟并且有一番作为的人，基本上都懂得双赢的道理，他们也都有一套一本万利的生意经，眼光长远，欲成功做人先不怕吃亏，瞄准机遇不放手，先舍后得最长久，不怕吃亏得福报。要知道，不怕吃亏的人，常常能获得更大的回报，拥有更顺利的人生！将吃亏这一生意经发挥到极致的莫过于有“全球华人第一狂人”“财富黑马”“中国厚待员工第一人”之称的严介和。

胡润中国内地百富榜正式张榜，在这前三甲中，最引人瞩目的不是冠军黄光裕，而是“黑马”亚军严介和，他被认为是最被严重低估的富豪，一年之间资产从15亿元增长到125亿元。在人们眼里，“太平洋建设”的发展是一个“谜”，这个曾经的教书匠如今的太平洋建设集团董事会主席在人们眼里更是个“谜”。

有人说，敢于“吃亏”是严介和的一个重要特点。“将欲取之，必先予之”，取予之间，严介和的做法看似难以理解，但事实证明他的“吃亏”是对的。

18年前，严介和还是一名高中老师，但那时的他就已经表现出了自己的“不安分”。1992年，严介和从学校辞职，然后开了自己的建筑公司，接下来，他承办了南京绕城公路建设项目，这是他自己创造出的打开“省门”的机遇。项目到他手中时已经基本上是毫无利润可言了，但他还是付出了所有的心力，即使是一次亏本的买卖，他还是决定抓住这次机遇。

为了跟政府打好交道，他甚至提出了“亏五万不如亏八万”的经营思想。一百四十天完成的工程量，只用了七十二天就干完了。业主大吃一惊，检测结果质量全优！“吃亏”是富，第二年工程指挥部便放放心心地把1000万元的工程交给了严介和。

从此，严介和的业务一发不可收拾了，他先后参与了南京新机场高速、京沪高速、江阴大桥、连霍高速、沂淮高速、南京地铁等一系列国家和省市重点工程的建设。

2002年以前，严介和一直不声不响地在路桥建设业内“掘金”。这以后，他开始与许多地方政府部门打得火热，陆续收购、托管了31家亏损的国有大中型企业，集团旗下的成员企业达到115家，严介和因此获得了大量市政工程建设项目。严介和找到了一条发财捷径——通过收购业绩不佳的国有企业，从而博得当地政府的好感，进而在当地的市政工程中分得一杯羹。

“我们只关注亏损的企业。”这是严介和的收购哲学。“眼光不能太浅，要看到以后的机会。收购那些企业没有任何竞争，可以说是捡回来的。虽然企业的质地不好，但由此我们和政府建立了相当好的关系。”这一段话诠释了严的“假痴不癫”谋略和“取予之道”。

收编亏损国企，不仅验证了严介和“吃亏是富”的座右铭，更让严介和与政府走得更近。“重组前的国企连一根火柴棒都不值，但我要将一个极端差的企业做成极端好。”严介和称。就拿ST纵横来说，当时严介和付出的成本5亿元至10亿元。表面看来好像吃亏了，实际上最终赚的钱更多。据了解，重组ST纵横前后，太平洋建设顺利在南通签下了60亿元的建设大单。

严介和的成功，着实证明了“吃亏”是福的道理。可能在其他创业者来看，收购国企是一件吃亏的事，没有多少甚至是毫无利益空间，但严介和看到的是金钱之外的价值，这样做替地方政府背下了困难国企的包袱，并解决了失业、下岗等社会问题，能获得政府部门的好感。收购国企，已成为太平洋建设的一大特色，当然也是严介和熟谙中国商界的潜规则而作出的明智选择。

正在创业的人们，也要吸取严介和的经商之道，要收起那颗不愿吃亏的心。具体说来，你需要做到的是：

1.“有舍才有得”，懂得“舍小利”

更多的时候，我们舍不得放弃手头实实在在的利益，心里想的也是怎样保证眼前的利益不受损失。殊不知，这样做只会任机会溜走，不但不会有所得，严重的甚至会失去更多。舍小利以谋远，关键在一个“舍”字，只有舍得，才能获得。

2. 换位思考，多为他人着想

生意场上，如果与人产生了利益争端，应当把自己和对方所处的位置关系交换一下，站在对方的立场上，以他的思维方式或思考角度来考虑问题。这样，通过换位思考，你就会发现，他的要求可能并不过分。

3. 放眼长远，从大局出发，做出让步

在利益问题上，做出让步考虑，并要注意让步的幅度和尺度是否有利于长远利益的实现。如果我们只顾眼前利益，就有可能失去更多宝贵的机会。当然，我们在做出让步的时候，一定要考虑到这一步能否带来效用，值不值得，是否能够得到回报。因为只有实现了买卖双方的共赢，才有可能建立起长期的关系。

欲做生意先做人，欲成功做人先不怕吃亏；瞄准机遇不放手，先舍后得最长久，不怕吃亏得福报，这就是一本万利的“做人经”“生意经”。要知道，不怕吃亏的人，常常能获得更大的回报，拥有更顺利的人生！

两次“砸机”赢来天下

在中国的家电行业，梦想做品牌的企业不在少数，但能坚持下去的企业却不多，而能坚持下去又创造辉煌品牌的企业更是寥寥无几。浙江的帅康便是这寥寥无几中的一个。帅康不仅创造了自己在烟灶市场神话般的辉煌，更是创造了一个让整个行业为之赞叹的高价值品牌。邹国营，从乡村小厂的普通职工、销售员逐步成长，26年间大智大勇、创业创新，实施战略转型，把帅康一手打造为中国厨卫业的第一品牌；更重要的是，他提出的“中国芯”理念，带领帅康扛起“中国标准”的民族大旗，捍卫了民族厨卫企业“中国创造”的荣耀。

从一个出身于农村贫寒家庭的穷小子，到如今风风光光的“抽油烟机大亨”，邹国营深知“吃得苦中苦，方为人上人”的道理。也正因为如此，几乎没有任何业余爱好的邹国营将自己的大部分时间与精力都放在了“帅康”上面。

邹国营出生在一个典型的贫苦农村家庭，为贴补家用，9岁起就跟着父亲进山敲石子、熬夜纺草绳。1973年，20岁的邹国营进入父亲工作的历山五金厂。在这个乡镇企业里，邹国营度过了人生最宝贵的10年，也凭借着自己的聪明和干劲，上演了力挽狂澜的救厂神话。作为这个濒临破产之厂90%订单的创造者，邹国营铺垫了自己上升的台阶。

1984年，历山五金厂的经营再次出现滑坡，乡政府于是决定从五金厂中分出一个新厂专门生产调谐器配件，工作业绩突出的邹国营被大家推选为新厂厂长。

简陋的新厂建好后，生产什么却成了邹国营苦恼的问题。“那段时间总也睡不好觉，”邹国营说。“有一天，已经到了凌晨两点多，我突然想到了抽油烟机，当时顿时觉得眼前一亮，我马上起身来到厨房。”邹国营认定，抽油烟机一定会有市场。

1993年5月18日，“帅康”牌抽油烟机在邹国营的工厂正式投产，邹国营从此踏上了一条新的创业之路。

然而，为了保证产品的质量和信誉，他曾两次“砸”机。

刚开始生产时，他便强调：产品质量一定要保证，不能有一台质量有问题的产品流入市场。但是，第一批产品还是出现了质量问题，一些产品的开关性能不稳定。邹国营坚决要求为这些产品更换开关，但厂里技术部门的负责人表示，调换开关需要重新找厂家做模具，厂里得为此停产3个月。但邹国营坚决表示：不管损失多大，都要保证质量。他同时告诫员工：没有好的质量，如何去打天下！

说起做事一丝不苟，邹国营的两次“砸机事件”充分体现了他的这一个性。

第一次“砸机”是砸抽油烟机。那是在参加完1993年广交会后，由于喷塑设备调试不当和技术操作失误，一批价值18万元的帅康抽油烟机主壳出现了喷漆不匀的问题。虽然这一小问题不仔细分辨根本看不出来，但邹国营在得知此事后立即找来一把榔头，让生产这批产品的员工把产品砸掉。从那时起，追求质量零缺陷的意识在员工们心中扎下了根。

第二次“砸机”是砸电机。1995年，为“帅康”生产配套电机的工厂在用料上以次充好，邹国营得知后当即指示工厂质检部、供应部领导到该电机厂进行突击检查，将价值20万元的不合格电机全部封存。这20万元在当时来说是那家电机厂老板的全部家当，该老板为此向邹国营求情。邹国营为对方开了两个“药方”：一是敲坏电机、全部报废；二是中止合作。那个老板最终选择了与“帅康”继续合作，并当场砸毁了不合格电机。此后，该电机厂的电机质量稳步提高。“这件事也让其他配套企业明白了质量是‘帅康’的高压线，谁也碰不得。”

邹国营自豪地说：“这两件事的实际价值肯定是大过形式的，绝不是仅仅表演给别人看。‘帅康’能有今天，和我们在产品质量上精益求精息息相关。”

两次“砸机”确实震撼人心！邹国营的创业故事中，两次“砸机”虽然让他蒙受了一定的经济损失，但他获得了更长远的发展。邹国营深知信誉危机对企业发展的杀伤性。因为信誉危机的发生总会不同程度地影响到企业的形象，降低了企业在利益相关者心目中的地位，会影响到企业正常的生产经营活动，威胁到企业既定目标的实现，严重的将导致企业破产倒闭。

任何一个创业中的人们也都应该有所领悟：在创业初期，最重要的不是一时的小利小益，而是信誉。为了赢得信誉，我们可以适时放弃眼前的利益，这是一种懂得取舍的智慧。

放弃是为了迎来新的机会

相信我们都遇到过这样的情况：当我们做一件事，正感到身心俱疲、找不到出路、想要放弃的时候，身边的人总会这样鼓励我们："坚持，不要放弃！"然而，我们自身是否思考过，坚持真的就会胜利吗？事实上，有时候，当我们碰得头破血流的时候，我们才发现，原来自己一直在走一条错误的路，回过头来看，我们已经浪费了太多的精力。因此，我们在努力奋斗、为梦想付出的过程中，也不能太过盲目，而应该思索自己的方向是否正确。如果你发现梦想越来越远，那么，你就要果断放弃，因为敢于放弃，才能获得新的机会。同样，创业也是这样一个不断摸索、敢于舍弃的过程。要想创业成功，就需要我们不但做好周详的计划，更要有勇于舍弃的勇气，一旦发现奋斗的方向、目标或者方法是错误的，我们都应该立即放弃，及时调整自己。只有这样，才能最终获得成功。在这一点上，爱康网健康科技公司董事长兼CEO张黎刚很值得我们学习。我们不妨先来看看他的经历：

1991年，张黎刚考入人人都羡慕的复旦大学生物系，但他却放弃了这样的学习机会，申请去美国留学。所有人的人都说他疯了，一个是美国的一所普通学校，一个是国内名校，他为什么会作出这样的选择？原因只有张黎刚自己明白。他不会后悔，因为他的梦想是美国的哈佛，只要能进入哈佛读书，吃多少苦都无所谓，做多少准备工作也无所谓。在读书期间，为了挣足高昂的学费，他经常去给人打杂，从早上8点到晚上10点从事刷盘子的工作，这样又苦又累的生活，让很多认识张黎刚的人都问他是不是后悔当初的选择。

最后，张黎刚成功了，他收到了哈佛的录取通知书。在哈佛，他认识了当时名噪一时的张朝阳，与张朝阳的对话让他感触颇深，于是，他又决定，放弃哈佛医学院的博士学位。这样的学位是许多人做梦都想得到的，可是张黎刚却放弃了，因为他说所有的放弃都是为了最后的成功。

回国以后，张黎刚来到搜狐，并担任产品部的总监，他在工作中热情高涨，并且很快就要被聘为搜狐的第一个副总裁。可就在这时候，张黎刚却递交辞呈，他说想自己尝试着创业。

1999年，张黎刚和三位合伙人一起创办了艺龙旅行网，张黎刚任CEO。正当艺龙走上正轨，并且一笔6000万元的资金将要注入的时候，张黎刚却又不干了，他又一次选择了放弃。

到这一次，没有人能够理解他了，也再也没有人相信他的放弃是为了最后的成功了。因为他如果当初选择任何一条放弃的路走下去，想必都已经功成名就了。

的确，如今的搜狐公司在互联网站中的地位自然不用多说，就是艺龙也成了中国最大的商务旅行与城市消费服务公司，并且成功地在纳斯达克上市。

张黎刚自己也清楚，如果自己没有选择放弃，那么任何一条路在常人的眼里都是一条平坦的金光大道，可惜这样的金光大道却被他一次又一次地放弃了。那自己理想中的道路到底是什么样的呢？张黎刚自己也想不明白，他开始不断地寻找。

2003年9月，张黎刚坐在飞往成都的飞机上，他随手拿起一本杂志，杂志里的一句话吸引了他："谁来管理我们的健康？用IT手段可以比用日记管理得更好。"就这一句话，点燃了张黎刚的创业热情。

2004年2月，张黎刚的"爱康网"开始运营，并且在北京、上海、浙江、江苏等重要省市布点，第一期投入就达到2000万元。如今"爱康网"一切运作良好，并且准备上市。面对自己一手做起来的"爱康网"，张黎刚感触颇多，他说他今天的成功正得益于他的每一次放弃，因为这些放弃给了自己更多的挑战和机会。只有在不断的放弃之中，自己才有可能最终寻找到一条真正适合自己的成功之路。

其实每一个人的成功之路上，都得不断地放弃和获取，关键在于我们在拥有很多的时候是不是像张黎刚那样敢于放弃，敢于挑战自我。因为每一次放弃就是给自己一次新的机会，这样的机会也就是自己最后走向成功的源泉。

瑞士军事理论家菲米尼有一句名言："一次良好的撤退，应与一次伟大的胜利一样受到奖赏。”同样，每一个渴望创业成功的人，也要学会放弃，并且要果断、大气地放弃，以另谋出路。当然，不是面对任何事物都需要放弃，而是在毫无出路或者面对那些蝇头小利或毫无前景的决策时，才应该有目的、有计划地放弃，这才是追求创新、富有远景所必需的成功条件。

放弃有时比争取更有意义，放弃是创新的钥匙。如果努力争取的东西与目标无关，或者目前拥有的东西已成为负累，或者劣势大于优势，那么还不如放弃。

放下过去，重塑自我

2002年3月25日，美国的《财富》杂志用7页的篇幅，刊登了一家中国企业的报道。事实上，在此之前，好孩子集团早已名声在外，但这篇报道，却让人们将注意力集中到了它的老板宋郑还——身上，这个一向低调的企业家，以一种他并不习惯的方式成为了人们追逐的明星。

《财富》杂志的这篇文章把“好孩子”的成长与崛起，称作是现代中国的传奇，是中国由计划经济转向市场经济的心路历程。去年好孩子的总收入为1.25亿美元，占据美国手推童车市场的1/3，儿童自行车市场的1/2。在国内，好孩子童车更是占据了80%的市场份额。这一切，都和宋郑还的领导密切相关，而他自己，也因此被《福布斯》评为中国内地富豪排行榜第100名，被人们称作苏州首富。

宋郑还常说的一句话是：“被别人打倒是失败者，被自己打倒就是否定过去的我，重塑一个更强大的我，这个我会跑得更快、更好、更远。好孩子集团就是要做一个永远自己打倒自己，不被别人打倒的‘好孩子’。”好孩子之所以有辉煌的成就，可以说是得益于宋郑还敢于不断打倒自己。

1988年，好孩子集团的前身——陆家中学校办工厂濒临倒闭，100多万元的外债让这个小厂处于风雨飘摇之中。这个病入沉疴的小厂能否起死回生？时任陆家中学校长的宋郑还被县教育局领导点名，走马上任。

“我的人生词典中不接受失败二字，我赢在不服输的性格。”这一经典语录揭示了宋郑还不畏艰难、在1993年把好孩子童车做到国内销量第一的成功秘诀。

“无中生有，创造世界上没有的产品。”这一理念让好孩子员工赵磊印象深刻。宋郑还接手校办工厂后，找到了工厂的“病根”——缺乏核心竞争力。宋郑还召开职工大会，宣布工厂要走自主经营之路，要走创新之路，研发属于自己的产品。

“当时既没有人才，也没有资金，工厂连工资都发不出。”赵磊说，“宋老师宣布工厂要自主研发让很多人不可想象。”可是，宋郑还却喊出：“无中生有，创造世界上没有的产品。”在随后的日子里，生性聪明的宋郑还靠勤奋、坚持、知识和灵感连续发明了几款童车，第一款童车专利出售获得了4万元的回报，而且第一款童车的专利被炒到了15万元的“天价”。从此，好孩子集团走上了自主经营之路。

在获得第一桶金之后，“好孩子”越做越大，但宋郑还并没有就此满足。一次偶然的机会，让他看到了让好孩子进军世界市场的方法。

有一天，他带一个德国的客人在工厂转了一圈，全部看过以后，这位客人开始没有说什么，临走的时候，这位客户思索半天后，对宋郑还说：“童车不是这么做的。”

这句话深深触动了宋郑还，他反复问自己：那企业该怎样做？经营该怎样搞？品牌该怎样创立？到底该怎样创建真正意义上的世界级别的这样一家公司，这个确实是我个人的一个追求。

也许就是在这一刻，宋郑才真正意识到了好孩子和国外知名品牌的差距，也正是从那时开始，“好孩子”开始了向更高层次的迈进。从一定意义上来讲，宋郑还的杀手锏就是不断创新。可以毫不夸张地说，技术创新是每一个企业都必须面对的核心问题，但宋郑还无疑是把这一点做到了极致。

“这个也是我们经营的一个经验，因为我们发现真正属于我们的创新成果、知识产权，要靠知识产权法律来保护。专利法、版权法等，靠这个保护特别难，特别是在中国。真正保护你的也就是自己的不断创新，你仿造我的第一代，我第二代就出来。自己把自己能够打倒，也同样有能力打倒你的对手。”

占领了中国市场之后，好孩子开始进军国际市场。经过了开始时期的失败以后，宋郑还意识到，进入国际市场，不能仅以低价取胜，还是要靠开发创新。于是，一款在“好孩子”历史上占有重要地位的童车“妈妈摇、爸爸摇”被开发了出来。

的确，从宋郑还的创业经历中，我们可以得出一点：我们如果总是停留在过去的成就、荣耀中，那么，便不能以虚心的心态去求知，便总是驻足不前。企业也是如此，要想创业成功、把企业做大，我们就要不断否定自己，放下过去，在创新中获得发展。

创业路上，如果你想使自己获得更多机会，想让自己的事业做得更强，如果你想在人生路上继续前进，那么，你就必须懂得放下的智慧，放下过去的兴衰荣辱。当然，这并不是要我们一味地否定过去，而是要怀着否定或者说放空过去的一种态度，去融入新的环境，对待新的工作和新的事物。

懂得放弃多余的机会

在所有创业者的眼里，前巨人集团CEO史玉柱是一个传奇。他曾经的创业资金是四千元，但如今，他却成为了身家数百亿的企业家。然而，他的成功史却告诉我们一个道理，不是所有的机会都能给我们带来财富，有时候，它只是一个诱惑而已，懂得说“不”，才能免除不必要的损失。

1989年，史玉柱从深圳大学研究生毕业，随即下海创业，在深圳研究开发M6401桌面中文电脑软件。1991年巨人高科技集团成立，注册资金 1.19亿元，并频频受到半数以上中央政治局委员以上级别的中央领导的造访。1995年他被列为《福布斯》中国大陆富豪第8位，是当年唯一以高科技起家的企业家。

史玉柱第一桶金的获得就体现了他的营销天赋。

在上个世纪80年代末、90年代初，无论是营销理念还是方法，都并不发达，传播预算和推广费用还是比较新鲜的词汇。即使是单纯的广告投入，在本土新兴企业尤其是技术型企业中仍属罕见。

1989年7月，史玉柱怀揣独立开发的汉卡软件和“M-6401桌面排版印刷系统”软盘，南下深圳。由于受到当时深圳大学一位在科贸公司兼职的老师的器重，史玉柱得以承包一个电脑部。当时，除了一张营业执照和4000元钱，史玉柱一无所有。为了买到当时深圳最便宜的电脑(8500元)，他以加价1000元为条件，向电脑商获得推迟付款半个月的“优惠”，赊账得到了平生第一台电脑。为了推广产品，他用同样的办法“赊”来广告：以电脑做抵押，在《计算机世界》上以先打广告后付款的方式，连续做了3期1/4版的广告。《计算机世界》给史玉柱的付款期限只有15天，可一直到广告见报后的第12天，史玉柱都分文未进。就在关键时刻，第13天出现了转机：他一下子收到三张邮局汇款单，总金额1.582万元！先人一步的思维方式，让史玉柱迎来了最初的成功：两个月后，他账上的金额竟达到了10万元之巨。他再把钱投入广告中，边扩大影响边卖汉卡，4个月后，仅靠卖M-6401产品就回款100万元，半年之后回款400万元。就这样，史玉柱赚到了人生的第一桶金。

但后来，史玉柱却遭到了事业上的一次重创，让他一夜之间负债2.5亿。事情是这样的：

20世纪90年代中期，当年“十大改革风云人物”之一的史玉柱决意在美丽的珠海盖一栋自己的大厦。可在他一次又一次和总理握手之后，这栋原本18层的房子忽然间被拔高到70层，史玉柱意气风发地决心要盖中国第一高楼，虽然当时他手里揣着的钱仅仅能为这栋楼打桩。联想集团总裁柳传志这样形容当时的史玉柱：“他意气风发，向我们请教，无非是表示一种谦虚的态度，所以没有必要和他多讲。而且他还很浮躁，我觉得他迟早会捅出大娄子。”

正是在这样的担忧和预言下，巨人大厦很快坍塌下来。“当我真正感到无力回天时，就完全放松了！”这也是史玉柱，没有其他人能像他一样在负债2亿元时还能避免崩溃。当时的史玉柱无力回天，好几个月没给员工发工资了，但是，史玉柱的核心干部竟然没有一个人因此离开。史玉柱在忠诚团队的支持下，决心东山再起。

巨人何以说倒就倒？比较有定论的分析有两条。首先是投资重大失误，其主因便是楼高70层、涉及资金12亿的巨人大厦。大厦从1994年2月动工到1996年7月，史玉柱竟未申请银行贷款，全凭自有资金和卖楼花的钱支持；而这个自有资金，就是巨人的生物工程和电脑软件产业。但以巨人在保健品和电脑软件方面的产业实力根本不足以支撑住70层巨人大厦的建设。当史玉柱把生产和广告促销的资金全部投入到大厦时，巨人大厦便抽干了巨人产业的血。

后来，史玉柱说：“宁可不投资，也不能投资错误。”尽管这次失败对于史玉柱是一次重大打击，但并没有打垮他。很快，他走访大街小巷去了解老年消费者的消费习惯和诉求，脑白金也就应运而生。

史玉柱从第一桶金的获得，到一夜之间负债累累、再到巨人重生，都向我们证明了一点：财富的获得，并不是一帆风顺的，成功需要不断的放弃，对于那些看似是机会的诱惑，我们一定要懂得说“不”。正如史玉柱一样，再一次投入市场洪流的他开始摒弃过去的多元化经营模式，变得专注起来。“我现在给自己定了这样一个纪律：一个人一生只能做一个行业，不能做第二个行业；而且不能这个行业所有环节都做，要做就只做自己熟悉的那部分领域，同时做的时候不要平均用力，只用自己最特长的那一部分。”经历了人生最低谷的史玉柱显得保守而谨慎，

人只有在低谷才能学到东西，所以那段低谷时期的教训才能作为衡量后面事件的一把尺子。成功经验的总结多数是扭曲的，失败教训的总结才是正确的。懂得放弃多余的机会，专注于手头一件事，是一种远见，更是一种魄力。

会分享的人能获得更多财富

我们都知道，当今社会已是信息社会，互联网行业的发展，让世界的每个角落都能相互了解到最及时的消息。人们渴望了解世界，分享消息。如果谁能满足人们这一需求，谁就能获得财富。发现这一商机的，就有陈士骏。

陈士骏是美籍华裔，他出生于台湾，8岁时随父母移民到了美国。陈士骏毕业于伊利诺伊数学科学学校，在伊利诺伊州大学计算机工程系4年级时中途退学，作为早期成员进入了网上结算公司Paypal。2005年5月与同事查德·赫利一同创办YouTube，打造出了世界上最大的视频网站。

2006年，陈士骏入选美国经济杂志《商业2.0》公布的“全球最值得关注的50人”，并于同年11月以16.5亿美元将YouTube出售给谷歌。据悉，当时得到了价值2900亿韩元的70万股谷歌股票。陈士骏和查德·赫利两人又创办了新的网络企业

AVOS，并于去年4月从雅虎手中收购了网络书签服务企业Delicious。

然而，令人们感叹的是，身价亿万的华裔小伙陈士骏之所以获得如此大的商机，完全是来源于一次偶然的机会。如果你对YouTube这家世界最知名的视频网站有所了解的话，也许你就会熟知它的创业故事：

2005年，陈士骏想从eBay(微博)出来做点什么，就去刚刚创建的Facebook面试，但没找到太多感觉。他满脑子创业想法，而正好他在Paypal多年的同事查德一家从西雅图搬回硅谷。查德给他打电话，"嘿，不想做点事吗？"一个工程师和一个设计师，一拍即合。

可两人并没想到，成功竟然这么快就与他们碰面。2006年，当Google收购YouTube时，价码竟然达到了16.5亿美元。

漫天的报道席卷而来，镁光灯不停在头顶闪耀。比这更重要的是，YouTube团队终于摆脱了连番苦战，再也不用为带宽和服务器担心，仅借助自身的大事件便一跃成为新的主流媒体平台，进入了一条意义深远的快速发展通道。

一夜间，陈士骏有了亿万身家，成为"IT 璧人"。其实美国杂志"Business 2.0"在 2006 年 6 月公布的全球前五十大最具影响力商界人士排行榜中，除了阿里巴巴网站创办人马云排名第十五以外，来自台湾的陈士骏也已经名列第二十八位。就像硅谷的其他创业传奇一样，据说 YouTube 最初的创意和原型也是在车库里做出来的。继杨致远、丁磊、张朝阳、陈天桥、朱骏等一些人之后，陈士骏成为又一位华人中的互联网风云人物，而他的财富来得更快，年纪也更轻。

然而后来，陈士骏却卖掉了YouTube，而他之所以这样做，有他自己的原因：

当年 YouTube 属于创业期，工作非常辛苦，员工整日工作没有休假，经常每天工作 18 个小时。如果没有一个大公司的支持，员工们恐怕难以坚持下去。另外，当时公司在做国际化扩张，并寻求在移动设备上有所突破，这些都需要一个大公司的帮助。YouTube 目前每月的全球独立观众已达 8 亿。分析师估计，YouTube 每年为谷歌贡献超过 10 亿美元的广告收入，而且很有可能已经盈利。

陈士骏，这是一个会在今后的一段时间非常吸引人眼球的名字。

陈士骏的创业故事和经营思维；都告诉我们一个道理：要成功，就不能死守自己的手头资源；懂得放弃，与人分享，才是一种明智的选择，才会有更大的创业平台。

陈士骏告诉我们，创业是一种勇敢的选择，即使你可以在世界一流公司找到非常好的职位，过着非常舒适的生活，但只有放弃这样的生活，你才能有所突破，而其中就包括分享。

分享，是指将自己喜爱的物品、美好的情感体验及劳动成果与他人共享的过程。“分享”意味着宽容的心，意味着协同能力、交往技巧与合作精神。人生在世，我们每个人都需要和别人分享——分享快乐，分享痛苦，这样对自己有益处的同时，对别人也有益处，这就是现在说的“双赢”。同样，创业过程中的分享，更是一种懂得放弃的明智之举。如果你想要把手头的蛋糕做大，首先就要学会分享这块蛋糕，这样才会获得我们手头上更大的蛋糕。

创业启示

当今世界，无论什么行业，在封闭的状况下都不可能获得大的发展。开放自己的心态，学会与人分享，就能打开自己的思路，发现商机。

第12章 压力是成功的羽翼、腾飞的动力

我们都知道，创业从来都不是一件轻松的事，任何一个创业者，要经受的压力实在太多了：资金缺乏、亏损、竞争对手、艰苦的创业环境等，但我们若想做出一番成就，就要有比常人强大的抗压能力，超强的意志力、耐力都是我们所必需的。只要我们经受住了压力的考验，不管我们正在遭遇什么，我们最终都会迎来创业路上的春天。

失利是反省的机会

我们知道，人都是群居动物，我们需要马不停蹄地赶路，我们总相信只有努力才能有所收获。并且，对于那些创业中的人们，他们更相信压力、困难是考验自己的方式，只要自己咬咬牙关，就能挺过去。诚然，通常情况下，压力会给予我们动力，但我们更应该懂得利用压力好好地反省自己、思考人生。你发现没有？你不知道自己要的到底是什么样的生活？你的心是否曾经被一些自私自利的狭隘思想笼罩过？你是否已经变得人云亦云？“不识庐山真面目，只缘身在此山中”，为此，我们任何一个人，包括所有的年轻人，都要有“吾日三省吾身”的心，要有“跳出

庐山看庐山”的胆，给自己一段独立思考的时间，做回真正的自己。

接下来，我们看看安之机构创始人、成功学大师陈安之的创业故事：

陈安之，1967年12月28日生于中国福建省福州长乐市，12岁随亲戚到美国读书，开始边工作边学习。他曾经做过十八份工作：卖过菜刀、卖过汽车、卖过巧克力、当过餐厅服务员等，可是到头来他的存款还是为零。

直到21岁，陈安之遇到了人生中的第一位恩师——世界潜能激励大师安东尼·罗宾。此后，他个人的特长、天分和强烈的爱心获得了真正的释放。安东尼·罗宾的一句话，改变了陈安之的命运：“这个世界上赚钱的行业很多，但是没有哪一个行业可以比得上帮助别人成功和帮助别人改变命运更加有价值、有意义。”从此陈安之便立下了“以最短的时间帮助最多人成功”的志愿。

陈安之回到祖国，看到祖国这样日新月异的发展，看到这么多人对他这样的亲切和熟悉，陈安之再次定下第二个目标——“要把他在海外学到的所有成功学知识，毫无保留地告诉给中国的每一个人，希望中国由于更多人掌握了先进的成功学知识，在21世纪成为世界第一强国！”

陈安之说：我不想成为亿万富翁，我不想演讲，不想开劳斯莱斯；只是因为我的学生想，是别人需要，所以我就要先做到。曾经我创业的时候，只吃三样东西：白吐丝面包，炸酱面，矿泉水，一套西服从冬天穿到夏天，从夏天穿到冬天。我把赚来的所有钱用来投资脑袋，让我今天能站到这里。我是为了帮助别人，而不是成就自己。所以我的生命中没有竞争对手，有的只是朋友，我的目标不是超越别人，而是激励所有人。我的目标不是成为第一，而是教别人成为第一。全天下所有的人都可以上我的课程，包括同行的人，包括竞争对手，因为我的课是帮助别人，而不是把别人比下去。别人可以说坏话，别人可以说我负面，但这些话一定不会从我的嘴巴里讲出，因为我是一个有爱心的人，我是一个感恩的人。

我们要把学习提升到一个境界：疯狂的努力，不是为了自己，而是为了别人。我之所以演讲25年，并一直做下去，是因为我从来都不是为了我自己。我所有的成就都离不开我的老师安东尼·罗宾。我对我的老师无比的尊敬、感谢，他改变了我的一生。所有我的学生，请你用最好的结果把成功的方法传播出去，来证明成功学是有效的。如果别人问成功学是什么？只有一个字："爱"！

陈安之的故事告诉我们，没有成功是天赐的，创业的成功、第一桶金的获得，都来自于对所走道路的正确认识。同样，处于压力中的我们，也应该勉励自己："我要振作精神，跟命运搏斗，我要把痛苦化为力量，设法有所建树。"实际上，在失利面前，我们不妨停下来好好想想、歇歇脚步，失利正好给了我们反省的机会，这更有利于我们看到自己的不足。

生活中的人们，你是否曾经遭遇过失败？你是否意志消沉过？你是否奋力一击，但最终还是彻底失败？你的健康是否出现过问题？其实，你不要害怕，即使遇到这些情况也不能阻挡你达成最后的目标。其实，失败只是我们在寻找胜利路途上的一小部分经历而已。伟大的成功通常都是在无数次的痛苦失败之后得到的。大剧作家兼哲学家萧伯纳曾经写道："成功是经过许多次的大错之后得到的。"

一朝一夕就成功是不可能的。每一个奋发向上的人在成功之前都曾经历过无数次的失败。我们需验试验、耐心和坚持，才能汲取经验，得到成功。而化失败为动力的方法是：

1. 仔细分析现状，找到自己的问题，不要怪罪于任何人；
2. 给自己重新制订一份计划，这份计划必须要考虑到前一次失败的原因；
3. 不妨去想象一下自己在获得成功后的欢愉场景；
4. 收起那些曾经让你不快的记忆，它们现在已经变成你未来成功的肥料了。
5. 重新出发。

你可能必须再三试行这五种步骤，然后才能如愿达成目标。重要的是每尝试一次，你就能够增加一次收获，并向目标更加迈进一步。

拿破仑·希尔总结到，把失败转变成成功，往往只需要一个想法紧跟一个行动。那些成功者，他们都是勇敢的、理智的，即使遇到了失利，他们也不会退缩，而是能化悲痛为力量，把失利当成提升自己的又一次机会。

绝境不过是黎明前的黑暗

在创业过程中，我们每个人都希望自己能够成功，但创业绝不是一帆风顺的过程。那些成功者，也必定是经历了百转千回的磨砺和痛苦，甚至是一次痛苦的蜕变。因此，我们说，成功是容不得我们有享乐之心的。俗话说："命好使人废"，温室中的环境是培养不出人才的。生活中的我们，在遇到困难的时候，也要有忍耐力去拥抱你的困难。只有顽强面对，你才能实现人生的成功蜕变。接下来，我们来看看越众创业网总裁郭俊峰是怎么在绝境中重生和获得创业的第一桶金的：

郭俊峰，1981年生。1999年，当他还是一名大学生的时候，他就对成功有高于常人的渴望。因为被几个老乡诱骗，还不到20岁的他居然欠下了15万的债务，于是，他决心一定要找到出路。

接下来，他开始做花生油生意，在无资金的情况下，他四处求人，希望可以获得保障。那段日子是艰辛的，当然，他的诚心最终打动了一位老板。

后来，开着租来的货车，从厂房拉出了油，他开始出发。深圳的一位熟人介绍了一个当地朋友的一个仓库存放花生油。然后郭俊峰同大他九岁的合伙人人开始到处找买家。等买家跟着他们去提油时，才发现，十几桶油却只剩下五六桶了。再打那位“朋友”手机，又是停机。郭俊峰一下子瘫坐在了仓库冰冷的地上。

命运的再一次考验并没有让郭俊峰绝望，在那样的一个寒冷的冬天，他变得越发坚强起来。于是背负着将近20万债务的他开始拼命挣钱。

没办法，他必须要开始找工作了。后来，郭俊峰找了两份工作，给两家公司做普通销售员，不论什么活，不论工资多少他都愿意干。他卖手表，做推销，忍着饥饿和寒冷走在大街小巷。他不相信命运会一直给他带来厄运，他相信自己总有一天会战胜所有的挫折和困苦。在走街串巷的日子里，他依旧在内心里觉得自己是未来的英雄。

终于，命运出现转机了。20世纪的最后几年，包括电信、吉通在内的国内数家电信运营商开始争先恐后地推出了IP卡，郭俊峰适时地申请加入了代理商，并开始在广东推销IP卡。随后他又回到郑州开拓市场，带着一帮同龄人一起闯荡，很快就积累了一定的资本，为随后的创业准备了第一桶金。

2000年8月，郭俊峰开始了有生以来的第一次真正意义上的创业：他租了一间15平方米的空房子，成立了“捷通商行”。说是经理，他却依旧没日没夜地和业务员一起睡地板，跑业务，敲门推销。多年后，当郭俊峰再次想起那段日子时，都会觉得那就像一个巨大的强有力的旋涡，今他激情澎湃，每每谈起，他总会回忆良久。

半年后，上帝再一次眷顾了这位勤奋的年轻人：IP长途价格降低到3角钱每分钟，并且代理商有权上门办理。在夜以继日的奔波与沟通之下，他们终于得到了郑州联通的IP电话业务代理权。借着这一千载难逢的良机，郭俊峰果断地决定正式成立公司，于是在2001年3月，越众贸易有限公司成立，此时，郭俊峰刚满20周岁。

越众公司成立后，业务一路拓展，从最初的郑州很快向河南省内其他城市发展。后来，他分别在北京、上海、长沙等地成立了将近20家分公司。

2002年9月，郭俊峰花了1000万元以10个月的时间完成了对河南汉白明月酒业有限公司的收购，并完成了产品外包装、营销策划、广告定位、市场开发等一系列事务。

2003年，大学生就业空前困难，从国家政策到地方规章，都在鼓励大学生自主创业。为此，郭俊峰响应国家号召，10月，他举办了“中国大学生创业励志全国巡回演讲”，率队到全国各地的大中专院校激情传授创业常识，累计演讲达四百余场。像当年开发异地分公司一样，郭俊峰果断成立了“越众企业管理咨询有限公司”，帮助大学生创业，向他们提供全程创业指导，包括寻找项目、融资、开拓市场等。

从某种意义上说，郭俊峰的成功是因为他站在了同龄人难以企及的高度上。而这种高度，正来自于他自身的不断努力。和郭俊峰相处过的人都说，这位年轻的集团老总给人印象最深刻的就是他的好学、勇于尝试，以及敢于面对困难的勇气。

生活中，渴望创业成功的人们，也应该学习郭俊峰的这种勇气，必须学会如何去面对打击，并在打击之后再度坚强地站起来。这句话说起来容易，实践起来就往往很困难了。为什么那么多在别人眼里很有前途的人到了最后却活得很平凡甚至窝囊呢？很大的一个原因就是他们经不起打击。虽然他们也知道被打倒之后应该坚强地站起来。但当几乎可以致命的打击出现时，他们最后往往都选择了低头。

一个人要成功并不是靠蛮干就能成功的。就好比一个人跌倒在沼泽地上，要继续前进，要成功，就必须先屈辱地向前爬行，直到爬出了沼泽，再选择站起，并且前行。

战胜竞争对手

我们都知道，当今社会，市场竞争之激烈早已毋庸置疑，尤其是对于那些创业中的人们来说，要想在市场中占有一席之地，更是难上加难。为此，很多准备创业的人们退缩了，他们会给自己找出各种各样的借口："市场已经饱和了，不可能做得比别人好。""打败那么大的企业，简直是痴心妄想，还是别碰那钉子了。"而其实，他们没有意识到的是，在这样的压力下，如果你能充分利用智慧的力量，找到出口，很可能你就能获得无法想象的成功。上个世纪百事可乐总裁斯梯尔与百事可乐的一场战斗就说明了这个道理。

百事可乐总裁斯梯尔并没有人们想象的那样有高学历和不凡的背景，相反，他是从基层一步步做起的。

1921年，斯梯尔出生在美国华盛顿州。第二次世界大战结束后，从战场上回来的他到百事可乐公司谋得了一个货车司机的职位。经过20年的奋斗，他从一个普通员工一直干到了百事可乐公司总裁的职位。

众所周知的是，从19世纪末到20世纪，美国的可口可乐风靡全球，一直是全球软饮料行业中的龙头老大。曾经有很多人试图仿制出可口可乐那样的饮料，但是结果毫无例外，全让正牌的可口可乐击败了。而百事可乐公司自1898年开始创办，由于经营不善，只能在市场的边缘求得一点点生存空间。

此时，斯梯尔可谓临危受命，在他接手百事可乐的工作中，他的手腕确实令人佩服：

首先，他先是把市场定位于战后的年轻一代，选用散发青春活力的俊男美女做广告，通过庞大的广告攻势打出"百事可乐：新一代的选择"的口号，宣扬"饮百事可乐，突出你的青春健康形象”。这个广告含沙射影地讽刺拥有百年历史的可口可乐是老古董，配不上美国年轻人四射的活力。

然后，百事可乐又别出心裁地推出不同分量的包装，既可以把一大瓶百事可乐放在家里，全家一起饮用，也可以让年轻人买小瓶的单独享用。而当时的可口可乐始终只有一种分量的包装。

如果说，百事可乐开头的广告只是含沙射影地攻击可口可乐的话，那么这一次，百事可以说是彻底撕下伪装，与可口可乐打了一场漂亮的白刃战。

后来的一天，人们突然在电视广告里看到了这样的画面：百事可乐公司在一些公共场所邀请人们同时饮用可口可乐和百事可乐，在品尝之后，请他们评价两者的味道。结果因为很多人喜欢吃甜食的心理，在没有名牌效应的情况下，大多数人都比较喜欢百事可乐的味道，因为百事可乐比可口可乐略甜。于是那些参与测试者喜欢百事可乐的神情，都被拍摄下来，出现在电视上。斯梯尔采用的这种市场测试法大获成功，最后推广到世界各地的可乐市场上。

试味道这一招对可口可乐高层的震动很大，他们开始检讨在可乐的味道上是否已经不能符合公众的喜好，因此做出了改变旧配方的决定，把可口可乐的甜味提高。

谁知可口可乐这一反应正中了斯梯尔的圈套。在可口可乐改变配方当天，斯梯尔马上宣布给百事可乐员工一天临时假期以示庆祝。并且还在美国各大城市的闹市区免费派发百事可乐，搞得这一天像是百事可乐的大喜日子。不但如此，斯梯尔还乘胜追击，推出一则新广告，在广告片上，先提出一个问题：“为什么可口可乐要改变配方？”

接着，出现一个小女孩，充满悲伤地说：“他们把味道变了。”接下来，这个小女孩拿着一瓶百事可乐，在饮下一口之后，恍然大悟地说：“噢，现在我知道了！”这个堪称经典的百事广告，不仅再一次在目标消费群中塑造了自己的美誉

度，还使得一大批原属于可口可乐的品牌消费者纷纷倒戈。

这一下，百事可乐把可口可乐打得狼狈不堪，可口可乐销量暴跌，而百事可乐销量暴升。本来奄奄一息的百事可乐公司终于可以和可口可乐分庭抗礼了。

从此以后，百事可乐终于达到了与可口可乐分庭抗礼的市场地位，也使得斯梯尔这个货车司机出身的百事公司总裁成为了传奇式的人物。

当然，随着后来《反不正当竞争法》等政策的出台，上述百事公司运用的那些攻击性很强的广告手法，已经被明令禁止。但斯梯尔的铁手腕确实让很多创业者吸收到了经验：在与比自己强大的对手打交道时，我们虽然压力重重，但只要我们能找出对方的软肋和竞争的突破点，战胜对方是完全能做到的。

商场变幻莫测，谁能拥有惊人的头脑和智慧，谁就是主宰者。即使我们面前有很多强有力的竞争对手，我们也不必为此惊慌，顶着压力前进，你就能找到出路。

渴望越多成功来得越快

人们常说，梦有多大，舞台就有多大。渴望成功，才有成功的可能，这就是信念的力量。但任何梦想和信念，只有在屹立不倒的情况下，才会产生作用，才会指引我们走向胜利，这就是必胜的信念。现代社会，很多人都渴望创业成功、获得财富，但是大部分的人都没有经过社会的洗礼和锤炼，无忧无虑，对于失败和成功并没有多少概念。但从现在起，你必须认识到信念的力量，那么，在未来的生活、工作中，即使你遇到挫折，你也将懂得在陷入困境时，与其苦苦等待，不如点燃自己手中仅有的信念的“火种”，去战胜黑暗，摆脱困境，才能给自己带来光明。巴甫洛夫曾宣称："如果我坚持什么，就是用炮也不能打倒我！"

接下来，我们不妨来看看江西雨后实业创始人梁军生的创业经历：

如同"雨后实业"一样，梁军生也拥有传奇色彩：1976年出生于遂川的他，16岁初涉商界，小试牛刀净赚2万元；23岁再次下海弄潮，掘得创业第一桶金400万元；而立之年回乡创业，资产高达6000多万。如今，34岁的他，却还在声称他的创业历程才刚刚开始……

梁军生的人生经历很丰富。16岁刚初中毕业的时候，梁军生就开店卖过服装，后来又到石家庄的河北博物馆当过保安，接着因为他很有经济头脑，又转正为国家干部，调到河北省文物局文物发展中心，担任副经理兼办公室主任，专门负责各类旅游纪念品、徽章的开发和生产经营。因为这个职务，他接触了很多浙江人，又触发了他想经商的念头，所以他果断辞职下海，开过送水公司，还到成都做过药品代理。一路的生意做下来，虽然也赚了点小钱，但离他心目中的成功还是相差很远，他一直渴望着能寻找一个更好的商机，可是机会出现的概率却似乎和哈雷慧星差不多。

有一天，梁军生和一个也是在成都做生意的朋友得了空闲，便约在一起喝茶。几杯茶下去，说了一会儿做生意的难，两个人便海阔天空地扯了起来。说着说着，朋友便聊到了举世震惊的"9·11"事件。朋友说，世贸大厦起火的原因是被撞的瞬间产生的高达几千度的温度使钢铁溶化，最终导致大楼倒塌，因为他们使用的是一般的钢铁。如果是用加了五氧化二钒的钢铁，那么就算是1500~2000度的高温，都不能使它溶化，而且这种钢铁也不会产生热胀冷缩现象。因为"9·11"的教训，美国发布了强制执行标准，规定生产钢铁时必须添加五氧化二钒。男人们聚在一起总喜欢说些政治大事、国际风云什么的，朋友说得眉飞色舞，梁军生听得饶有兴趣。

再一次和朋友相聚，已是两年后，还是同一家茶馆，不同的是，梁军生已是一家年销售额达4亿元的化工厂老板。对于梁军生这样迅速的成功，朋友掩饰不住自己的羡慕。而梁军生却突然对朋友说，我有今天，还要感谢你。知道我的化工厂生产什么吗？我们生产的就是五氧化二钒。

原来，那次在喝茶时听了朋友的话后，梁军生马上敏锐地意识到，使用钢铁添加剂也必然是中国的一个趋势，在钒钢上做文章肯定大有可为。走出茶馆后，他马上四处去搜集相关资料，了解到全球只有中国、南非、俄罗斯拥有大量钒矿资源，而中国的钒矿主要分布在四川攀枝花、河北承德、湖南怀化等地。于是他和湖南方面联系好了原料供应后，便回到老家创办了雨后化工。钒矿深加工的前景果然好，他的产品很快就销往欧美、日韩等国家和地区，才三十出头的他也成了一名成功的实业家。

朋友听了，懊悔不已，心想自己怎么就没有发现这个大好商机呢？

看朋友捶胸顿足的样子，梁军生笑了笑，说：你知道吗？小时候，我们家很穷，我兄弟又特别多，常常吃不饱饭。我妈因为要参加劳动，做饭的时间也总不固定，但让她觉得很奇怪的是，每次她刚做好饭，我准会马上出现在饭桌前。后来她总算搞明白了，那是因为我饭量大，在和兄弟们吃一样分量的情况下，我总是比他们更饿，所以我总是能最快闻到饭香。

朋友哭笑不得，又不得不佩服地说，我明白了，就是因为你比我更饿，你有一颗更饥渴的心，所以才能更快地捕捉到成功的机遇。

从梁军生的经历中，我们发现，一个人对成功的渴望程度如何，从某种意义上决定了他能否经受住巨大的压力。如果你对成功有颗饥渴的心，你就能有勇气战胜一切困难，找到出路。

总之，我们每个人，都应该从梁军生的身上感受到力量，并从现在起，开始努力奋斗，这样，即使你遇到了各种困难，也会因为内心对成功的渴望而促使你朝着成功的目标迈进。

创业过程中，不断遇到什么困难，我们都要自己给自己打气，确信自己的看法，要心中默念：我想可以，我可以坚持地做好。那么，你就能一直以良好的状态到达目标。这其中的过程，一直需要有必胜的信念在引领着你前进。

压力是高效的催化剂

创业过程中，一些人常常抱怨压力太大压得自己喘不过气来。面对压力，很多人常常会抱怨，会逃避。其实，有压力，才有动力，压力带给我们的不仅仅是痛苦和沉重，还能激发我们的潜能和内在激情，让我们的潜能得以开发。因此，面对压力，我们也应该调动自己的意志力和自控力，否则，我们只会被压力压得喘不过气来。接下来，我们看看三胞集团有限公司创始人袁亚非的创业经历。

1988年至1992年，他任职于南京市雨花台区政府。之后从政府辞职，下海创业，创立了南京三胞科技发展中心。1995年成立江苏三胞集团有限公司，2005年更名为三胞集团有限公司并担任董事长至今。在事业不断取得突破的同时，他一直致力于管理理念和经营模式的创新，其所创立的“WDM”营销模式和“市场创新与科技创新”并重的理论，掀起了中国IT业营销模式、经营理念变革的风潮，受到国家和省、市政府相关部门的高度重视，他更因此而被业界誉为中国IT终端领域的管理专家、实业强人。

袁亚非，1964年12月出生，1988年毕业于南京金陵职业大学财会专业。在担任一段时间的公职人员以后，他开始下海经商。当时生意并不好做，他倒大米、贩服装，一连几单生意都失败了。下海试水一分钱没挣到，反而把本钱赔光了。袁亚非自问，难道自己的创业生涯就这样结束了？

眼看走投无路，命运却开始转弯。袁亚非意外地获得了一个令人振奋的消息——他在小饭馆里吃饭时认识了曾经卖过电脑的姚昀，听姚昀说“不少南京人从深圳倒计算机配件到珠江路卖，利润有20%~30%。”他顿时两眼放光，仿佛抓住了救命稻草：“那我们就做电脑！”

这次机会硬是让已豁出去的袁亚非给抓住了。他借了10万元，和姚昀直奔深圳。在深圳他找到了大学同学胡强，三个人凑足30万元，袁亚非进到了第一批电脑。“那时候不敢坐飞机，为了省钱，火车托运，剩下的软驱、光驱我们自己背着，勒得两个人肩膀全是血痕。”当时电脑及配件都从香港进来，价格浮动与港币挂钩。那是1993年底，几个月间1港币兑换的人民币从0.8元涨到1.3元，袁亚非进货时是0.8元，回来后港币就不停地涨。这意味着，当他选择保持与别人相同利润空间时，就可以将价格降到别人的2/3以下，周转速度可占上风；当他选择销售价格与别人相同时，就能比别人多赚超过1/3的利润。

第一单电脑生意袁亚非最终挣了30多万元，算是找到了一条财富源泉。而且这第一单生意，还让袁亚非悟到了商业的秘密。

1994年，袁亚非在珠江路电脑城开了家叫做“三胞电脑”的装配公司，挤在上百家门店里，算是正式进入“业内”。电脑城只剩最后一间靠近厕所的臭烘烘的摊位，便宜，一年租金才2万多块钱。袁亚非毫不犹豫把它租了下来。他自己不懂电脑，就招了几个熟手，鼓捣着开始做生意。

位置差生意差，埋头苦干不是办法。此时袁亚非的市场意识和果敢再次发挥了作用，他走出了一步别人想不到的棋——每周花100元为自己的产品在报纸上做广告，成为南京IT行业第一个吃广告螃蟹的人。

这一来可不得了，袁亚非成了同行眼中“一个不懂规矩的搅局者”“必须把他的气焰杀下去！”号称南京八大电脑公司的老板们，联合起来请袁亚非吃饭。很明显，这是一场鸿门宴。

这台鸿门宴，激发了袁亚非的斗志。他加大了广告投入，被习惯遮蔽了眼光而看不到“道理”的大多数同行，很快被他杀得一片狼藉，到1994年底，他的摊位已遍布电脑城。不久他又杀入珠江路电脑一条街，到1995年底拥有了11家店铺，经营的品种也从最初的计算机配件扩展到整机以及商务通、快译通等多种电子产品，两年间成了南京电脑大王。

从袁亚非的经历中，我们看到了压力的督促作用。曾经在厕所旁开电脑摊位的袁亚非，正是因为感受到了前所未有的压力，他才会努力，激发出自己的很多创意，最终在电脑界闯出了一番成就。

人们常说“置之死地而后生”。为什么生命在“死地”却能“后生”？就是因为“死地”给了人巨大的压力，并由此转化成了动力。没有这种“死地”的压力，又哪有“后生”的动力?

如果说，人一生的发展是不易反应的药物，那么压力就是一剂高效的催化剂。它不是鼓励你成功，而是逼迫你成功，让你没有选择不成功的余地。他带给人的，不仅仅是痛苦，更多的则是一种对生命潜能的激发，从而催人更加奋进，最终创造出生命的奇迹。

创业过程中，虽然我们经常会遇到挑战和压力，它会让你身心疲惫，但这些压力也会让人的意志变得更加坚强，性格更加成熟，能力更加提高，从而最终获得成功。因此，从现在起，要正视压力，只有将压力变为动力，才能在时间的无涯荒野里种下自己的理想之树，随着生命的律动，春华秋实。

跌倒了，再站起来就好

罗根·史密斯说过这样一段话，言简意赅，他说：“人生应该有两个目标，第一是，得到自己所想要的东西；第二是，充分享受它。只有智者才能做到第二步。”他这句话的含义是，当人生的不幸来临时，积极的心态是一个人战胜一切艰难困苦，走向成功的推进器。积极的心态，能够激发我们自身的所有聪明才智；而消极的心态，就像蛛网缠住了昆虫的翅膀和脚足一样，束缚住了人们才华的光辉。

同样，处在创业中的人们，在面临艰难困苦时，也要有积极的心态，即使你现在遭遇的是不幸的事件，但只要你内心满怀希望，幸运之神就会光顾你。我们先来看看现任北京亚都科技股份有限公司董事长兼首席科学家的何鲁敏的创业过程：

1987年年初，何鲁敏同另外两名归国学者一起，创办了北京亚都科技股份有限公司的前身——北京亚都建筑设备制品研究所。当时，创办企业的5万元资金是以年息25%借来的，在“房无一间，地无一垄”的情况下，租了北京钟楼下的一间仓库做办公室，大门正对着钟楼，每天打开大门，首先映入眼帘的就是钟楼。说起这段经历，何鲁敏还道出了亚都的一个典故。亚都之所以名为“亚都”，是因为当时租用的办公地点就在钟楼下面，“天安门是首都的象征，而钟楼在天安门后边，故为亚都！”有了好名，有了好地，有了第一笔资金，还差什么？当然就等着出成果了。但是一个民用新产品的面世，不仅要经历产品的开发与研制，还要把产品推向市场。亚都民用加湿器问世的时候遇到了莫大的考验，尽管费尽心机想了无数个办法，可是过惯了干燥生活的老百姓就是不接受加湿器，当时690元一台的民用加湿器对于中国老百姓来说似乎有些奢侈。

1990年第十一届亚运会召开前夕，亚都迁入中关村，重新注册了公司，公司从研究所更名为北京亚都科技股份有限公司，产品也进入了亚运会场馆。一切似乎都还算平稳。但不久，一件倒霉事向亚都袭来。

1990年年底，《北京晚报》登出一篇题为《加湿器也会致病》的文章，说污水加湿可能导致过敏性肺炎。“这篇文章一出来，肯定对销售产生了极大的影响。”何鲁敏对这个打击记忆犹新，“当时我们非常着急，如果处理不当，亚都在亚运会上创造的影响力将烟消云散，并可能因此不得翻身。”几天后的《北京晚报》同一版面又登出这样一条广告：“为什么亚都超声波加湿器配套生产了净水器？为什么亚都公司向公众推荐使用净水器？如果亚都人的确有商业推销之嫌，请您务必留意1990年12月31日《北京晚报》科学长廊专刊中许先生的撰文，如果使用不当，超声波加湿器也会致病。”聪明的招数化解了一场危机：任何东西使用不当，当然都会出问题。如此一来，不仅平息了各种对加湿器不利的议论，而且进一步突出了亚都加湿器配套齐全的优势。这一招，是中国著名公关专家王力先生的妙笔，被何鲁敏总结为“化患为利，借势反弹”。之后，借亚运会奠定行业领先地位的亚都终于可以“一飞冲天”，但是与此同时，一个更大的风险却正在向何鲁敏走来。

1999年5月，就在亚都危在旦夕的时候，微软以亚都盗版为由，要求高额赔偿。“那天中午我正在午休，律师匆匆跑了进来。他说这回天塌下来了，您那么多的债主还没对付完呢，现在又来了一个大债主。微软得逞，我们就完了。”回忆起这段经历，何鲁敏唏嘘不已。“我仔细一看是微软的律师函就乐了，我说打这个官司可能是大的吃亏、小的占便宜。或许这就是一个转机，别看微软的势头大，但这是亚都活下去的机会。”“在法庭上，微软当时的发言人很有气势。但从法理上讲，他的诉讼对象错了，不是亚都集团公司。所以，舆论一下倒向了亚都。”法院判决驳回微软的起诉，之后，微软也没有再起诉。

从何鲁敏的创业故事中，我们可以发现，他经历了不少挫折和不幸的事，但最终，他的企业都转危为安，这足以说明一点，不幸和幸运只有一墙之隔，关键看我们的心态。

其实，无论是创业还是追求人生目标，都会遇到艰难困苦。有些人可以成功，有些人会失败，而有些人却始终碌碌无为。相比之下，你会发现，他们各方面（包括年龄、能力、社会背景、国籍以及任何一方面）都很可能相同，但只有一个例外，就是对遭遇挫折的反应大小不同。

失败者之所以失败，是因为他们在“失败”面前，就此投降了，他只会躺在地上骂个没完；而碌碌无为者会跪地上，准备伺机逃跑，以免再次受到打击。但是，成功者的反应跟他们不同。他一旦跌倒，会立即反弹起来，同时会汲取这个宝贵的经验，立即接着往前冲刺。

创业启示

人生的路总是不平坦的，一个有梦想的人，不会因为出现的一些挫折和不幸而放弃努力和奋斗；相反，他们随时准备重新开始。但他们是理性的，他们能在失败面前冷静思考，从失败中吸取教训，从而反败为胜。从哪里跌倒，就应从哪里爬起来，这便是强者的人生信条。

第13章
点滴小生意造就无数大富翁

对于正在或即将创业的人来说，他们也许都会问一个问题：做什么项目能成功？需要多少创业资金？没有资本又该怎么办？然而，我们仔细翻看那些成功者的创业史，就会发现，越是做得出色的人，走的越是不寻常的创业路。哪怕一元钱，哪怕最不起眼的行业，他们也能找到突破点，也能实现自己的财富梦。因此，我们必须要记住的一点是，早起的鸟儿有虫吃，无论什么行业只要我们找准方向，勤奋、努力，我们就能获得成功。

瓜子卖出亿万富翁

综观现代社会的创业史，我们发现，曾涌现出了无数个令人敬佩的创业成功故事，这些创业者，他们并非一生下来就掌握某种本领或拥有异于常人的智慧，但是最终，他们却都能够得到人生的馈赠。之所以那些名人会如此幸运，并不是因为上天的眷顾，而是因为是他们有一种难能可贵的精神，那就是真正的勤奋。

可能你会考虑，做什么生意能挣钱？怎样做能赚到第一桶金？如果有人告诉你卖瓜子能卖出亿万富翁，你会相信吗？也许你会质疑，但事实上，台湾商人林垦就做到了。接下来，我们不妨先来看看他的创业史：

那时的台湾，很多人爱吃黑瓜子，然而由于台湾种植的土地越来越少，黑瓜子几乎无地可种。物以稀为贵，黑瓜子在当时的台湾居然成为了馈赠亲友的高级礼品，一袋300克的黑瓜子，在当时台湾的售价竟然超过30元人民币。每年仅运进台湾的黑瓜子就有2万多吨，而当时台湾有2000万人口，每人每年平均消费黑瓜子1000克。这组偶然听到的数字，让正在做炒货生意的林垦看到了巨大的商机。他相信，只要能够找到好的货源，一定有钱可赚。经过多方打听，林垦了解到祖国内地的甘肃盛产黑瓜子，不仅品质优良，而且价格便宜。

“我跟内地的瓜子作了一个比较，一市斤瓜子竟然相差60元新台币。”林垦就像发现了一座金山。他决定无论如何都要到甘肃去采购瓜子。做小本生意的他，没有多少积蓄，为了解决资金问题，林垦开始四处寻找股东。然而，由于当时两岸的贸易刚刚开放，许多人都在观望，不肯出资。万般无奈之下，林垦想用房子和车子作抵押向银行贷款，这在家里引起了轩然大波。

“人在创业的时候，都有一股傻劲，谁也拉不住。”林垦回忆。他就像吃了秤砣铁了心，非要搏一把不可。最后，和他感情最好的二姐，听了林垦合情合理的市场分析，咬咬牙把自己家多年积攒的15万美元全都交给了他。就这样，1988年8月，林垦踏上了他的冒险之旅。

到甘肃兰州后，林垦听说市郊的民勤县出产的黑瓜子是当地最好的。于是，他就马不停蹄直奔民勤，一路上，心里还是有些忐忑。刚到民勤，林垦就看到一位妇女正在晾晒瓜子，这个专程来采购瓜子的台湾商人顿时目瞪口呆：黑白分明，标准的凤眼瓜子，磕开以后，瓜仁白白的，饱满均匀。

甘肃省民勤县地处沙漠边缘，日照时间长，温差大，这样独特的自然条件下生长出来的黑瓜子，片大、皮薄、板平、肉厚、乌黑发亮，这样优质的大瓜子让林垦的心里乐开了花，什么旅途疲劳、水土不服，离愁别绪，统统被他抛到了脑后。整整一个月的时间里，他又是收购，又是晾干、筛选、验磅，甚至连钉麻袋都亲自上阵。

“我在兰州的最大休闲活动是露营、跳伞、探险、挖金子，到祁连山山脉去，找到那个没有人烟的地方，有熊、有狼的地方，我也不晓得我什么个性，怎么这么喜欢探险，这么老了，还这么喜欢东钻西钻的，就这样子没办法。可是我在中国，真的找到感觉了。当然看到国家这么样越来越富裕，心里非常甜美。”

就是这些并不起眼的黑瓜子，却让林垦发了大财。短短几年，他竟然从小商贩变成了亿万富翁。

生活中的人们，可能你会惊羡于林垦式的成功，但通过他的创业故事，我们应该能感受到他的成功并非偶然，而是勤奋使然。同样，只要你先人一步勤奋努力，然后坚持下去，你也就能掌握成功的秘诀，最终，你一定会获得一番成就。

创业路上，要想知道一个人会有多大的成就，不是看他做事情的起点有多高，而要着重了解他在成功之前究竟流过了多少汗、克服了多少困难、花费了多少心血。准确地说就是看他到底有多勤奋。要知道，曾经有过失败的人或许是勤奋的，但最终获得成功的人绝不是懒惰的！

放下面子，从小事做起

我们都知道，成功人士的优秀品质有很多，而勤奋肯定是其最重要的品质之一。因为他们坚信早起的鸟儿有虫吃，于是，他们比他人更先一步抢占市场，也就更容易取得成功。鲁迅先生说过：“伟大的事业同辛勤的劳动成正比，有一份劳动就有一分收获，日积月累，从少到多，奇迹就会出现”。勤奋源于执着，永不放弃，永不松懈。假如你渴望成功，那就抓住今天，立即行动！

对于很多正在大学阶段的学生来说，也许龚世威就是他们学习的榜样，龚世威，不到24岁，没有任何背景，从卖鞭炮、MP3起家，在校期间先后创办了三家公司。

龚世威，华中科技大学武昌分校的大四学生，他自信地对记者说，他所推广的银通卡预计今年销售会超过1亿元，明年将突破三个亿。他说，进大学时就给自己定下了奋斗目标：要成为中国企业500强。我们先来看看他是如何创业成功的：

龚世威是湖北黄冈黄梅人，小学五年级时跟随父母来武汉定居。

“高中时，别的同学都爱看武侠小说，我却天天看创富书籍，想着要创业。”龚世威说。2003年，他参加完高考后，就和两个同学找到武汉一家知名的培训学校，成功说服了学校领导答应他们以这所培训学校的名义创办暑期补习班。之后，他又找到另一家培训学校，商议由他负责师资和招生，学校提供宿舍。短短两个月，龚世威就挣得了几千元。

2003年夏天，龚世威考入华中科技大学武昌分校工程管理专业。“当年圣诞节的时候，大伙想赚点钱出去玩，就想到在学校卖烟花。”怀揣着向一位广东同学借来的700块钱，龚世威的烟花生意只进行了3天，就赚了3000多元。

“这次尝试成功后，我对自己充满了信心。”龚世威说，2004年他成立了红顶科技公司。这时，校园里流行起了MP3，但多数大学生的购买力弱，看的人远远比买的人多。龚世威利用部分厂商年底急着清货回款的心理，找到商家协商，采取分期付款的方式进到MP3，然后在学校推出分期付款购机业务。

只要是本校的同学，出示相关学生证和身份证，付40%的首期，就可以带一个MP3回家。后来，他还在其他学校增开了销售点，经营范围也扩展到手机、电脑等，最后，还推出了“零首付”业务。这一次，他赚了10多万元。

由于工作太忙，龚世威在大二的时候选择了休学一年。这个时候，他也迎来了创业的第一次大转折——成立自己的物流公司。

龚世威说，2006年夏天，他发现学校的毕业生离校时，都在贱卖自己的生活、学习用品，一打听才知道是因为托运不便。“当时只有邮政和中铁开通了托运业务，收费比较高，但生意非常好。”

经过市场调查，他发现物流公司利润非常高，市场前景也很好。龚世威高薪从其他物流公司挖来专业人员，了解全部运作流程后，买来一辆货车，注册成立了物流公司。“经过一年运作，公司已经盈利30多万元，有全职员工50多人。”龚世威骄傲地说。

2006年年底，他偶然得知央行一直封闭的预付费卡业务即将逐步放开，于是开始积极争取。2006年，龚世威成立了自己的第三家公司——武汉银商通科技有限公司，获得了与银通卡的合作机会。

在银通卡里存入现金，可以在指定的商场、超市、酒店里刷卡消费，还可以享受一定的折扣。在他的努力下，银通卡迅速在武汉市铺开。目前，银通卡可以在航空、百货、休闲等二十多个行业、三百多个场所刷卡消费。

龚世威说：“去年，我们的销售额就突破了三千万大关。今年预计销售会超过1亿元。到明年将突破3个亿。”

谈到今后的奋斗目标，龚世威说，进大学时，他给自己定下的创业目标是进入中国企业500强。“从现在的资产和经营来看，达到这个目标应该没有问题。”龚世威很自信。

龚世威告诉那些年轻的创业者们，创业要敢想敢做敢闯，有冲劲；要能够放得下面子，从小事做起；不能盲从，得认真考虑；最后，还要注重对心态的调整。他还说：“选择正确的创业行业非常重要，我所经营的无一例外都是高利润行业。利润点高的行业，虽然竞争大，但机遇也很多。”

创业成功的人都把少说话、多做事奉为行动的准则，通过脚踏实地的行动，达成内心的愿望。无论是谁，初纵使满腔热血和理想，如果不行动的话，都将与成功无缘。

洗脚洗出来两百亿

我们任何一个人都知道，世界上没有一件有价值的东西可以不通过辛勤劳动而获得，不吝惜自己汗水的人，也必将会有丰厚的收获。一个成功者的成功之处就在于他总是比别人多付出一些，比别人多向前迈进一步。

生活中渴望创业成功的人们，你需要明白的是，要想创业成功，你就要比别人早付出一点、多付出一点。生命有限，维系成功的唯一法门在于不断地努力，在新的方向上不断探寻、适应以及成长，这样，你将步入新的高度。对此，家富富侨创始人郭家富的创业史将会告诉我们这个道理。

在创业板150家候选企业名单中，“家富富侨”赫然入列，成为国内首家启动上市筹备工作的足浴企业。从一个只有4张床位的街边洗脚店，到拥有500多家连锁店的足疗“航母”，草根渝商郭家富十年磨一剑。

郭家富，家富富侨创始人，重庆江津人。曾先后担任中国保健行业协会常务副会长、中国足疗协会会员、北京市重庆商会副会长、重庆保健按摩协会副会长、江津区总商会副会长、江津区第十五届人大代表。

一天，正在广州流浪打工的重庆人郭家富从报上看到，广州市劳动局办的一个职业技术学校按摩专业招生。他一下子兴奋起来。不惜交纳8000元巨额学费报了名。

其实，郭家富对按摩感兴趣并非偶然。按摩于郭氏有着祖传的渊源：祖父在江津老家开药房诊脉号病，常常免费为人按摩治病，而父亲学过中医有较深的理论基础，对阴阳、五行、经脉很有研究。受家学的影响熏陶，耳濡目染，家富从小就对按摩有兴趣，加上从小练过杂技、武术，对按摩穴位、跌打损伤，民间治病的丹方、验方也掌握一些。

郭家富在按摩学校更加系统地进行了中医经络理论、穴位理论及按摩技术的学习，并取得按摩师资格证书。经过职业学校的正规培训，他的按摩技术又有了一个飞跃，他因此坚定了用按摩技术安身立命、闯出自己事业的决心。

然而，那时的按摩还没有形成产业，郭家富的一技之长无人赏识。他只好选择自己创业，在街边租了一间房为人做保健按摩，勉强维生。

一年后，郭家富看天河区一洗脚城在登报招收按摩师，便前去应聘。老板坚持只招女孩不招男生。郭家富说，我是执业按摩师，有资格证书。老板说我们只需脚部按摩。郭家富说，我把按摩手法用在脚上。老板沉吟不语。郭家富说，这样好了，我在你这里洗脚，你不用给我发工资，只按收入提成。老板一听毫不犹豫地答应了。

郭家富的技术终于在这里得到了应用、发挥。许多有疾患的顾客让家富一按摩马上就有了感觉：血脉畅通，全身舒坦，同时肩、腰、背部也被家富顺便推拿、按摩一遍，疲乏、酸疼一扫而去。于是，家富的技术在顾客中留下了深刻的印象，回头客也就滚雪球般越来越多。

郭家富在广州洗脚行业中做出了名气，身价也越来越高，别的洗脚城早就开出天价来挖他。他对自己的技术、能力越来越自信，对洗脚业的经营也有了自己的想法。所以有老板来聘，他也不讲价钱，只希望有一个发挥能力的舞台。

郭家富再去的这家洗脚城因经营不善，已濒临倒闭。干了一段时间，他给老板建议说，你的洗脚城我来承包，去掉你的几个管理人员，你每个月可节约一万多元。我不领你的工资再给你节约几千元，有利润了我们再按收入的比例分成。老板一听喜出望外，马上与郭家富签订了协议。一周后，营业额便大幅上升，一月后，营业额竟达到20多万元，创造了这家企业从没有过的高额利润。

郭家富一边干，一边动起了脑筋，满脑子里都是自己创业的念头。他用一个星期的时间写出一个自己开办洗脚城的项目论证书，给重庆的大哥寄去。他在信中野心勃勃地说，这是我们四兄弟千载难逢的机会。

后来，郭家荣、郭家华、郭家富、郭家贵 4 兄弟倾其所有，在重庆城乡结合部开办了一家只有 4 张床位的按摩服务部，用半年的时间度过了最困难的时期，以后开分店并实行加盟，从商业价值入手，将中华传统医学的保健按摩技术挖掘整理，发扬光大，并因此吸引了大批高素质人才，引起了学术界、理论界的重视。

从郭家富的创业经历中，我们可以得出一点：一个人，要想创业成功，就要付出不亚于任何人的努力，这是一个长期的过程，只要坚持就一定能够获得不可思议的成就。事实证明，任何一个取得成功的人，都是因为他付出了超乎常人的努力。

任何一个人，要想获得成功，就要秉持着今天要比昨天好、明天还要比今天进步的态度，每天实实在在去努力。要让每一天都过得“异常认真”，对于一去不复返的人生，也不能有丝毫浪费，要以诚恳认真到“异常”的方式去度过。这种看来“傻得可以”的生活态度，如果能长期坚持下去，任何一个平凡人也能蜕变成超凡的人物。

不足百元也能创业发家

生活中的人们，如果你手头有一百元，你觉得能做什么，可以作为创业的资金吗？也许你认为这是天方夜谭，但新光饰品的创始人周晓光却做到了。从不足百元起家，到如今年产值一个亿；从当初挑着货郎担走南闯北的山村女孩，到如今走向国际市场一跃成为中国饰品行业的“大姐大”——市场经济，潮起潮落，在周晓光身上演绎了一段精彩的创富故事，也折射出了一个企业家动人的成长历程。

1978年，刚刚高中毕业的女青年周晓光凭着让家人过上温饱生活的想法，带着母亲的一句话："会做的不如会算的"，上东北等地卖绣花样去了。那年她17岁，家里有5个妹妹和一个弟弟。全家十口人。任凭母亲怎样算，在那个年代，也只能保证全家人不至于饿肚子。

凭自己的勇气和自信，她让母亲借了几十元当本钱，做起了"跑码头"生意。一个女孩子出门自然比男孩子困难得多，她挤火车，赶汽车，为了不耽误时间，经常是白天摆地摊做生意，晚上坐车赶路。就这样，夕发朝至，走南闯北，6年之间，周晓光竟跑遍了大半个中国。

周晓光回忆说，当时，她只拿着一本中国地图，沿着公路、铁路往前走，心里只有一个念头：为了能使家里人过上好生活。

6年闯世界的结果，周晓光赚了2万元。十年练摊，掘回了第一桶金。

1985年，跑过三江六码头的周晓光嫁给了同样卖绣花样的东阳人虞云新。婚后，周晓光对丈夫说想安定下来了。于是，两人拿出了几年来所有的积蓄，在义乌第一代小商品市场里买下了一个摊位。在东北卖绣花样的时候，他们看到东北女子喜欢戴花花绿绿的头饰，周晓光凭着女人的敏感以及同样的爱美天性，就选定了经营饰品。于是，丈夫到广东进货，她在义乌练摊，她那种生意人的潜质渐渐发挥了出来。几年下来，他们在义乌最好的住宅小区买下了新房，在市中心朝阳门买下了店铺。事实证明，周晓光的眼光很准，没过多久，朝阳门就成为了义乌市中心的商业黄金地段。 出来闯世界时想要的几乎都实现了，孩子也出生了，似乎该满足该停下来歇歇了。但此时的周晓光好强的性格却丝毫没有改变。

1995年，夫妻俩毅然拿出700万元投资办饰品厂，义乌大地上从此有了一个闻名全国的饰品生产基地。周晓光有了自己的实业，有了施展抱负的天地。当回忆起这个难忘的夏日时，周晓光说，当年作出这样的决策是下了很大的决心的，也需要相当大的勇气。如果办厂不成，夫妻俩几年的身家将付诸东流。事后，周晓光说，当时作出这个决定时想：两人当初来到义乌时，本就是一无所有，大不了再重新开始。在商界这么多年，周晓光说每次作出重大决策时，都得到了丈夫虞云新的支持。作为副董事长，虞云新一直隐身在妻子身后，不管企业发展到哪一阶段，在妻子这位“元帅”的统领下，他都把公司里外打理得井井有条。“我丈夫现在负责国内南方市场，他负责的那一块不论是信誉还是利润，都做得很好。”妻子这样夸奖。 正是这种毅然的选择，使周晓光的人生意义有了快速的提升：从一个个人致富的小商贩，开始成长为一个企业家。

随着企业的发展壮大，新光饰品越来越引起同行的注目，到新光挖人的事时常发生，7年间到同行业去发展的至少有千人，完全可以再建一个新光，于是有人戏称新光是所“黄埔军校”。对此，周晓光这样说：行业的竞争，免不了人才的争夺。但我并不认为这是件坏事。

饰品行业有一个明显的特点，周期短、更新换代快，没有强大的设计开发能力根本无法在市场立足。 为了紧跟市场的趋势，新光花在培养人才方面的费用一年就达150多万元，专门组织了由几十名设计人员组成的开发部，还花巨资从国外引进了最先进的饰品生产设备，建立了国内饰品行业唯一的电镀自动流水线，使新光在竞争中始终处于领先位置，一时间新光的合金、爪链等主导产品遍布了中国大小市场和饰品集散地。

1995年10月，新光公司刚刚建成投产，周晓光就首先投资40万元，在广州饰品一条街开办了分公司。当时广州街上的女士都爱佩戴丝巾扣，分公司发现后立即将信息发回公司本部。仅3天时间，公司就组织设计人员开发出了几十款品种投放市场，结果，新光饰品在广州一炮打响，遍地开花。

周晓光曾告诉前来采访的记者，她要思考的是企业股份制改造和上市的问题，企业发展肯定要走这一步，只是当前我们在目标和具体措施上都还没有完全理清。

小小的一百元，就是创业的本钱！可见，资金少并不代表我们没有创业的机会，而这个问题也只有在实践和行动中才能找到答案。周晓光就是这样做的，她从自己最熟悉的饰品开始做起，艰苦奋斗，积累资金，寻找机会。周晓光做法很值得我们借鉴。在创业开始前不要想得太多，成功的道路是闯出来的，不是设计出来的，你只需带着一颗努力的野心上路就可以了。

最有价值的思想是在实践中产生的，不是在开始行动之前产生的。创业也是如此，在行动的过程中要勤于思考，勤于寻找机会，果断地把自己的思想变成行动。

不以利小而不为

中国的老子曾说："天下难事，必作于易；天下大事，必作于细"。它精辟地指出了想成就一番事业，必须从简单的事情做起，从细微之处入手。一心渴望伟大、追求伟大，伟大却了无踪影；甘于平淡，认真做好每个细节，学会积累，伟大却不期而至。其实，创业何尝不是如此呢？在这一个细节制胜的时代，任何一件事都是做出来而不是喊出来的。那些看似不起眼的小项目，很有可能会为我们带来巨额的财富，但前提是，我们要付出百分之百的努力。义乌商人楼仲平的创业经历正说明了这一点。

楼仲平家中有6个兄弟姐妹，童年最深刻的记忆就是饥饿。因为家里太穷，他从15岁开始就跟随同乡走南闯北，用拨浪鼓和货郎担作为谋生的手段，用七八年的时间走遍了江西省的村村落落。那个时候用货郎担做生意虽然没有赚到很多钱，但是却让他明白了一个影响他一生的商业理念，那就是不以利小而不为。这种理念也在以后伴随着楼仲平完成了聚沙成塔式的财富积累传奇。可以说在上世纪70年代末80年代初的义乌货郎担本身就是许多农民在农闲时光的一种副业。在那个时候楼仲平除了用货郎担讨生活，还尝试了许多行业，但是没有一种可以改变他的命运。到了1991年楼仲平决定结束长期的货郎担的漂泊生活，在义乌市场周边摆起了地摊，并慢慢租摊位进入市场经营。由于进入市场经营，他分到了篁园市场的一个百货摊位。通过摊位经营，楼仲平两三年时间就成为五、六个经营户中的佼佼者。

“那个时候第四代市场——篁园市场投入使用，我就看到了一个商机，我觉得我们卖塑料制品，摆的样品越多，门类越全，品种越多的话，就越能够吸引客户，就越能签订更大的订单。所以我那个时候，在第四代市场还没有开业之前，就花了46000块钱，买了一个日用百货和五金交界的地方，大通道的第一个摊位。买了这个摊位之后，我们当时的生意就起了很大的变化，那时候随便一个月下来，三四万块钱都可以赚的；旺季的时候，甚至一个月能赚五万块钱。所以整个日用百货摊位共五六百家，那时候我们是最好的一家。”

正当楼仲平在市场上的生意如日中天时，许多摊位上的经营户便都跟着他做，他卖什么商品，人家也跟着卖什么。楼仲平认为这种同质化竞争背后隐藏着很大的危机，必须要走出自己独特的路子才能在激烈的市场竞争中立于不败之地。一个偶然的机会使他看上了毫不起眼的吸管，这样他果断地推出市场摊位经营领域，走上了构筑吸管王国的第一步。

“因为小时候吃过苦，所以我这人做事很踏实，也特别倔。10多年前我有机会能做生意，就选中了做吸管。因为那时候做吸管的人不多，而且小商品薄利多销，做好了照样能赚钱。做生意最忌好高骛远。”

“那时候，我们市政府确实也在引导我们，叫我们不要小富既安，要跳出义乌市场看市场，引导我们向工业方面转变，这对当时的我来讲是很矛盾的。当时那么多人看着我赚钱，大家都拼命来跟我，一两年时间内，整个日用百货，一共四五百个摊位，有一半以上是代销塑料制品的，我也感觉到潜伏的危机很大。所以当时我是考虑到这点之后，决定见好就收，不再留恋每个月三四万块钱的利润。那时候很简单，反正就是两夫妻，叫自己家人帮帮手，再叫几个职工，两台机器就开张了。”

这里，楼仲平用以小博大的精神在短短十年时间打造了一个全球最大的吸管王国。现在他的双童吸管在国际市场占有率已经达到30%，国内市场占有率也达到了50%以上。

创业中的人们，你是否也能和楼仲平一样想到小小的吸管却能挣大钱？也许大多数人想到的是吸管的利润太少了，但正如楼仲平所说，不以利小而不为，而是以利小而有为为追求目标，以小博大，以小创大，以小创强，以小创精，最终，我们就能实现企业效益的最大化。

越是能创业成功的人，越是注重细节的力量，他们能看到他人所看不到的市场缝隙，会选择那些毫不起眼的项目，然后为之努力、奋斗。最终，他们都收获了成果。

遍地开花的“二元店”

可能很多创业者都会问一个问题：到底做什么行业能赚钱？大部分可能想到的是高端产品的研发、销售或者众人趋之若骛的行业。然而，只要我们仔细观察，你就会发现，真正带给我们财富的，往往是那些不起眼的行业。这就是市场定位的问题，“修记2元超市”的创始人修庆生对此颇有体会，他说：“我觉得2元店之所以能稳定获利，很重要的原因是我们已经形成了稳定的供货渠道，直接从厂家进货，省去了中间环节。其实在这一行，对很多商家来说，比拼的不是谁的销售利润高，而是谁进货的价格低。”可以说，修庆生的创业经历也是饱含艰辛的。

他19岁只身闯保定，在商海里摸爬滚打，屡败屡战。不到20年的商战历程中，他大半时间几乎一文不名。落魄时，他转战济南。随后的4年中，凭借着独创的“2元店模式”，他一举开出百余家连锁店，遍及山东17个城市，市场占有率高达九成以上。如今，成为业界翘楚后，他又将事业的矛头高调指向全国市场。

2001年9月，带着十几年不成功的从商经历，他拿着仅有的2000元钱来到济南。当时的他“没想太多，就是来碰碰运气。”

到济南后，修庆生用不多的本钱，在西市场盘了一个小摊位，做起了服装生意。一般来说，服装行业最大的特点就是要保持资金的正常流通，以不断补充新款。服装经常积压，导致资金无法正常运转则是行业大忌。“服装业的季节性经常造成压货，风险也就比较大。”做了一年多的服装生意后，修庆生觉得没有什么起色，决定再次转行。

济南“首战”告败，这令修庆生开始认真分析自己的经营理念。“自己在外地积累的经验，未必就适合具有明显地域特点的济南。”一番思考后，他决定抛弃自己对服装、餐饮等传统行业的“偏好”，把新兴行业作为突破口。

“当初在南方时，见过有人做1元店。那时，做的人不多，生意相当不错。”但同时，在考察市场的过程中，他又发现了新的问题，“1元店的东西虽然便宜，但受制于一元钱价格的局限，质量难以保证。”“如果把‘1元店’模式改造为‘2元店’，就可以保证产品的质量，同时由于产品更加丰富，消费者也更能接受。”

2003年，修庆生的第一个“2元店”在西市场开张，当时的面积仅14平方米，而员工加上他和妻子，一共才三个人。

万事开头难。经营初始，小店面临的最主要问题是货源少，虽然社会上进价不超2元钱的小商品不下几千个品种，但货源却分布在全国各地，零散而难找。为了寻找货源，他经常奔波于广州、义乌、常熟等地的生产厂家之间，从源头拿货，以保证价格的优势。那段时间，哪里有货源，他就到哪里订货。刚开始时，由于他的进货量不大，很多厂家都不愿供货。对此，修庆生没有泄气，不断地与厂方洽谈，同时也找了一些批发商供货，小店的经营状况慢慢好了起来。

在“1元店”商品质量受到质疑的背景下，修庆生薄利多销的“2元店”很受欢迎。第一家店开了仅一个月，就开始有人来找他洽谈加盟合作。修庆生觉得尚未站稳脚跟，就一概予以婉拒。在2003年“非典”过后，“2元店”全面打开市场，两个月后，第二家直营店开业。随后的2005年，修庆生的连锁店开到7家，并开始进入山东其他城市。由于他先期积累了很好的择址经验和经营理念，每一个连锁的“2元店”人气都很旺。在人口相对稀少的东营，修庆生的西城百货分店年终盘点时，年纯利竟达十几万元。

现在，修庆生的“2元店”在山东有150多家连锁店，仅济南市就有20多家。

如今，“修记2元超市”已经注册了网络域名，开通了企业网站，并专门聘请企业设计了店面标志。“2元超市”正在向更高的层次发展。修庆生说，下一步他将向全国发展，今年5月以后，“2元超市”将以电子商务的方式向全国推广。为此，他已经开始在义乌、广州这两个小商品生产集散地筹建采购中心，以方便以后向各地配货。

从修庆生的创业经历中，他总结了自己成功的原因：诚信。正是自己恪守诚信，他才有了今天的事业蓝图，“做人做事，其实都一样。”当然，如果你是一名创业者，我们不仅应该有诚信的精神，还应该学习他“薄利多销”的营销方式。从“小”做到“大”，往往能找到财富的突破口，最终实现他人无法企及的成功。

创业的成功、财富的获得，都不完全是机缘所致，最重要的是我们要有发掘市场的眼光，更要有踏实创业的心态和行动。综合以上几个因素，想必财富就会光顾我们。

第14章 有智慧有勇气，敢冒险敢尝试

富豪研究专家胡润说过，出身良好的人在创业时往往会出现三种情况:一是父辈垂帘听政，二是父辈会扶上马送一程，还有一种就是撒手不管。他认为，最不可取的是第一种，而第二和第三种情况，创业者都必须要拥有自己的气质和智慧。从胡润的话中，我们可以看出来的是，创业成功最重要的是勇气，要有冒险的心。被长辈“扶植”的创业，是不会有什么大作为的。当然，这也并不是鼓励我们盲目地冒险，只有做足工作、运用智慧创业，才会让我们多一分把握。

卖菜也是一种事业

现实生活中有很多这样的人，创业过程中，他们总是害怕遇到各种各样的风险，于是就什么都不做，到头来，只会一事无成。他们害怕受苦和悲哀，结果自然会遇到更大的痛苦和伤悲。毕竟很多事情失去了将不会再来，苦难并不会因为你躲避而躲过你。因此，任何一个渴望成功的人，都不要害怕冒险，哪怕是不被别人看好的事业，只要你做足冒险的准备，你就能取得一定的成绩。现在，我们来试想一

下，如果你是一名大学毕业生，有人告诉你卖菜会发财，你会有何反应？也许你会说："真是疯了，怎么可能？"的确，就是这一被人们认为不可能的事，以郭高林为首的几个河南年轻人就闯出了一番事业。

毕业一年多来，郭高林从一个一无所有的大学毕业生，通过大胆创办自己的蔬菜连锁超市，到现在已拥有4家连锁店，每天1万多元的营业额是他当时想都不敢想的，这也让他更加坚定了创业的信念。

让郭高林欣慰的是，他的创业，不仅带动了自己的女朋友和妹妹就业，而且也帮助同学王彦峰、肖冰、武亮亮等就业并让他们有了用武之地。如今，4家连锁店共有员工20多人。

大学毕业凑钱开店卖菜，"80后"的郭高林，是河南省教育学院2007级管理学院人力资源管理专业的毕业生。

郭高林说，大三暑假期间，他发现牧业专科学校附近的都市村庄流动人口多，消费层次也不高，摆摊卖衣服、杂货、小吃的很多。郭高林就批进服装，和女朋友姜茵摆起了地摊。"摆摊的时候，我发现旁边卖菜的生意挺好。我就琢磨为啥肉类已经有了品牌店，蔬菜还没有打得响的品牌？"郭高林说，那时候他就有了开蔬菜超市的心思。"以品牌蔬菜为主，兼营五谷杂粮、冷鲜肉等，附带一些副食。"经过一番市场调研，郭高林初步确定了品牌蔬菜超市的初步模式。他想和双汇一样，走品牌化经营、多元化发展的道路。

郭高林把自己的想法告诉了同学，几个人一拍即合。最终，大伙儿凑了5万多元作为启动资金。毕业后，很多同学还都没找到工作，而郭高林和同伴们已经成了"老板"。

8月22日，几个大学生办起的"咱地里"蔬菜自助店开张了。

每天早上5时，郭高林和王彦峰都要爬出热被窝，顶着寒风，蹬三轮车到蔬菜批发市场进菜。“每一根菜叶都要精挑细选，每一毛钱都要和人家讨价还价。”王彦峰说。

开业第一天，他们都不会用收款机；收过假钱，也丢过东西；别人吃饭的时候他们最忙，过了高峰期才能轮流吃饭。进入冬季，屋里既没暖气又没空调，因为要洗菜、剁肉，还未入冬，几个人的手就都冻了。“今天很残酷，明天更残酷，后天很美好”。郭高林说，阿里巴巴首席执行官马云的这句话很经典，他们一直都以此自勉。

有了自己的店铺，郭高林和好友们开始忙碌起来。但在现实面前，他们还是遇到了很多困难。

但是他们从来没有想过放弃。“这些都是很正常的事情，干事都需要有一个过程。坚持是有难度，但万事开头难，我们要用一颗平常心去做事。”郭高林说。

郭高林和大伙儿一起起早贪黑，不怕吃苦受累，认真做市场调查，虚心向同行和前辈“取经”。

在几个年轻人的不懈努力下，“咱地里”的生意越来越好。走进“咱地里”蔬菜超市，货架上的蔬菜码得整整齐齐，品种齐全，黑板上的价格标得清清楚楚，而且价格低廉。

现在，4家店已实现盈利，每个月的销售收入已超过30万元。

郭高林的成功向我们证明：要成功，就要敢于冒险，机遇是留给那些敢于冒险的人的，否则，财富只能从手头悄悄溜走。然而，我们发现，生活中，不少人也渴望得到成功，渴望开创自己的事业，但每每考虑到会有失败的可能，他们就退缩了。因为他们怕被扣上愚昧的帽子，遭到别人取笑；他们不敢尝试，因为要冒着失败的风险；他们不敢希望什么，因为他们怕失望……这种可能会遇到的风险，让那些不自信的男孩们畏首畏尾，举步维艰；他们茫然四顾，不知道自己的出路在何方。殊不知，人生中最大的冒险就是不冒险，畏首畏尾只会让自己的人生不断倒退。

很多成功者为什么能白手打天下，就是因为有敢为天下先的超人胆识。比尔·盖茨靠什么法宝建立了他的微软帝国？他为何在竞争激烈的现代经济中独占鳌头而历久不衰？在现代社会，不敢冒险就是最大的冒险。没有超人的胆识，就没有超凡的成就。勇敢地冒险，勇于尝试，这样，你就有了做第一个成功者的机会。

只要敢做，就能创造奇迹

生活中的人们，如果你还是一名大学生，如果你没有创业资金，你会选择创业吗？答案多数是否定的，因为实在是太冒险了。但在接下来，当我们看完两个大学生的创业故事后，也许你会改变自己的想法。

“80后”的山东赴韩留学生刘函和孙杰，现在是韩国外国语大学的大三学生。从2007年开始，他们与两个朋友合资，在校门前开了家中国餐馆。经过不懈努力和多元经营，现在已经年盈利五千万韩元，除支付了自己的生活费和学费之后还有不少盈余。他俩说，等毕业之后，就打算结婚。

在被记者采访时，他们道出了创业的最初动因。当时，刘函因为课程很多，不能打工，孙杰便一人打两份工为两人赚取生活费。孙杰打工的那家韩国酒吧，晚上经常有喝醉酒的客人。一天晚上，一名客人无理取闹，在孙杰给他端菜时故意把菜碰翻，还对孙杰大打出手。孙杰没有还手，只是躲开了。但老板竟然让孙杰主动给客人道歉，还说不道歉就把他辞退了。为了保住工作，孙杰只好忍气吞声去道歉了。

这事让刘函心疼不已，事后同记者谈起时仍义愤填膺。经历了这件事情后，刘函决定自己创业。之前他俩喜爱美食，将所住地附近的中国餐馆都吃遍了，但都没找到满意的店。后来，两人摸索着自己做了一些家常小炒和小吃，在论坛上发帖子，没想到却得到了异乎寻常的回应——很多人让他们送餐上门。

渐渐地，他们在网上积累了一定的人气。在和两个朋友商量后，他们决定共同投资，采用股份制形式开一家中国餐馆。

餐厅起名叫988，店面不大，却有着浓郁的中国特色。因为附近是韩国外国语大学和建国大学，所以客源以学生为主，菜价不高，量大实惠。尤其是刘函秘制的肉夹馍，因为价格低、味道好，经常是供不应求。

“小两口”夫妻店分工明确。个性豪爽直率的刘函跑外堂，负责上菜和制作面食，还经常钻研开发新菜种。她对来餐厅吃饭的学生，服务热情而周到，还经常赠送饮料或者加菜给顾客。

孙杰性格温和、不爱言语，主要负责炒菜，现在已经练就了一身“武艺”，出菜速度神速。一盘麻辣凉皮，客人刚入座5分钟，就会端到桌子上。他说：“学生们中午来吃饭，经常下午还要上课，时间很紧，所以我上菜必须迅速。”

互补的性格使他们相处融洽，两人从没有发生过争吵。而热心周到的服务吸引了很多回头客。最近，刘函又开发出了新菜种——“广式鱿鱼”，大受欢迎，成为热销产品，餐厅生意也因此日渐红火。

餐厅火了，“小两口”并没有沾沾自喜。最近，988又进了不少中国食品。

刘函说，很多顾客经常来她这儿要花椒、八角等中国调料，这些东西除在韩国的几家中国食品店有卖，在韩国其他地方都不太容易买到，韩国外大附近则没有这样的中国食品店。刘函遂申请了一个营业执照开始卖中国食品，988饭店柜台一块不大的地方，摆满了“老干妈”调料、瓜子、白酒等热销的中国商品。这些在国内只卖几元人民币的东西，在韩国往往翻了数倍的利润。刘函的价钱定得不高，考虑到销售对象是学生，为了给大家省钱，也为了拉到回头客，她的主张是薄利多销。

孙杰和刘函还商量着开一个购物网站。他们发现很多中国的小饰品和传统手工艺产品在韩国很受欢迎，而售价也是国内的好几倍。由于韩币贬值、人民币升值，有很多人到韩国东大门市场做服装批发生意。他们的网站不仅经营这些产品，还接受代购服务，为那些服装批发商人提供便利的服务，让他们不必亲自到韩国，就能选购到称心如意的服装，而且保证价格低廉，质量优良。

从刘函和孙杰的创业故事中，我们发现，他们的成功最主要的原因是敢于冒险。在人生地不熟的韩国，他们作为留学生，敢于创业就是一种勇气。

实际上，就是有任何一个成功的人，能很多人会有这样的念头：我们发不了财，是因为我没有富爸爸，甚至悲叹没有人为自己提供现成的创业资金。这不是很可笑吗？这里，刘函和孙杰的故事就告诉我们，要想创业成功，就要有正确的理念。没有资金，可以贷款；贷不到款，就去打工。只要你敢做，就能创造奇迹。

伟大而卓越的人，之所以能够永无止境地创造和超越卓越，就在于他们拒绝接受平庸；他们追求卓越，所以他们功成名就。事实上，世上有很多适合白手起家的生意，只要你做一个有心人，敢先人一步，你也必定会获得成功。

畏首畏尾会让梦想成空

生活中，我们常听到有人感叹于那些成功者的经历：“我要是有那样的运气就该好了。”事实上，我们为何不承认即使当同样的机遇摆在我们面前时，我们也不敢抓住？可以说，这就是成功者与平庸者之间的差别。成功者敢想敢做、绝不畏首畏尾；而平庸者恰好相反，他们总会为自己寻找各种理由，最终，他们也只会让梦想变成空想。

相信很多人都听过李玟阳这个名字，她被人们称为商业奇才，她的成功靠的也不只是幸运。一个20多岁的女子搏击商海，终于闯出了自己的一方天地，她的创业经历，不仅能让富家子弟模仿学习，也可以成为白手起家创业者的借鉴榜样。

和其他很多创业者不同的是，李玟阳创业并不是因为贫穷的生活所逼，相反，她出生于成都一个富裕家庭，而且是的家里的独生女。实际上，含着“金钥匙”出生的她始终坚持一个信念：创业要靠自己。

无论是在艺术还是体育方面，李玟阳都表现出了出色的天赋。她不到15岁就考上了省内一所重点大学的金融专业，当时她也是这个专业年龄最小的学生。

大学毕业后，在尝试了几份工作以后，她爱上了营销。随后，2000年，她终于瞒着家里做了人生第一笔独立的投资——在成都市区繁华的盐市口地段开了一家服装店。半年后，直到生意已经很好了，她父母才从别人那里听到了这一消息。

李玟阳随后就成立了一家贸易公司，主营医疗器械的进出口以及机电工程项目、工厂项目的自动化系统和设备装置等。她挂职董事长、总经理两个头衔。这一次，父母虽说让她自己发展，但在很多项目中还是充当了幕后推手角色。

在经营这家公司时，她完成了一个经典运作:2002年，成都一家高校企业要完成一个污水处理项目，李玟阳先承包了其中很大一块，然后把其余部分分包给了几个不同的公司。

虽然这种模式现在已经很普遍，但在当时尚属少见。这种创新之举让她在短短的几个月内赚了近千万元。

在完成千万元积累后，2002年前后她开始寻找新的投资项目，并打算独立操刀。她先后考察过高校、水电、煤矿等多个项目，最终看中了广安华蓥的一家水泥厂。

在此期间，她认识了现在的丈夫，一位企业家。在李玟阳的眼里，丈夫是个上进的人，家里也很赞成，因此他们从恋爱到结婚的时间并不长。夫妇俩很快就收购了这家水泥厂，紧接着又收购了当地的另外一家大的水泥厂，前后共投入了3000多万元。

经过努力，两个厂红火起来，资产规模达到了数亿元。那时，她丈夫主管生产和设备，而她负责营销和财务。他们的事业达到了一个新的高峰，李玟阳也在华蓥成了无人不晓的人物。然而像不少富豪一样，他们也开始收到一些不怀好意者的恐吓。最惊险的一次是在2004年，她走在街道上，忽然被4个男子胁持。当时，来人把刀子别在她腰间，威逼她在一些生意事务上做出让步。

虽然这次她在身体上并没有受到大的伤害，但是像很多企业家一样，她开始学会了保持一定程度的低调。而今她依然有一半的时间是在广安工作，但每次出门基本都要带保镖。

2005年，她接手一家经营惨淡的酒楼后，即为其经营赋予了难以复制的古文化概念，短时期内就在成都餐饮界确立了自己的地位。

对于很多正在创业的同龄人，李玟阳告诉他们的是，要独立干事业，必须要有知识、有眼光、能吃苦、还要能放下架子。一个弱女子，尚有这等勇气，尚能取得如此成就，那我们其他人呢？是不是也该向她学习，大胆尝试一下？

生活中经历过数次失败的创业者们，你是否反省过：你有足够的勇气吗？任何职业都不会一帆风顺，都有艰险，如果因为风险的存在而不去冒险，如果你宁愿生活在父母长辈为自己编织的美梦中，宁愿固守自己的一片天地而不愿尝试，那么终其一生，你也只能碌碌无为。

年轻是什么？年轻就是热情，就是执着，具有那一份初生牛犊不怕虎的精神。要想创业成功，我们一定要将“恰同学少年，风华正茂，书生意气，挥斥方遒”作为自己的座右铭。年轻就是资本，失败了大不了重新来过，当下的这片天固然很蓝，但充其量现在的你只能是井底之蛙，想拥有更广阔的天空就需要你跳出现在的藩篱。

一元创业成为塑钢大王

曾经有人说，年轻就是力量，就是希望，这句话不假。无论做什么，即使失败了，还有机会可以重新开始。同样，对于任何一个创业者来说，最不能缺失的就是勇气，只要你敢闯、敢想，你就不可能庸庸碌碌过一生。

工程学家乔治·格林说：“‘不可能’只存在于你的心中。只要你能超越自己的心理极限，就会发现做什么事情都会游刃有余。正是这一点成就了百年西点。”生活中的许多“不可能”大多是人们的一种想象。只要能拿出勇气主动出击，那些“不可能”就会变成“可能”。

处于创业中的人们，你也要记住的是，“不可能”只存在于你的心中。如果你具备敢想这种品质，那么，不管你现在处于怎样的境地，你也能把“不可能”变成“可能”，你也可以成为一个成功的人。

对于很多渴望成功的人来说，相信徐明这个名字并不陌生。

大连实德集团总裁，被誉为中国塑钢大王、中国足球产业第一人的徐明就是用一元钱创业的。

徐明和很多穷苦的孩子一样，家境贫寒的他，上大学的学费都是家人节衣缩食省下来的。和很多大学生不同，他在上学的同时，还在学校摆起了地摊、做起了“生意”，以此来解决自己的生活费，而这，为家里减轻了很大的负担。当然，他做的“生意”都是一些本钱小、利润少的买卖。

1990年，徐明从沈阳航空航天大学外经外贸专业毕业；1998年7月，又在东北财经大学商业经济硕士专业研究生结业。

大学毕业后，徐明更是敢想敢做，开始自己创业。徐明发现大连的海虾品质好，而国内渔业公司不办理海虾业务。他就想办法与国外公司联系，然后，到处借钱，凑够了收购一船海虾的钱，把虾卖给国外公司，这次他赚了1万元。1995年，徐明拿自家的房产和轿车作抵押向银行贷款，办起了塑钢厂。他创办了大连实德塑钢工业有限公司，公司营业额以每年200%的速度递增，徐明一举成为了中国的塑钢大王。

大连实德集团，经过14年来的发展，集团已形成以化学建材为主导产业，同时在石油化工、金融保险、文化体育及家用电器等领域综合发展的产业格局。在大连、成都、银川、嘉兴建立了四大生产基地，拥有自己的研究院、大学及国家人事部批准的“博士后工作站”，并拥有从国内外聘请的行业专家50多人。实德集团连续多次被评为“省级文明单位”“省级民营明星企业”，省、市级“守合同重信用单位”“思想工作先进企业”，连续多年被多家银行评为“资信等级AAA”企业，并被省市政府评为纳税大户。

“实业报国，德以兴家”是徐明提出的企业理念。17年来，随着企业的发展，徐明时刻不忘回报社会；他以多种方式积极投身社会公益事业，累计投资达8500万元。2006年，徐明荣登“大陆慈善家排行榜”，列第62位。同时，他还积极参与西部地区的开发及国企改制，其投资近10亿元。

一元创业并成为塑钢大王，可能很多人会觉得：这怎么可能？但这的确是一个创业事实。徐明完成了人们认为“不可能”的创业神话，这是因为，在他的字典里根本没有“不可能”三个字。他就是敢想，又敢做。如果贫穷又不敢冒险，贫穷就只能是贫贱之母。做没有人做过的事，并且尽力把这样的事做好做大，这是成功的秘诀。

的确，生活中，很多人内心都有自己的创业梦，但一旦把自己的理想和现实联系起来的时候，就认为不可能。而这种“不可能”，一旦驻扎在心头，就无时无刻不在侵蚀着我们的意志和理想，许多本来能被我们把握的机遇也在这“不可能”中悄然逝去。其实，这些“不可能”大多是人们的一种想象，只要你能拿出勇气主动出击，那些“不可能”就会变成“可能”。

很多时候，不是因为有些事情难以做到，而是因为你没有勇气；只要你敢于跨出第一步，就没有什么事是不可能的。创业也是如此，一个有魄力的创业者，在他的字典里，是没有“不可能”这三个字的；在他们的眼里，越是不可能做成功的事，越可能成功。

初中毕业生的培训王国

我们都知道，当今社会是充满风险和变数的社会，无论我们做什么，都不会一帆风顺，都有艰险；尤其是缺乏社会经验的那些正在创业的人们，要想成功，更是处处充满危险。但这并不代表减少风险的方法就是不去冒险，因为不去冒险是最大的危险。可能很多人都曾听说过深圳市聚成企业管理顾问有限公司董事长刘松琳的创业故事。

2012年5月3日，《财富》公布了2012年“中国40位40岁以下的商界精英”榜单，30岁的刘松琳榜上有名，排名第24，他被中国企管名家研究院、民营经济报、商界名家杂志社、网易商业报道及经理人等联合评为影响深圳咨询培训界二十位风云人物之一。

2008年的金融危机中，刘松琳领导下的聚成集团稳步前进，营业额达到3.4亿元。初中都没毕业的他，如何从一个培训业的门外汉，成为了国内规模最大的培训公司的老总?是什么支撑他一直不断向前进步?

刘松琳，祖籍山东荣成县，出生成长于吉林省通化县抚民镇。他16岁就辍学了；他不再读书，并不是因为家贫，刘家当时在那个小镇是首富；也不是因为学习成绩不好，刘松琳的成绩一直名列前茅。只是因为他父亲一直坚信“多读书不如早做事”的信条，于是，只有初中学历的刘松林不得不离开学堂，到家族企业里帮忙。

刘松林与他的父亲在脾气、秉性上颇为相似，都极为倔。他父亲在训子方面很严厉，即使刘松林已经懂事明理，已经知道什么是面子了，他还经常当着众人的面给儿子难堪。1997年，因为一件小事被父亲当众打骂后，刘松琳愤然出走。

很多年后，刘松林回忆起和父亲吵架的那一幕时还说：“我当时跟我父亲说，就是要饭也不要他的一分钱。”

当然，年轻气盛的他很快发现了自己的无助。17岁的他带着身上仅有的四五百块钱，跳上了前往威海的船。虽然是从舅舅那里赊酒来卖，但他还是处处遭人白眼。不过，最艰难的那段时间，他还是赚了二三十万元。

后来，他的父亲服了软，打电话给刘松林，让他回家。刘松林答应了。但在2000年，刘松琳又因同样的原因，再次离开了家。

就在这次之后，他学习了化妆、形象设计。当年，那英、吕燕、马艳丽、李咏……都曾因刘松琳的手而变得神采焕然，这让刘松琳很有成就感。可是，正当刘松琳自己也开了个店，事业一步步上升时，母亲的召唤电话来了。“总是事业有点起色时，就被叫回家。”刘松琳有些无奈，却仍然回了家。

只是，这一次刘松琳依然没有在家待很久。2003年3月，当父亲打电话给他交代事情时，他已经在开往南方的火车上了。这一次，想在更广阔的世界里闯荡的刘松琳，选择了南方热土深圳。

刘松琳的人生，在第一次接触培训业时就开始了彻底的改变。“当时就觉得这是我想要的事业。”

初到深圳时，还没有找到事业方向的刘松琳，一有时间就往深圳书城跑。在听过一场培训课程后，他开始在心里判断成本，结果他发现这是一项收入很客观的行业。后来，刘松琳的培训师朋友罗恩和周嵘提出了“培训超市”的概念——让培训课程像超市一样，既便宜又能自由选择。刘松琳不禁眼前一亮，这不就是一条很好的发展路子吗？于是，刘松琳拿出全部的积蓄，与罗恩、周嵘一起，创办了聚成公司。

虽然在这个过程中，他们遇到了很多困难，比如，学习卡卖不出去、来自各个方面的非议等，但他们没有放弃，反而更坚定了要干出一番事业的决心。

最初的聚成，只有6个人：3个创始人，外加3个员工。而到了2003年8月，聚成在深圳银湖度假村举办了第一堂公开课——“名嘴”张锦贵的“总裁魅力沟通与领导管理”，400多人的现场，反响热烈。

经此一役，“学习卡”开始热销，聚成也开始在业内声名鹊起，迅速壮大。2006年，聚成被评为“2006中国教育培训行业第一大品牌”。世界第一行销大师杰·亚布拉罕甚至在2007年世界营销管理大会上称，聚成的员工规模、年开课场次、年培训人次已经位居世界第一。

到2009年，刘松琳领导下的聚成，已有会员企业50000余家，员工4000多人，分(子)公司遍布国内40多个省市，每年为社会和企业培训各类人才超过100万人次。

从这个创业故事中，我们可以发现，刘松琳之所以会成功，最重要的原因莫过于他是个敢想敢做、敢冒险的人，他能抓住人们对培训的需求，及时开辟出一条创业之路。然而，我们的现实生活中，一些人总是把自己的现状归结于命运的安排，他们总是自我设限，遇到困难的事总是望而止步。殊不知“进一步海阔天空”，一旦做了就会发现并没有什么大不了的。任何事情看起来很难，其实不然。许多我们害怕的事情难就难在走出第一步，第一步所需要的勇气、决心和力量，超过了事情本身的一切作为。

许多时候，我们不能改变现状，不能改变世界，但是我们能够改变自己的心态。改变自己，以热情的心和敢闯的勇气来面对一切，你的世界就会别样的精彩!

不跨出第一步，成功永远不会到来

有人说，现代社会，不敢冒险就是最大的冒险。没有超人的胆识，就没有超凡的成就。勇敢地冒险，勇于尝试，这样，我们就有了做第一个成功者的机会。可以说，胆量是使人从优秀到卓越的最关键的一步。很多成功者为什么能白手打天下，就是因为有敢为天下先的超人胆识。比尔·盖茨认为自己成功的首要因素就是冒险。海尔总裁张瑞敏先生也说：“如果有50%的把握就上马，有暴利可图；如果有80%的把握才上马，最多只有平均利润；如果有100%的把握才上马，一上马就亏损。”

的确，在任何事业中，把所有的冒险都消除掉的话，自然也就把所有成功的机会都消除掉了。有冒险才有机会，正是有风险才使得事业更加充满跌宕起伏的趣味。接下来，我们来看看深圳领秀服饰的创始人张德祥是如何创业的：

在从事服装行业之前，他的工作是电子商务。他曾经负责过腾讯SP业务、运营规划、腾讯财付通在线支付平台，有着10年的电子商务从业经验。他见证了中国互联网由泡沫到繁荣的发展，也看到了电子商务对传统企业的革新。

张德祥最先接触到“服装定制”的概念，还是通过自己的老同事曾李青。曾李青很早就发现了服装定制市场的巨大商机。2006年年初，他从中欧工商管理学院EMBA班毕业时，经过一年多的市场调查、行业考察，撰写了关于创立服装定制企业的商业计划书，这后来成为了曾李青的EMBA毕业论文，这也是中欧建校历史上第一次以一份商业计划书形式作为毕业论文。

张德祥加入了曾李青当时成立的全球个性化定制衬衫研究项目组。他们联合中原地产、招商地产(000024)、茂业百货等机构在深圳兰溪谷、波托菲诺等20多家高端社区和茂业百货各大商场对国内中高收入阶层进行了一次市场调查。调查结果令人振奋，在目前购买衬衫遇到的问题中，各种不合体占了30%；用户对高级定制衬衫的期望中，合适、舒适为第一因素占36.7%，另有20%希望能够拥有高级裁缝贴身服务。

在定制服装的人群中，600~1000元为用户购买最大量的价格区间，人均一年定制服装在10件左右。男性主动购买的比例占48%，家人及亲友帮助购买的比例为32%。另外最关键的数据在于，有46%的用户都有过定制衬衫的购买经历，主要在香港定制。在香港著名的半岛酒店的服装定制中，有35%左右的消费额是由内地消费者贡献的。

曾李青很快意识到这是个好的商业项目。“李维斯牛仔裤是可以量身做的，我也是受到这个启发，才做了这么一个调查。服装行业的链条长，创新的商业模式把整个链条缩短了。在所有的服装里面，衬衣最简单，所以开始就从衬衣入手了。”曾李青说。

作为项目组的一员，张德祥高度认同曾的观点和分析。

“从各个银行的信用卡和白金卡来看，中国的富裕阶层已经形成，但对他们的服务却是缺失的。”张德祥说。于是，说干就干，辞掉了当时的工作，2007年7月，专注于服装定制的领秀服饰成立了。创建初期，企业就幸运地获得了500万美元的风险投资。

深圳领秀公司之后，张德祥便琢磨着和香港的惠利洋服的合作。

惠利洋服（WILLIAM YU）是一家在半岛酒店经营了79年的老牌裁缝店，是半岛酒店里驻店时间最长的裁缝店。创办人WILLIAM YU（余先生）是上海红帮裁缝大师，1900年因躲避战乱而移居香港，1929年余先生在半岛酒店开业之初建立惠利洋服裁缝店。惠利洋服为众多世界500强企业高管及国际大牌明星定制衬衫，其中包括可口可乐公司总裁、中资集团高管及好莱坞影星尼古拉斯·凯奇等。

张德祥邀请潘伯来内地这边考察。70岁高龄的惠利洋服董事长潘伯亲身体验了深圳领秀在北京、上海、广州、深圳四个城市开展的上门量身定制服务，对深圳领秀所创建的高端人群贴身服务的商业模式非常认可。

2007年11月18日，享誉盛名的全球量身定做香港惠利洋服与深圳领秀服饰正式合作。

张德祥从工作了10年的电子商务行业，跨入高端的服装定制行业，这是从鼠标到剪刀的曲折创业故事。他的成功再次证明了一点，敢于冒险，就能找到创业的良机，而如果总是这不敢做，那不敢做，自己给自己设下了重重的限制，成功也就往往失之交臂。

创业启示

人生的旅途中，不敢冒险的人、不敢真正跨出第一步的人最终的结果只能使自己在给自己限定的舞台上越来越渺小。没有舞台的演员就像被缴械的军人，被剥夺了笔的画家，成功离他就越来越远。

第15章 “想”先一步，占尽成功先机

我们常说，没有人能随随便便成功。成功者毕竟是少数，大部分人还是庸庸碌碌过一生，这是为什么呢？因为大多数走的还是寻常路。事实上，要想创业成功、获得财富，就不能忽视创意的力量，杰出的创意是获得成功的可靠保障，良好的思维胜于健全的体魄。成功是从“想”开始的，只有敢“想”，会“想”，并“想”出结果，才会是成功者的候选人。

最活跃的淘金者

2002年10月1日，在上海万人体育馆，挤满了很多人，人们的眼光都停留在了一条巨型牛仔裤上，它长28.9米，腰围19米，重247公斤，挂起来有8层楼高，人们都在议论纷纷，这真的是我们生活里所穿的牛仔裤吗？竟然可以如此巨大！但它的确是一条裤子，虽然如此巨大，但它跟普通的牛仔裤没什么两样，只不过是放大了10倍……这就是世界著名的牛仔裤制造商李维（Levi's）公司的作品，这条牛仔裤已经被英国吉尼斯总部确定为“世界第一”。当然，还有一个第一是李维·施特劳斯创造的。

19世纪，在美国西部，掀起了一阵淘金热，千万人涌入那里。虽然成功者不少，但在历史上留名的却很少。而围绕淘金热成为富人的卖水者、卖牛仔裤的，却

成了一个个的传奇被后人敬仰，其原因就在于，淘金者干的是力气活，而为淘金服务的成功者，干的是脑力活，善于思维者才能不断成功。牛仔裤的发明者李维·施特劳斯，就是淘金热里面的不朽传奇。

李维·施特劳斯，第一个发明牛仔裤的人，创立了著名品牌“Levi’s”。1979年，李维公司在美国国内总销售额达13.39亿美元，国外销售盈利超过20亿美元，雄居世界10大企业之列，他由此成为了最富有的牛仔裤大王。

李维斯年轻的时候，带着梦想前往西部追赶淘金热潮。一日，突然间他发现有一条大河挡住了他往西去的路。苦等数日，被阻隔的行人越来越多，到处是怨声一片。而心情慢慢平静下来的李维斯突然有了一个绝妙的创业主意——摆渡。由于大家急着过河，所以没有人吝啬坐他的船，迅速地，他人生的第一笔财富居然因大河挡道而获得。

渐渐地，摆渡生意开始清淡，李维斯决定继续前往西部淘金。来西部淘黄金的人很多，但卖水的人却没有，所以，水在这个地方成了最珍贵的东西。不久他卖水的生意也红红火火起来。后来，同行的人已越来越多。终于有一天，在他旁边卖水的一个壮汉对他发出通牒：“小伙子，以后你别来卖水了，从明天早上开始，这儿卖水的地盘归我了。”他以为那人是在开玩笑，第二天仍然来了，没想到那家伙立即走上来，不由分说，便对他一顿暴打，最后还将他的水车也一起砸烂。李维斯不得不再次无奈地接受现实。然而当这家伙扬长而去时，他却立即又有了一个绝妙的好主意——把那些废弃的帐篷收集起来，洗干净后，缝制成衣服，那么一定会有人愿意买。就这样，他缝成了世界上第一条牛仔裤。从此，他一发不可收拾，最终成为了举世闻名的“牛仔大王”。

尽管在世界著名服装设计师的名单中并没有李维·施特劳斯，但没有一位服装设计大师的作品能像牛仔裤那样遍及全世界，而且历久不衰。经过140多年的发展，李维公司已发展成为在世界10多个国家和地区开办了近40个生产经营机构的国际公司，年产牛仔裤超亿条。如今，世界上牛仔裤虽已出现众多品牌，但李维氏牛仔裤在世界70多个国家的销售量仍稳居第一。

聪明的人总是能不断寻找成功的机遇，即使在困境中亦是如此，因为他们从不会因眼前的现状而停止思考，李维斯的成功就说明了思维的力量。在顺境中多思考，我们能保持清醒的头脑、稳健前进的脚步；在逆境中多思考，我们会找到失败的症结，踏上通往成功的道路。

的确，人都是单独的个体，我们的人生之路应该也是与众不同的，如果一味地走别人走过的老路、毫无创新的话，那么，你也只能复制出别人的未来；而如果你寻找到属于自己的、正确的路，那么，你的未来就是美好的。事实上，无论做什么，都是这个道理，创业也是如此，都要有灵光的头脑，善于创造性思维，不能钻牛角尖。这条路走不通，不妨另走一条，多一条路多一道风景。

创业过程中，只要我们能开发大脑，运用想象力，跳出思维的框框，就能发现思维的另一个高度，就能找出创业的出路，就能获得财富。

只有与时代相结合才能创造财富

在中国家电行业，海尔早已被人们所熟知，而海尔之所以能做到经久不衰，就来源于其总裁张瑞敏的带领。张瑞敏在谈到海尔的发展和未来时说：“市场竞争太残酷了，只有居安思危的人才能在竞争中取胜。”从张瑞敏的话中，我们看到了创新在竞争中的重要性。在改革创新的大环境下，任何一个创业者，若不能把握创新的精髓，就只能与财富无缘。我们不妨先来看看张瑞敏是如何激活海尔、实现成功创业的：

张瑞敏，全球享有盛誉的企业家，海尔集团创始人，现任海尔集团党委书记、董事局主席、首席执行官。在党内担任第十六、十七、十八届中央委员会候补委员。

1984年，张瑞敏临危受命，接任当时已经资不抵债、濒临倒闭的青岛电冰箱总厂厂长职。28年的创业创新，张瑞敏始终以创新的企业家精神和顺应时代潮流的超前战略决策引航海尔，持续发展。2012年，海尔集团全球营业额为1631亿元。据消费市场权威调查机构欧睿国际统计，海尔已连续四年蝉联全球白色家电第一品牌，并进入美国波士顿管理咨询公司（BCG）评选的2012年度“全球最具创新力企业”前十名，排名消费及零售类企业第一。

在海尔持续创新不断壮大的过程中，张瑞敏确立的以创新为核心价值观的企业文化发挥了重要作用。在管理实践中，张瑞敏将中国传统文化精髓与西方现代管理思想融会贯通，“兼收并蓄、创新发展、自成一家”，从“日事日毕、日清日高”的OEC管理模式，到每个人都面向市场的“市场链”管理，张瑞敏在管理领域的不断创新赢得了全球管理界的关注和高度评价。“海尔文化激活休克鱼”案例被写入了美国哈佛商学院案例库，张瑞敏也因此成为首位登上哈佛讲坛的中国企业家。

张瑞敏认为，没有成功的企业，只有时代的企业，所谓成功只不过是踏准了时代的节拍。在互联网时代，张瑞敏的管理思维再次突破传统管理的桎梏，提出并在海尔实践互联网时代的商业模式——人单合一双赢模式，让员工在为用户创造价值的过程中实现自身价值；通过搭建机会公平、结果公平的机制平台，推进员工自主经营，让每个人成为自己的CEO。西方管理界和实践领域对海尔和张瑞敏的创新给予了较高评价,认为海尔推进的创新模式是超前的。2012年12月，张瑞敏应邀赴西班牙IESE商学院、瑞士IMD商学院演讲人单合一双赢模式，收到热烈反响。因其在管理领域的创新成就，张瑞敏获得了“全球睿智领袖精英奖”“IMD管理思想领袖奖”，并荣获“亚洲品牌永远精神领袖奖”。

在海尔创业的诸多故事中，令人们印象最深的一次是砸冰箱事件：1985年，张瑞敏当着海尔集团全体员工的面，将76台带有质量问题的电冰箱当众砸毁。就是因为他捕捉到了企业处在急速上升时期的致命的质量隐患和危机意识不足的管理信息。正确、及时的信息反馈，带来的“海尔砸冰箱”事件，砸出了海尔员工的危机感和责任感，砸出了一套独特的海尔式产品质量和服务管理理念。而保护广大用户利益，“真诚到永远”，使海尔集团由一个小企业——青岛日用电器厂成长为了今天的跨国集团公司。

在2006年11月新颖出炉的中国第一份信誉调查报告——中国企业信誉100位中，海尔成为排名最靠前的中国本地企业，列在总榜单的第六位。海尔夺得中国外乡企业信誉榜榜首是人们预料之中的事，海尔在二十世纪九十年代初就确定了“首先卖信誉，其次卖产品”的理念，恰是从这一理念出发，制定了海尔创世界名牌的战略，使其成为了中国度电行业的巨人。

海尔和张瑞敏能走上成功之路，都离不开两个字：创新。无论是经营还是管理企业，他都真正把创新的精髓运用其中。

不得不承认的是，当前，新学科、新知识层出不穷。在脑力制胜的年代，我们要做到创新，就要注意加强对新知识的学习，孤陋寡闻，学识浅薄，是不可能获得财富的。

任何人，要想获取成功，都要将时代因素考虑进去，要做到与时俱进。现代社会，创新的重要性已经被人们所了解，每一个创业者，要想获得财富，都要注重创新能力的培养，随时掌握并运用新的知识，这样我们才有可能成为时代的宠儿。

谁有创新思想，谁就会成为赢家

自古以来，人类就是在不断的创新中进步的，可以说，如果没有创新，人类只会停滞不前。同样，作为个人，如何保持思考创新，直接关系到一个人事业的成败，因为只有创新才能激活自己全身的能量。有效的创新会点击人生火花，成为激发生存的梦想和手段。谁有创新思想，谁就会成为赢家；谁要拒绝创新，谁就会平庸！

同样，对于渴望创业成功的人们来说，你也需要明白一点：只有创新才能带来财富，有创意才会有生意。只要你敢于创新，你就会与众不同。

其实每个人都有自己的创新意识，有的时候只是处于隐蔽状态，未曾开发出来而已。因此，新时代的年轻人们，只要你敢于突破常规、敢想敢干，一样能够突破自我。

在《福布斯》排行榜上，盖茨1995~2007年蝉联世界首富！2008年排名世界第三，2009年又一次成为世界首富！2010年以微弱劣势降至世界第二。2011年9月，比尔·盖茨身家登上2011年《福布斯》“400位最富有美国人排行榜”榜首，这已经是他连续第18年名列排行榜首富！2012年9月19日，根据美国《福布斯》杂志公布的2012年美国前400位富豪排行榜，2012年美国《福布斯》网站发布全美富豪排行榜，软件巨头微软公司创始人之一比尔·盖茨连续19年领跑，净资产达660亿美元。

他是一个天才，13岁开始编程，并预言自己将在25岁成为百万富翁；他是一个商业奇才，独特的眼光使他总能准确看到IT业的未来，并以独特的管理手段，使得不断壮大的微软能够保持活力；他的财富更是一个神话，39岁便成为世界首富，并连续13年登上福布斯榜首的位置。这个神话就像夜空中耀眼的烟花，刺痛了亿万人的眼睛。他是微软公司主席和首席软件设计师。微软公司是为个人计算机和商业计算机提供软件、服务和Internet技术的世界范围内的领导者，截至2008年，微软公司收入近620亿美元，在78个国家与地区的雇员总数超过了91000人。

比尔·盖茨生于1955年10月28日，曾就读于西雅图的公立小学和私立的湖滨中学，在那里他发现了自己在软件方面的兴趣并且在13岁时开始了计算机编程。高中毕业时，他获得了美国高中毕业生的最高荣誉“美国优秀学生奖学金”。

1973年，盖茨考进了哈佛大学。在哈佛的时候，盖茨和史蒂夫·鲍尔默为第一台微型计算机MITS Altair开发了BASIC编程语言的一个版本。

在盖茨以前，几乎所有人都认为只有硬件才能赚钱。比尔·盖茨是第一个看到软件前景的商人，而且“以软制硬”，把其软件系统应用到所有的行业或公司。微软开发的电脑软件的普遍使用，改变了资讯科技世界，也改变了人类的工作和生活方式。人们把盖茨称为“对本世纪影响最大的商界领袖”，一点儿也不过分。现在，传统经济已让位于创造性经济。美国统计表明，去年年底，只有31万员工的微软公司，市场资本总额高达6000亿美元。麦当劳公司的员工为微软的10倍，但它的市场资本总额仅为微软的1/10。尽管21世纪依然有汉堡包的市场，但其影响和威望，远不能同微软相比。

微软还是第一家提供股票选择权给所有员工作为报酬的公司。结果，创造了无数百万富翁甚至亿万富翁，也巩固了员工的忠诚度，减少了员工的流动。这一方法也被别的企业竞相采用，同样取得了巨大的成功。

微软处处领先，盖茨能成为世界首富，靠的是什么？就是创新。要最大限度地发挥人的潜能，就不能受制于自缚手脚的想法。成功者相信梦想，也欣赏清新、简单但很有创意的好主意。

因此，任何一个渴望获得财富和的人，都要明白创意的力量，努力找到创业的突破口、选择他人没有涉足的区域。这一具有长远眼光的发展战略，不但能避开强劲的竞争对手的拼杀，而且独自开发了一个前景广阔的市场。

人们常说：“创新始于天才。”其实，这话应该打个颠倒，“天才始于创新”才合乎情理。“天才”与大家一样，原本都是普普通通的人，重要的区别就是他们敢于创新罢了。创业就是这样，你先抢一步，占尽先机，得到的是金子；而你步人后尘，东施效颦，得到的可能就是失败。

获取财富要摆脱传统的局限

有人说，在这个世界上，只要你思路开阔，没有不可能的事情。当今社会，创新的重要性早已不容分说。日本著名企业家松下幸之助曾经说过："今日的世界，并不是靠武力统治而是靠创新支配。"一个小小的改变，只要能跳出传统守旧的观念，将自己的思想方式巧妙地变一变，往往就会产生意想不到的效果。也曾有人这样诠释创新："你只要离开常走的大道，潜入森林，你就肯定会发现前所未有的东西。"创新的成功，总是孕育着创新者的强烈创新意识。要想摆脱传统观念和习惯思维的局限，就要鼓励自我打破思维禁锢，突破常规的路线，激活创新的意识。

渴望创业成功、获得财富的人们，在日常生活中，你也要培养自己多角度看问题的能力，在规划自己的人生道路上，绝不能人云亦云。

接下来，我们来看看家喻户晓的奢侈品品牌香奈儿是如何被创立和发展的：

法国女子嘉布瑞拉·香奈儿创立的香奈儿服饰风靡于上世纪20至30年代，至今香奈儿品牌仍是世界著名的品牌之一。她是服装史上一位非凡的女性，她一生中曾在两个时期准确无误地预见和把握了时装潮流的趋向，两度把全世界女性的服装进行了全面革新，创造了服装史上的奇迹，成为"世界上50位最伟大的服装设计师"之一。在服装史上，如果说波烈品牌改变了妇女的装束，那么，香奈儿品牌则真正引领了20世纪时装的变革。

香奈儿生于一对贫穷夫妇家中，父亲是小贩，母亲是牧家女。母亲在生下第五个孩子的第二年就去世了，那一年香奈儿才12岁。父亲把孩子们留给别人照料，只身到了美国闯荡。在随后的日子里，香奈儿受尽了屈辱。痛苦的经历使香奈儿产生了摆脱贫贱的强烈渴望。她性格刚毅，卓尔不群，什么都敢试一试。香奈儿的"胆大妄为”，让她成了服饰潮流的领跑者。

香奈儿有着倔强的不安定的天性和爆炸性的创造力。据传，她在一次操作加热炉时，炉子突然爆炸而烧去了她几绺长发，她索性拿起剪刀把长发剪成了超短发型。在她走进芭蕾舞剧院之后的第二天，巴黎的贵妇们纷纷找理发师给她们剪“香奈儿式”发型。这种创新力，是她事业的灵魂。

香奈儿作为历史上一位最伟大与最具影响力的高级时装设计师，总是走在时装界的前列。在过去的100年中，无论是在时装设计上，还是在对人生的态度上，她都是女性追求的先导和典范，因为香奈儿能把握住时代的脉搏。诚如她所言：“某一个世界即将消失的同时，另一个世界也正在诞生，我就在那个新的世界。机会已经来临了，而我也掌握住了，我和这个新世纪同时诞生。”她自豪地说：“我是第一个生活在这个世纪里的人。”战后的巴黎，人们不再犹豫，服装简洁了，裙子短了，发式短了，香奈儿的运动衫、项链、色彩，恰是20世纪20年代的典型风范。

的确，正是香奈儿的“胆大妄为”和创新能力，让她成了服饰潮流的领跑者。假想一下，如果身处不幸童年中的她甘于现状，不为改变命运而寻找出路的话，估计她也无法创造出现今的香奈儿品牌。

那么，很多人也处于贫贱之中，为什么没能做出什么成就？如果一个人屈服于贫贱，那么贫贱将折磨他一辈子；如果一个人性格刚毅，敢于尝试，善于创新，他就能战胜贫贱，改变自己的命运。而在现实生活中，善于思考问题、善于改变思路的人总能给自己赢得机遇，在成功无望的时候创造出柳暗花明的奇迹。

我们每个人都渴望成功，但成功者往往是少数。这些少数人的与众不同之处是，他们的思维不受各种条件的限制，他们敢想敢做，能够一鼓作气取得胜利。

运用一般人不能运用的资源

在《福布斯》杂志2000年度公布的中国内地50位拥有巨额财产的企业家名单中，年轻的阎俊杰、张璨夫妇因拥有1.2亿美元的财富而名列第23位。另据《粤港信息日报》报道，张璨名列由有关部门策划并组织的“当今中国最具影响力的十大富豪”之一，是十大富豪中唯一的也是最年轻的女性，在这份资料中，张璨的个人资产超过了25亿元。

张璨，女，北京达因集团董事，北京达因科技发展总公司董事长。张璨致力于推进我国民营高科技产业发展和科技进步事业，刻苦创业，在高新技术产业化方面做出了突出贡献。

她致力于引进国外先进的计算机技术和网络技术，服务于中国市场和用户。1987年，她领导的企业率先在中国拓展EPSON系列打印机市场；1992年，她领导的企业在中国市场大规模销售康柏电脑；1994年，达因成为康柏在亚洲的最大代理商；达因网络工程师部为人民大会堂和多家银行等国内大型机构提供了先进的网络服务。目前达因正在我国部分地区尝试建立“互联网络”。达因正在建立自己的大型显示器厂，并致力于发展自己的电脑技术，发展达因品牌的计算机产业。“达因”已成为具有国际影响力的电脑行业服务标志。

1995年达因投资2000万元与北京大学合作成立了北大达因生命科学工程有限公司。目前，生物工程科学研究与开发已成为达因高科技产业群体的重要支柱。

张璨是北大金融系的学生，可在她读大三的时候，却被注销学籍，勒令退学，原因是有人举报，3年前她第一次高考时曾考上东北某大学没有就读，她第2年又考上北大。按当时规定，有学不上的考生必须停考一年。退学事件对张璨造成巨大打

击。她只有到处打工。后来，张璨和丈夫正式下海，开始创业的时候，几乎是一穷二白。那时候他们自己组装电脑，经常熬到下半夜两三点。张璨和丈夫挣到的第一笔大钱，是从沈阳一家废品仓库里挣的。1987年初，他们赚了5万元，这在当时可是一笔了不起的大钱。依靠这点积蓄，他们开始和别人一起办公司。1988年，由于和公司董事会之间出现矛盾，张璨和丈夫一起退出了公司，开始了第二次白手起家。这期间他们做了很多的尝试。1992年，张璨和丈夫重新回到电脑行业，注册了现在的达因公司。张璨夫妇拉起达因公司不久，就从一个基金会借到300万元人民币。由于张璨的聪明、机敏而又踏实苦干的风格，她的公司后来被美国康柏公司看上，成了康柏在中国市场的总代理。

2001年4月，张璨再次回到北大做演讲。回到阔别15年的母校，张璨的心情非常激动，因为她的梦想、激情和学习能力，都是北大给的。而经过了这么多年，这么多的事，张璨发现自己的心情和当年离开北大时一样，依然年轻，充满了梦想，而且还有能力去实现它。

张璨说：“我觉得一个人最重要的是要有一个梦想，这个梦想可以很大，也可以很小，这需要依靠你的个性和能力去决定。然后你为了实现这个梦想去努力、去奋斗，其实就够了。”张璨的创业经历是曲折的、艰辛的，但我们能看到的是，她的成功是必然的，因为她致力于科技进步，这本身就是一条与众不同的创业路，最终，她成功了。

总之，现代社会渴望创业成功的人，都不能再固守老经验、老方法、老行业，尝试去发现新的事物并努力钻研，你就会有所成就。

创新是企业家的本质特征，是企业家精神的灵魂。从一定意义上说，企业家之所以成为企业家，很大程度上取决于他们的创新精神。企业家的创新精神体现在能够发现一般人无法发现的机会，运用一般人不能运用的资源，找到一般人难以找到的办法。

守住目标，相信自己，相信伙伴

我们都知道，科研工作者从事一项研究时都要力求创新，而创新是思维的结果。一个人只有敢于打破现有的固定模式，才可能创造出奇迹。杰出的创意是获得成功的可靠保障，成功是从“想”开始的，只有敢“想”，会“想”，并“想”出结果，才会成功。

对于很多从事服装行业的人来说，他们可能都会认为这个行业并不如人们想象中那么简单，那么，到底该如何出奇制胜呢？对此，七匹狼公司的创始人周少雄能给我们一个答案。

周少雄，泉州晋江人，经济师。1983年参加工作，曾任福建省晋江金井侨乡服装工艺厂厂长，福建七匹狼制衣实业有限公司总经理，七匹狼集团总经理。现任福建七匹狼实业股份有限公司董事长、总经理。

“我们要做强者，因为我们认为，在自然界的进程中，在市场化过程中，你不强，就要被淘汰，没有人能够例外。”周少雄认为，要生存，就要比别人更能适应环境。只要像狼一样牢牢守住目标，相信自己，相信伙伴，很少有办不成的事情。

周少雄的创业起步并没有多少传奇色彩。和很多晋江人一样，多年的贫困煎熬和大量接触来自海外的信息，促使他与自己的兄弟做起了小买卖。但与众不同的是，当时的周少雄有一份很不错的工作——在新华书店配书。这份工作对当时从农村出来的人来说是一个令人羡慕的“金饭碗”，而且他在同时代的晋江企业家里也算是一个知识分子了。一个偶然的机会，周少雄参加了一个展商会，回来后他就把工作辞掉，开了一个贸易公司。经过几次折腾，慢慢有了一些积累，两三年后，周少雄开了家服装厂，他成了晋江金井侨乡服装工艺厂的厂长，这就是“七匹狼”的雏形。

关于“七匹狼”的来历，周少雄已经告诉过无数人：7个年轻人坐在一起研究海外有着各种各样图形图案的品牌，发现很多都是由动物组成的，于是他们开始选择一个有含义的动物，最后选择了狼。因为狼是非常有团队精神的动物，具有机灵敏捷、勇往直前的个性，而这些都是企业创业成功不可缺少的素质。既然是7个人一起创业，于是就定下了“七匹狼”。这个名字巧合的是，按闽南风俗，“七”代表“众多”，而“狼”与闽南话中的“人”是谐音，这个名字再合适不过了。

之所以会想到创一个品牌，是因为周少雄在几年的经营中发现，当地生产的服装与海外那些胸前绣有商标的服装价格相差很大。实际上，当地的很多工厂当时都做过“贴牌”的事情——买一些英文商标贴在自己生产的服装上，至于那些商标是什么意思则不去管它。“为什么不能靠自己的力量创出一个国产品牌呢？”周少雄和他的创业伙伴们都想到了这个问题。

2004年，“七匹狼”股份成功上市，以福建省首家服装企业的身份登陆深交所中小企业板，成为公众企业使“七匹狼”进入了快速发展阶段。

现今，“七匹狼”在周少雄的率领下已成为以品牌为核心、以生活形态为主导的经营实体，并提出成为中国“男士着装顾问”的口号，把中国服装元素与流行时尚相结合。周少雄一直致力于推动传统文化与时尚创意产业的契合，引导“七匹狼”在始终坚持为顾客提供引领时尚优良产品的同时，推动男装消费市场的变革，倡导时尚生活方式。

15年的努力，周少雄是如何领导七匹狼从一个乡镇小企业，成长为一个上市公司的呢？正如周少雄所说的：“我们所做的一切，都是为了‘七匹狼’这块牌子。”将服装品牌化，也是他成功的原因。“我们要做强者，因为我们认为，在自然界的进程中，在市场化过程中，你不强，就要被淘汰，没有人能够例外。”创新就是竞争的利器，只有创新，才能提升品牌形象和质量。从周少雄的创业经历中，我们也要学习他的狼族精神，做到不断创新、不断进取，只有这样，才能获取最终的成功。

要生存，要发展，就要创新，有了创新，就能将别人做过的事做好、做出色，就能获得财富和成功。